Für meine geliebten Söhne
Alexander und Ignatius

PATRICIA KELLY
Der Klang meines Lebens
Erinnerungen an stürmische und sonnige Zeiten

adeo

Inhalt

★ Die mit einem Sternchen markierten Kapitel wurden in dieser Auflage neu hinzugefügt.

Vorwort

„Menschen begegnen sich nicht, Menschen werden begegnet." Das ist mir klar geworden, als ich Patricia Kelly zum ersten Mal traf. Sofort habe ich gespürt, welche Kraft von dieser fantastischen Künstlerin ausgeht. Ein Bündel an Energie, Witz, Klugheit – und einfach unglaublich liebenswert. Für mich ist Patricia vor allen Dingen ein großartiger Mensch und ihre treibende Kraft die Liebe zu allen, die ihr wichtig sind.

Dabei ist sie eine Künstlerin, die im wahrsten Sinne des Wortes in die schrille Welt des Showbusiness hineingeboren wurde. Zusammen mit ihrer Familie – der weltberühmten Kelly Family – schrieb sie Musikgeschichte. Dieses Erbe, der damit verbundene Ruhm, aber auch Schicksalsschläge, die sie zu bewältigen hatte, finden sich in diesem Buch wieder.

Erlebtes niederzuschreiben ist etwas sehr Persönliches und kostet Mut. Man lässt sozusagen Fremde an seiner Person und seinem Leben teilhaben, bietet Einblick in Teile seines privaten Lebens und offenbart sehr persönliche Gedanken. Patricia hat sich einfach hingesetzt und die wichtigsten und schönsten Erlebnisse, Geschichten aus alter Zeit, Gedanken und Emotionen auf ihre eigene Art zu Papier gebracht.

Die Texte sind einfach, die Sprache echt und jede Geschichte unverfälscht, denn in erster Linie hat sie dieses Buch für ihre Kinder Alexander und Ignatius sowie ihren Ehemann Denis geschrieben, aber auch für all ihre Weggefährten, Freunde und

Fans. Damit ist es zugleich ein Stück Zeitgeschichte und Zeugnis einer außergewöhnlichen Karriere geworden.

Ihr tiefer persönlicher Glauben an Gott und ihre Güte fließen heute mehr denn je in ihre Arbeit ein und machen dadurch jedes ihrer Lieder zu etwas ganz Besonderem. Ich wünsche mir, dass sie uns so, wie sie ist, mit ihrem großen Herzen und ihrer brillanten Denkweise für die Zukunft erhalten bleibt.

Zum Abschluss möchte ich eine Frage nutzen, die einmal an Patricia gestellt wurde: „Was bedeuten Ihnen Werte wie Familie, Freundschaft und Liebe?" Denn nichts beschreibt den Menschen Patricia Kelly mehr als ihre eigene Antwort:

„Liebe ist die treibende Kraft in mir, die Gott geschaffen hat. Sie ist wie die Luft zum Atmen und ohne Liebe kann ein Mensch nicht leben. Ich habe in all den Jahren an vielen Orten gelebt und mich dort wohlgefühlt, aber echtes Zuhause ist für mich nur dort, wo die Liebe ist. Dazu gehören meine Familie und meine Freunde, die über sehr lange Zeit hinweg, in Höhen und Tiefen, an meiner Seite waren. Ohne sie wäre ich nicht der Mensch, der ich heute bin. Familie, Freunde und Liebe lassen sich nicht kaufen, sie werden einem geschenkt. Man muss sie bewahren und auf sie achten wie auf eine zerbrechliche Porzellanvase. Wahre Liebe verändert sich nie, auch nicht durch Entfernung oder im Vergehen der Zeit."

Nach 35 Jahren als erfolgreicher Konzert- und Tourneeproduzent und ungezählten Begegnungen mit so vielen Künstlern blieb am Ende dieses langen Weges nur die wahre Freundschaft mit Patricia übrig. Sie ist mir daher sehr wertvoll und unbezahlbar! Ja, du bist ein Geschenk Gottes und ich bin sehr dankbar, dass wir uns „begegnet wurden".

God bless you and your family.
Manfred Hertlein

Prolog: Ein Albtraum

Was schreiben Sie denn da?"

Ich blicke von meinen Aufzeichnungen hoch und schaue in das interessierte Gesicht des Arztes, den ich vor lauter Konzentration noch gar nicht bemerkt habe. Er muss das Patientenzimmer gerade erst betreten haben.

„Ein Buch", antworte ich mit einem Lächeln.

Auf meinem Schoß liegt ein Block und in der Hand halte ich einen Stift, der bis gerade noch über das Papier geeilt ist und jede Menge Spuren aus Buchstaben und Satzzeichen hinterlassen hat.

„Auf Englisch?", fragt er mit Blick auf meine Notizen.

„Ja, das ist meine Muttersprache."

„Verstehe. Und alles mit der Hand?"

„Ja, so kann ich es am besten."

„Aber wie reichen Sie das denn beim Verlag ein?", wundert er sich, während er die Nadeln vorbereitet.

„Erst spreche ich den englischen Text auf ein Diktafon", erkläre ich, „dann tippt es jemand ab und danach überträgt es mein Lektor ins Deutsche."

„Aha", sagt er, „Sie machen es sich aber kompliziert."

„Autsch!" – die erste Akupunkturnadel ist in meinem Ohr gelandet. Dann muss ich lachen. Er hat mich durchschaut.

„Tja, manchmal mache ich mir die Dinge tatsächlich kompliziert", stimme ich ihm zu.

„Sieh an. Wie findet Ihr Mann das denn?"

„Er liebt mich. Zum Glück auch meine komplizierteren Seiten", antworte ich mit einem Augenzwinkern.

20 Minuten später, als ich am Empfang stehe und mit der Sprechstundenhilfe einen weiteren Termin ausmache, läuft er an uns vorbei und fragt gut gelaunt: „Na, leben Sie noch?"

Wir lachen alle drei. Er weiß, dass ich bei der Akupunktur manchmal etwas unentspannt reagiere. Dann muss er doch noch eine Frage loswerden: „Sagen Sie, Frau Kelly, jetzt bin ich neugierig. Wenn Sie so normal durch die Straßen laufen oder einkaufen gehen, werden Sie da immer noch erkannt und angesprochen?"

„Mal so, mal so", lasse ich ihn wissen. „Wenn ich mich nicht besonders aufhübsche oder schminke und in normaler Kleidung rausgehe, also eher unauffällig ausschaue, dann lassen mich die Leute in Ruhe und viele erkennen mich gar nicht erst. Ab und zu dreht sich der eine oder andere um oder bittet mich um ein Autogramm oder ein Foto, aber das ist auch schon alles."

„Sind Sie froh darüber, dass Sie sich heute eher unbeschwert auf der Straße bewegen können?"

„Oh, es ist ein Traum", sage ich und dabei strahle ich ihn wahrscheinlich gerade an.

„Und früher? Wie war das früher für Sie?"

„Ein Albtraum."

Dann verabschiede ich mich und gehe schnell noch in den Drogeriemarkt nebenan, um ein paar Dinge für den Haushalt und die Bühne einzukaufen. Was eine Frau nicht so alles braucht! Während ich an der Kasse den Pin für die EC-Karte eintippe, geht mir meine Formulierung von zuvor noch einmal durch den Kopf. Albtraum? Ein hartes Wort.

Meine Gedanken wandern etwa zwei Jahrzehnte zurück in die Vergangenheit, zum Höhepunkt unserer Karriere als Kelly Family, irgendwann zwischen 1994 und '95.

„Schließt die Türen!", ruft Ingo, unser Bodyguard, laut. *Klack, klack*, höre ich die Zentralverriegelung, begleitet von einem unaufhörlichen Hämmern gegen die Scheiben des Wagens. Alles, was ich draußen sehe, sind Hände. Sie scheinen überall zu sein, Hände, Hände, Hände. Wie lange konnte es dauern, bis das Glas nachgab und sie zu uns vordringen würden?

„Fahr doch! Fahr!", ruft einer von uns panisch. Doch wir bewegen uns keinen Millimeter.

„Unmöglich!", sagt Markus, ein weiterer enger Bodyguard, der jetzt hinterm Steuer sitzt. Das Kreischen der Teeniemädchen ist unerträglich und klingt wie eine Sirene, die nicht enden will. „Aaahh! Aaahh! Kellys! Kellys! Aaahh!" Hysterie überall, *Bamm! Bamm! Bamm!* von allen Seiten, selbst auf die Frontscheibe wird gehämmert. Gesichter werden gegen die Scheiben gepresst. Sie kreischen mit weit aufgerissenen Augen. Furchterregend, wie in einem Horrorfilm. Die Menge drückt von hinten, jeder Einzelne will das Auto berühren. Ich komme mir vor wie in einem U-Boot auf Tauchstation in einem Meer aus Händen und Gesichtern. Langsam kriecht die Angst meine Kehle empor. Mein Herz scheint das Blut mit hundertfacher Geschwindigkeit durch meinen Körper zu pumpen. Ich spüre es in meinen Schlagadern. Wie ein Techno-Beat, 150 bpm.

„Raus hier! Das wird langsam gefährlich!", ruft einer von uns.

„Hallo? Hallo?", gefolgt von einem piepsenden Signallaut. Ingo versucht verzweifelt, jemanden mit dem Funkgerät zu erreichen. „Wir brauchen Unterstützung! Wir sind am Hinterausgang der Halle. Die Fans haben den Wagen mit der Band fest im Griff. Schickt uns Hilfe!"

Bamm! Bamm! Bamm! Einer von uns gerät in Panik: „Bitte, setzt das Auto in Bewegung!"

„Geht nicht. Ein Mädchen hat sich direkt vor dem Wagen auf den Boden geworfen", sagt unser Fahrer.

Hunderte, vielleicht Tausende von Fans stürmen aus den Toren der Halle. „Eigentlich war geplant, die Location zu verlassen, bevor die Tore geöffnet werden", sagt Ingo. „Was ist da bloß schiefgelaufen, verdammt noch mal?"

Mein Herz scheint von Sekunde zu Sekunde schneller zu schlagen. Ein Schweißtropfen rinnt meine Stirn herab. Das Kreischen und Hämmern hört einfach nicht auf. *Bamm! Bamm! Bamm!*

„Die werden die Scheiben zertrümmern", höre ich irgendjemanden ängstlich vor sich hin murmeln.

Schließlich ergreift Ingo die Initiative: „Es reicht. Ich steige aus. Wir müssen riskieren, die Tür zu öffnen." Er versucht es, aber sie bewegt sich nicht. Der Druck der Menge draußen ist zu stark. „Zurück!", brüllt er und tritt mit seinen Stiefeln von innen gegen die Tür.

„Aahh! Aaaahh!" – Die Schreie werden lauter, als die Tür schließlich aufschnellt und er sich aus dem Wagen zwängt. *Wamm!*, schlägt die Tür wieder zu, und *Klack!*, aktiviert Markus die Zentralverriegelung. Wir beobachten Ingo draußen. Jeans, Poloshirt, Timberlands und Ray Bans – er sieht aus wie ein Actionheld aus dem Kino.

„Zurück!", brüllt er. „Zurück!"

In diesem Moment kommt eine ganze Gruppe von Security durch das hintere Tor herbeigelaufen. In der Ferne lassen sich unsere Transporter erkennen, zwölf Sattelanhänger und vier Nightliner sind dort geparkt. Eine Handvoll Roadies sieht dem wilden Treiben mit Entsetzen zu.

„Zurück!" Die Menge wird zurückgedrängt. Einige haben angefangen zu weinen. Der Druck der Masse hat sie eingequetscht. Endlich gelingt es unseren Bodyguards, das Mädchen vor dem Wagen wegzuschaffen. Jetzt dauert es nur noch einen Moment und wir können endlich losfahren, langsam zwar, aber es geht voran.

„Mach mal das Fenster auf", bitte ich, als wir eine normale Geschwindigkeit erreicht haben. Wir können alle etwas frische Luft gebrauchen. Ich schaue aus dem Heckfenster und sehe, wie wir die Masse hinter uns lassen. Einige laufen uns immer noch hinterher. Ich spüre ein Zittern in mir. Meine Nerven. Im Wagen wird es langsam still.

Es war nur ein Fall von vielen. Doch dieser eine ist mir aus der Zeit unseres großen Erfolgs besonders lebhaft in Erinnerung geblieben. Er rechtfertigt wie kein zweiter den Begriff „Albtraum". Insgesamt dauerte die ganze Sache vielleicht nur ein paar Minuten, aber für mich fühlte es sich an wie eine halbe Ewigkeit.

Nach diesem Zwischenfall besorgte uns die Security für alle potenziell gefährlichen Situationen eine Polizeieskorte, etwa nach Konzerten, TV-Sendungen, Stadiontouren, großen Events, Preisverleihungen etc. Bis dato hatte ich immer gedacht, dass Rockstars oder andere bekannte Persönlichkeiten wie Schauspieler oder hochrangige Politiker es ziemlich übertreiben, wenn sie sich von der Polizei begleiten lassen. Danach sah ich das anders. Es ist kaum zu glauben, wie schnell eine solche Situation völlig außer Kontrolle geraten kann.

Als ich meinen Parkschein bezahle und das Parkhaus nach dem Arztbesuch verlasse, fühle ich mich glücklich. Zum einen brauche ich keinen Fahrer, sondern komme auch selbst sehr gut zurecht. Zum anderen sind da keine Menschenmengen, die an der Ausfahrt auf mich warten. Ich lächle und denke: „Was für ein wundervolles Leben ich doch heute führe!"

1. Frühe Jahre
1969 – 1982

Auf, lasst uns die Güter des Lebens genießen und die Schöpfung auskosten, wie es der Jugend zusteht.

Weisheit 2,6

Wie alles begann: Meine ersten Akkorde

Ich will mit! Ich will mit! Und mit euch singen! Singen!", rief ich ohne Pause vor der halb geöffneten Tür unseres Zuhauses im spanischen Ejea de los Caballeros aus. Meine älteren Geschwister waren bereits in den mit Instrumenten vollgepackten Transporter geklettert und bereit loszufahren.

Zum wiederholten Mal versuchten meine Eltern, mich zu beruhigen. „Dan", sagte meine Mutter in verzweifeltem Ton, „wenn ihr weg seid, weint sie stundenlang. Du musst etwas unternehmen."

Ich trieb sie in den Wahnsinn, weil ich einfach nicht akzeptieren wollte, dass ich nicht mitfahren konnte. Ich musste zu Hause bei Mama und den Babys bleiben. Doch viel lieber wollte ich singen!

„Aber du bist erst fünf Jahre alt, Patricia", sagte mein Vater, der offenbar glaubte, mir mit Argumenten beikommen zu können. „Du bist noch zu klein, um mitzukommen."

Aus dem Wagen konnte ich die anderen hören. Sie wurden ungeduldig: „Vater, lass uns endlich losfahren!"

„Also gut", entschied er in aller Eile, weil ich um keinen Preis der Welt aufhören wollte, um meinen Wunsch zu kämpfen, und er die Diskussion leid war. „Wenn du in zwei Wochen alle Lieder auswendig gelernt hast und sie auch auf der Gitarre spielen kannst, darfst du mit uns kommen."

Sofort hörte ich auf zu weinen, als wäre ein Motor abgeschaltet worden. Mein Vater war zufrieden, denn sein Plan schien aufgegangen zu sein. Nicht, dass er ernsthaft geglaubt hatte, ich würde meinen Part des Deals erfüllen können.

Er sollte sein blaues Wunder erleben.

Direkt am nächsten Tag begann ich zu üben. Meine Schwester Caroline half mir und brachte mir Gitarrenakkorde bei. Das Instrument war größer als ich selbst, aber das konnte mich nicht abhalten. Nie zuvor hatte ich auf einer Gitarre gespielt, doch ich lernte schnell. Stunde um Stunde übte Caroline mit mir Akkorde und Texte, damit ich mein Ziel erreichen konnte. Ich nahm die Worte meines Vaters ernst und war fest entschlossen, am Ende als Sieger dazustehen.

Nach Ablauf der Zweiwochenfrist hatte ich tatsächlich einige Songs auf der Gitarre gelernt und kannte die meisten Texte auswendig. Mein Vater war mehr als beeindruckt. Was er als Ablenkungsmanöver betrachtet hatte, war für mich eine todernste Herausforderung gewesen. Natürlich hatte ich nicht *alle* Lieder auf der Gitarre gelernt. Aber er sah meine Entschlossenheit und verstand schließlich, wie wichtig es mir war, mitzukommen und an der Seite meiner Geschwister zu singen.

Vater hatte damals seinen Antiquitätenhandel aufgegeben, obwohl er damit sehr erfolgreich gewesen war, und versuchte stattdessen nun sein Glück mit der Musik. Wir sangen in Restaurants, auf Stadtfesten, Hochzeiten und so weiter. Zuerst war es ein bloßes Hobby aus purer Freude an der Musik gewesen. In meinem Geburtsort Gamonal sangen wir zusammen mit anderen Kindern am Lagerfeuer spanische Weihnachtslieder. Die Menschen dort hatten weder Fernsehen noch Radio, eigentlich nicht einmal Elektrizität, und so waren unsere kleinen Auftritte die einzige Form von Entertainment, die sie bekamen. Wir hingegen lernten so das gemeinsame Singen.

Nach einer Weile fragten die Leute uns, ob wir nicht auf ihrem Geburtstag singen könnten oder bei ähnlichen Gelegenheiten. Rasch wurden wir zur echten Attraktion – eine singende

Großfamilie! Unsere ersten Konzerte fanden vor unserem Haus statt und waren gratis. Später dann versuchten wir, die Sache professioneller anzugehen und einen Beruf daraus zu machen.

Doch zurück zu mir und der Abmachung mit meinem Vater. Ein Problem gab es noch: Ich hasste Autofahren, denn ich wurde dabei seekrank und musste mich in jeder Kurve übergeben. Immer war eine Plastiktüte in der Nähe von Klein-Patricia. Doch weil ich um jeden Preis mit meinen Geschwistern auftreten wollte, nahm ich es in Kauf. Wir traten in der Stadt auf und der erste Song, den ich alleine vor Publikum sang, war ein traditionelles Weihnachtslied mit dem Titel *Blanco es el Niño*. Mein Vater erzählte mir später: „Als wir an jenem Abend zurück nach Hause fuhren, hast du auf dem Rücksitz des Wagens immer noch gesungen. All deine Geschwister schliefen längst, aber du warst kein bisschen müde. Ich musste lachen, denn du gabst einfach keine Ruhe. Mit uns unterwegs zu sein und singen zu können, war für dich reinstes Glück."

Wie recht er hatte.

Gitanos

ines Tages verkaufe ich dich an die Zigeuner", hatte mein Vater immer mal wieder zu mir gesagt, ohne eine Ahnung zu haben, was er damit anrichtete.

Schon erstaunlich, wie Kinder manche Aussagen tief in ihrer Erinnerung verankern. Für mich war dies eine davon. Natürlich hatte er es nie ernst gemeint, sondern war lediglich der typischen spanischen Art gefolgt, wie man mit Kindern sprach. Denn obwohl die Spanier Kinder über alles liebten, ihnen viel Aufmerksamkeit schenkten und sie mit Kosenamen bedachten, gab es auch Dinge zu hören wie: *„Que te pique un escorpión! –* dich wird ein Skorpion stechen!" oder eben: „Ich verkaufe dich an die Zigeuner."

Ich nahm seine Worte ernst und als eines Tages tatsächlich Zigeuner in die Gegend kamen, wuchs meine Angst ins Unermessliche. Nichts Böses ahnend sagte mein Vater irgendwann: „Patricia, die Gitanos sind in der Stadt, komm, ich verkauf dich jetzt." Ich brach in Tränen aus und versteckte mich ängstlich hinter der Schürze meiner Mutter. Unmittelbar begriff mein Vater, was er ausgelöst hatte, und erschrak.

Das Nächste, was mir als Bild vor Augen steht, ist die Erinnerung daran, wie ich seine Hand fest umklammert hielt, während wir auf dem Weg ins Zigeunerlager waren. Mindestens genauso fest hatte mich die Furcht im Griff, als wir einen der Wohnwagen betraten. Ein schwarzhaariger Mann mit Bart, dunkler Haut und gekleidet wie die Zigeuner, die ich aus den Märchen kannte, lächelte mich freundlich an und sprach zu mir. Doch ich hörte ihm nicht zu, sondern klammerte mich mit beiden Armen an meinen Vater und weinte unaufhörlich.

„Beruhige dich", sagte er. „Was ich dir erzählt habe, war Unsinn. Schau doch, es sind sehr nette Leute und sie kaufen keine Kinder."

Er trug mich auf dem Arm, während der Fremde uns das gesamte Camp zeigte. Die Worte meines Vaters zeigten langsam Wirkung und ich beruhigte mich wieder. Viele Kinder spielten am Lagerfeuer, um das herum die altmodischen, von Pferden gezogenen Holzwagen kreisförmig aufgestellt waren. In einem großen Kessel wurde Suppe gekocht und alle machten einen fröhlichen Eindruck. Meine Angst war verflogen.

Diese Zigeuner hatten nichts mit dem Klischee gemein, das im Allgemeinen von ihnen vorherrschte. Es waren stolze und ehrliche Menschen. Sie verdienten ihr Geld mit dem Verkauf von Antiquitäten, Pfannen, Tellern und jeder Menge anderer Dinge. Im Kern waren sie fahrende Händler, die ihre Ware oft selbst töpferten. Auch kultivierten sie die Musik und den Tanz des Flamenco.

An den kalten Abenden unter Millionen leuchtender Sterne konnte man hören, wie sie andalusische Weisen sangen und dazu Gitarre spielten. Für meinen Vater waren sie Freunde und ich frage mich auch heute noch manchmal, wie groß der Einfluss ihrer Lebensweise auf seine späteren Zukunftspläne wohl gewesen sein mag.

Auf den Hund gekommen

**H**unde haben in meinem Leben schon immer eine wichtige Rolle gespielt. Als wir in Spanien lebten, hatte ich eine Hündin namens Suri, die ich sehr liebte.

Fast jeder im Dorf hatte einen Hund oder eine Katze. Diese Tiere führten ein sehr freies Leben. Den ganzen Tag liefen sie draußen herum und taten, was sie wollten. Das war nicht so wie heute in Deutschland, wo man mit dem Hund an der Leine spazieren geht. Die Schattenseite war, dass öfters einmal ein Tier in den engen Gassen überfahren wurde. Und es war damals auch noch nicht üblich, Hunde und Katzen zu kastrieren. Wenn eine Hündin läufig wurde, sperrte man sie in die Scheune, und dann kamen alle Rüden aus der Nachbarschaft und gaben nachts ein ohrenbetäubendes Jaulkonzert vor der Tür, das Romeo und Julia zu Ehren gereicht hätte. Oft funktionierte diese Verhütungsmethode, aber manchmal auch nicht, sodass es ständig Hunde- und Katzennachwuchs gab.

In unserem Ort gab es einen Mann namens Pedro, genannt „El Mata Perros" (der Hundekiller). Dieser Pedro sammelte immer die herumstreunenden Katzen- und Hundebabys ein, steckte sie mit einigen schweren Steinen in einen Sack und versenkte diesen im Fluss. Er hatte auch ein Gewehr und ging gern auf die Jagd. Ich konnte diesen Mann nicht ausstehen, aber ich schätze, so hielt man eben damals auf eine reichlich brutale Art die Vermehrung der Haustiere in Grenzen.

21

Normalerweise lebte Suri in dem kuscheligen Anbau direkt neben dem Weinkeller, den wir im Erdgeschoss für die Tiere eingerichtet hatten. Dort hatten wir auch ein paar Hühner und einen gemütlichen Heuhaufen in der Ecke, auf dem Suri meistens lag, wenn sie nicht auf ihren Rundgängen unterwegs war. Doch manchmal schmuggelte ich sie abends in mein Zimmer, und dann schlief sie an meinem Fußende.

Auch Suri erwartete eines Tages Babys. Ich wusste, wer der Vater war, denn ich hatte die beiden Hunde dabei beobachtet, wie sie es taten. Das war wohl der bildhafteste Biologieunterricht meines Lebens!

Als Suris Zeit gekommen war, half ich ihr bei der Geburt (eigentlich war ich nur da), und sie bekam einen großen Wurf mit neun oder zehn Welpen. Ich weiß nicht mehr genau, wie viele es waren, aber ich erinnere mich noch, dass mein Vater rief: „Ach du meine Güte, wie sollen wir die nur alle unterbringen?"

Und seine Sorgen waren berechtigt, da niemand im Dorf noch mehr Hunde brauchte. Doch ich hatte einen Plan, wie ich sie an den Mann bringen wollte: Ich würde Leute einladen, die Welpen anzuschauen, solange sie noch klein und süß waren. Dann würde ich ihnen erzählen, sie sollten sich am besten gleich einen reservieren, da die Nachfrage so groß sei. Das klappte tatsächlich sehr gut und bald hatte ich für fast alle Hündchen adoptionswillige Interessenten.

Und sie waren wirklich extrem niedlich! Ich habe noch das Schmatzgeräusch im Ohr, das die Welpen machten, wenn sie an Suris Zitzen saugten. Und wie vorsichtig Suri sich bewegte, um nicht auf eines ihrer Kinder zu treten!

Doch eines Abends kam Suri nicht von ihrem üblichen Spaziergang zurück. Wir suchten überall nach ihr, ich rief ihren Namen und klopfte an sämtliche Türen im Dorf, um zu fragen, ob jemand sie gesehen hatte. Wieder und wieder. Doch die Suche blieb erfolglos. Zu Hause warteten zehn hungrige Hundewelpen auf ihre Mutter und ich musste mir etwas einfallen lassen.

Meine Mutter gab mir ein altes Babyfläschchen und Milch aus dem Kühlschrank, und mein Vater zeigte mir, wie man die Welpen versorgt. Von da an fütterte ich meine Hundebabys alle vier Stunden, auch in der Nacht. Das war gar nicht so einfach, da ich immer nur eins auf einmal füttern konnte, was eine Weile dauerte, während die anderen auf mir herumkrabbelten und fiepten und winselten, weil sie auch hungrig waren. Ich glaube, in den ersten Nächten habe ich wenig bis gar nicht geschlafen. Aber irgendwie habe ich es geschafft, sie alle großzukriegen. Eines war zuerst ein bisschen kümmerlich, aber im Laufe der Zeit wurde es zum Stärksten von allen.

Manchmal kamen ein paar Freundinnen und halfen mir, aber die meiste Zeit war ich so angebunden wie eine richtige Mutter. Wenn die anderen Kinder zum Schwimmen gingen, musste ich erst organisieren, dass jemand meine Hündchen fütterte, oder ich musste rechtzeitig wieder zurück sein. Langsam konnte ich verstehen, warum Suri immer mal wieder zu einem Spaziergang fortgegangen war. Andererseits waren die Kleinen so niedlich! Wenn ich die Tür zum Anbau öffnete, kamen sie alle auf mich zugestürmt. Und nach dem Füttern taumelten sie mit ihren prallen Bäuchen herum und schliefen dann alle auf mir ein. Ich hatte sie fest in mein Herz geschlossen.

Ich hatte mich inzwischen damit abgefunden, dass Suri nicht mehr zurückkommen würde, auch wenn ich nie erfahren sollte, was mit ihr passiert war. Im Stillen verdächtigte ich Pedro, den Hundekiller, dass er sie auf dem Gewissen hatte. Er hatte mir sogar mitteilen lassen, dass er das „Problem" mit den Welpen für mich lösen könnte, der skrupellose Kerl.

Nach drei Monaten harter Arbeit wurden die reservierten Welpen einer nach dem anderen abgeholt, und schließlich waren nur noch zwei übrig. „Wir können sie nicht behalten, Patricia", sagte mein Vater. „Du weißt, dass wir viel unterwegs sind, und wir können der Nachbarin nicht zumuten, auf lauter Hunde aufzupassen, wenn wir weg sind!"

Tatsächlich musste unsere arme Nachbarin immer all unsere Tiere hüten, wenn wir auf Reisen waren, und manchmal kamen wir erst nach Jahren zurück. Die Ärmste!

Schließlich erlaubte mir mein Vater, einen Welpen zu behalten. Erst im Nachhinein habe ich verstanden, dass es damals ein großes Opfer für meine Eltern war, über drei Monate die Milch für so viele Hunde zu kaufen, denn das Geld war damals knapp. Sie haben das klaglos getan, um meine zarte Kinderseele nicht zu verletzen.

Als ich klein war, hatten wir keinen Fernseher, aber ab und zu durfte ich bei Freunden oder Nachbarn ein wenig fernsehen. Meine Lieblingsserien waren „Heidi" und „Lassie". Und seitdem wünschte ich mir immer einen Collie.

Lange Zeit war es nicht möglich, einen Hund zu halten, da wir ständig unterwegs waren und meist nur sehr wenig Platz in unserem Bus hatten. Aber als das später besser wurde, sagte mein Vater zu mir: „Also gut, Patricia, du darfst dir einen Hund anschaffen. Aber es muss ein großer Hund sein, der wirklich abschreckend aussieht, am besten ein Irischer Wolfshund!"

Irische Wolfshunde sind die größten Hunde der Welt, sie werden über einen Meter hoch und wiegen mehr als ein durchschnittlicher Mann. Damals hatten wir schon viel Bühnen-Equipment und wertvolle Instrumente, die wir in Extra-Lastwagen mit uns führten, und da war ein richtiger Wachhund wohl wirklich eine gute Anschaffung.

Bei einem Züchter suchte ich mir einen Irischen Wolfshund-Welpen aus und nannte ihn Colin. Colin war zwar nicht der ersehnte Collie, aber eine Seele von Hund. Er passte besser auf meine kleineren Geschwister auf, als jede Nanny das gekonnt hätte.

Einmal spielten meine jüngeren Geschwister mit ihren Playmobil-Sachen auf einer Hafenmole, wo wir mit dem Hausboot vor Anker lagen. Nebenan war ein Schrottplatz, der von einem wirklich scharfen Dobermann bewacht wurde. Aus irgendeinem Grund war das Tor nicht richtig geschlossen. Der Dobermann kam herausgerast und stürzte sich auf die Kinder, doch Colin sah ihn, sprang ihm in den Weg, packte ihn im Nacken und schüttelte ihn so wild hin und her, als wäre er eine Stoffpuppe.

Überhaupt war Colin für uns alle mehr als ein Hund. Er war unser Schutzengel und der beste Freund der Kleinen, die auf ihm ritten und sich an ihn kuschelten, wenn wir abends am Kamin saßen. Man konnte ihm alle seine Sorgen anvertrauen, und ich bin sicher, dass er jedes Wort verstanden hat. Wir alle liebten ihn genauso wie ein Familienmitglied und für mich war er der Hund meines Lebens.

Meine Söhne sind mit den Geschichten über Colin aufgewachsen, und natürlich fragten sie auch immer und immer wieder, ob wir nicht auch einen Hund haben könnten. Ich hatte ihnen versprochen, dass wir uns einen Vierbeiner anschaffen, wenn wir einmal nicht mehr so viel auf Reisen wären. Ich bin überzeugt davon, dass Haustiere Kindern unendlich guttun und wichtig für ihre Entwicklung sind. Besonders Hunde sind wirkliche Seelenfreunde, und ich glaube, dass sie heilsame Kräfte besitzen.

Nachdem wir dann unser Häuschen gekauft haben und „sesshaft" wurden, war es endlich soweit. Als ich unsere kleine Linda zum ersten Mal sah, wusste ich gleich, dass sie unser Leben ebenso bereichern würde wie meine früheren Hunde. Sie ist eine perfekt gelungene Kreuzung aus Cavalier-King-Charles-Spaniel und Malteser, nicht zu groß und nicht zu klein, und praktischerweise verliert sie kaum Haare. Zwar dachte ich, dass sie Colins Platz niemals ausfüllen könnte, doch sie hatte von Anfang an so viel positive Energie und gute Laune in unser Haus gebracht, dass ich mir da inzwischen nicht mehr so sicher bin. Den ganzen Tag läuft sie schwanzwedelnd herum und freut sich über alles und jeden. Wir alle lieben sie, besonders die Jungs, und sie liebt uns ebenso. Ein echtes Geschenk!

Die Spaziergänge mit Linda sind mir heilig. Da wir beide die einzigen Mädels im Haus sind, sind wir ein Team. Linda darf bei den Kindern im Bett schlafen, da ich noch weiß, wie wichtig es früher für mich war, dass meine Hunde ganz nah bei mir waren. In unserem Bett darf sie allerdings nicht sein – wobei sie dieses Verbot sehr geschickt zu umgehen weiß und ich oft eine kleine hundeförmige Mulde auf dem Bett vorfinde, die noch warm ist, wenn ich ins Schlafzimmer komme, während Linda mich ganz unschuldig anschaut.

Wir müssen aber auch mächtig aufpassen, denn Linda ist eine kleine Schönheit und sehr charmant, und unser Nachbarsrüde ist furchtbar verliebt in sie. Auch der Hund vom Haus gegenüber findet großen Gefallen an ihr, und manchmal hat man das Gefühl, dass sie sich in der Aufmerksamkeit ihrer beiden Verehrer richtig sonnt.

Linda ist mittlerweile ein kleiner Social-Media-Star geworden. Wann immer ich einen Beitrag mit einem Foto von ihr poste, gehen die Likes und Klickzahlen so in die Höhe, dass ich manchmal fast ein bisschen neidisch werde und denke, sie ist beliebter als ich.

Rote Schuhe

Bling, Bling – es war Liebe auf den ersten Blick. Mit sechs Jahren war ich das erste Mal verliebt... in ein Paar Schuhe. Rote Schuhe. Ich hatte meine Nase und beide Hände gegen das Schaufenster des Ladens gepresst, in dem sie ausgestellt waren, bis mich meine Mutter bei der Hand nahm und sagte: „Komm, Patricia, wir müssen gehen." Ich erinnere mich, wie ich auf dem Heimweg nicht aufhören konnte, ganz still für mich über die roten Schuhe nachzudenken. Sie hatten mich bereits fest im Griff.

„Darf ich sie haben, Mama? Die roten Schuhe? Sie sind so schön", fragte ich meine Mutter am nächsten Tag. Und dann fragte ich sie jeden Tag, die ganze Woche über.

Es hatte zwar seine guten Seiten, in der Provinz geboren worden zu sein, doch jetzt lernte ich die Welt kennen und hatte Blut geleckt. Und Blut ist nun einmal rot.

„Rot sind sie, rot! Diese Schuhe sind wunderschön", erklärte meine Mutter meinem Vater. Ich wartete an ihrer Seite, wohl wissend, dass dies ein sehr großer Wunsch war. Denn immerhin waren die Schuhe sehr teuer. Es gab ein Familienbudget und unsere musikalische Zukunft stand noch in den Sternen. Teure rote Schuhe kamen da nicht gerade gelegen. Meines Vaters Reaktion war entsprechend.

„Das steht ganz außer Frage, Barbara", erwiderte er. „Wir haben nicht das Geld, ihr diese Schuhe zu kaufen. Und ganz unabhängig davon, warum ausgerechnet dieses Paar? Warum vom teuersten Schuhladen der Stadt? Da kaufen sonst nur die Neureichen!"

Das war's, meine erste Liebe würde unerfüllt bleiben. Ich war so traurig. Ich weinte und versuchte, die Schuhe zu vergessen. Aber sie verfolgten mich in meinen Träumen: „Kauf uns!", riefen sie mir zu. „Kauf uns! Du musst uns haben!"

Meine Mutter konfrontierte meinen Vater ein weiteres Mal. Doch auch diesmal kam sie nicht weiter.

„Barbara! Das ist vollkommen ausgeschlossen und ganz nebenbei will ich nicht, dass meine Tochter neureiche Schuhe trägt!"

Die Diskussion eskalierte und meine Mutter wurde laut – etwas, das ich selten bei ihr erlebt hatte. „Patricia wünscht sich sonst nie etwas. Sie verdient es, diese Schuhe zu bekommen!" Sie kämpfte um meinen Wunsch, doch mein Vater weigerte sich nachzugeben.

„Es ist nicht fair, ihr so ein teures Paar zu kaufen und den anderen Kindern nicht", sagte er in erregtem Tonfall.

Die Diskussion ging hin und her. Ich verließ das Zimmer und fühlte mich schuldig, meine Eltern in ein solches Streitgespräch verwickelt zu haben. Ich konnte mich nicht daran erinnern, dass sie jemals zuvor in unserer Gegenwart gestritten hatten. Eigentlich kannte ich sie nur in Frieden und Harmonie miteinander. Tia Narcisa, unsere liebe Haushaltshilfe aus Garmonal, meine Hebamme, hatte mir später einmal gesagt, „Deine Eltern waren halb verrückt vor Liebe zueinander. So etwas hatte ich zuvor noch nie gesehen." Und so war für mich klar, dass ich meine Besessenheit beenden musste. Schweren Herzens hörte ich auf, meine Mutter nach den Schuhen zu fragen.

Ein paar Tage später sagte sie gut gelaunt zu mir: „Patricia, zieh dir deinen Mantel an, wir gehen shoppen. Nur du und ich."

Ich war überrascht, denn es gab keinen besonderen Anlass,

gerade jetzt einkaufen zu gehen. „Aber was kaufen wir denn?",
fragte ich verwundert.

„Komm", sagte sie nur und lächelte.

Als wir unser Ziel ansteuerten, wurde mir klar, dass meine
Mutter das Schuhgeschäft besuchen wollte, das ich so sehr
liebte. Unglaublich! Ich kann die Glückseligkeit, die in mir auf-
kam, kaum mit Worten beschreiben. Ich würde meine heiß er-
sehnten roten Schuhe bekommen!

Das Nächste, woran ich mich erinnere, ist, wie ich sie an den
Füßen trage und immer wieder zu ihnen herunterschaue. Ich
muss wohl mit tausend Leuten zusammengestoßen und gegen
Laternenmasten gelaufen sein, aber das war mir egal. Ich war
so stolz!

Eine Weile lang habe ich geglaubt, dass ich die ganze Geschichte vielleicht nur erfunden hätte. Doch dann schaute ich
mir vor ein paar Jahren alte Familienfotos aus der damaligen
Zeit an und plötzlich, oh du meine Güte ... *Bling, Bling!* Da waren
sie! An meinen Füßen! Ich fragte mich, wie meine Mutter meinen Vater wohl überzeugt hatte. Oder hatte sie die Schuhe einfach gekauft? Ich weiß es bis heute nicht, aber ich wünschte, ich
könnte sie noch fragen.

Ein leckerer Kuchen

ehr geehrte Damen und Herren, die folgende Ge-
schichte ist nicht für kleine Ohren geeignet. Sie könn-
ten auf einige wirklich dumme Ideen gebracht werden.

Wenn es etwas gibt, für das ich mich in meinem Leben rückblickend wirklich schäme, dann ist es wohl das, was Sie jetzt
lesen werden.

Es war in Spanien. Der Sommer war herrlich, und unser Gemüsegarten und die Obstbäume trugen reiche Früchte. Es gab
saftige Birnen, süße Pflaumen, Feigen und Kirschen. Die Asche
im Feuerplatz unter dem alten Birnbaum, an dem sich unsere
Familie im Mondlicht um das Feuer versammelt und gemeinsam
musiziert hat, ist noch warm vom Abend zuvor.

Ich war damals neun oder zehn Jahre alt und furchtbar verliebt
in Felix. Felix war Mitte 30 und unser Kunstlehrer. Ein hoch-
intelligenter Philosoph und wahrer Künstler. Allerdings konnte
er von seiner Kunst nicht leben und nicht sterben. Niemand
wollte seine abstrakten kubistischen Werke kaufen, die Ende der
Siebzigerjahre nicht in Mode waren. Und er weigerte sich stand-
haft, seine Seele an den Kommerz zu verkaufen, um die Miete
bezahlen zu können, wie so viele seiner Kollegen es taten.

Jeden Mittwoch kam er mit seiner alten „Ente" (dem Citröen
Deux Chevaux) aus Pamplona aufs Land hinausgetuckert, um
uns zu unterrichten. Stundenlang saß ich neben ihm und hörte

zu, wie er mit meinem Vater über Philosophie, Religion und Politik diskutierte

Wow, dachte ich. *Das ist ein echter Mann! Einer, der für die Wahrheit einsteht. Und er ist so klug!*

Und kochen konnte er auch richtig gut. Morgens holte er immer frischen Fisch auf dem Markt und brachte ihn mit zu uns hinaus. „Besugo" war eine baskische Spezialität. Ich schaute Felix dabei zu, wie er den Fisch am Küchentisch zubereitete. Wenn dieser gewürzt war, grillte Felix ihn über dem offenen Holzfeuer in der Küche, dem Mittelpunkt unseres Heims. Das war jedes Mal ein Festessen, nach dem wir uns alle Finger leckten. Ich habe nie wieder einen so leckeren Fisch gegessen! Vielleicht ist ja etwas Wahres dran an dem Sprichwort „Liebe geht durch den Magen".

Ich hatte zwar gehört, dass Felix eine Freundin hatte, doch das nahm ich nicht ernst, denn ich war überzeugt davon, dass er mich ebenso liebte wie ich ihn und mich eines Tages heiraten würde. Die Konkurrentin existierte nicht in meiner Welt.

An einem wunderschönen Mittwoch kam Felix wie immer in unsere Küche spaziert. „Hey Leute, heute ist mein Geburtstag!", rief er. „Und ich möchte ihn mit euch allen feiern!"

Hinter ihm kam eine Frau herein und begrüßte mich: „Hi, Patricia, Felix hat mir schon so viel von dir erzählt!", sagte sie. „Ich bin Anna, Felix' Freundin!"

Mein Herz blieb stehen. Wie konnte er nur ...?!? Ich rannte nach oben in mein Zimmer, umarmte meine Lieblingspuppe und weinte mir die Augen aus.

Nächste Szene: Ich sitze mit zweien meiner Brüder unter dem Birnbaum im Garten. Die beiden hatte ich ohne große Probleme auf meine Seite gekriegt. Ich hatte einen Plan: Wir würden Felix einen Kuchen machen. Aber einen mit ganz besonderen Zutaten ...

Gemeinsam suchten wir im Garten nach Tierexkrementen. Ja, Sie haben ganz richtig gelesen. Wir nahmen, was wir auf dem Boden fanden. Dort hinein mischten wir noch Zucker und Vanille ... nun ja, sehr viel Vanille, um den Geruch zu überdecken. „Vanille ist immer gut. Ach, was soll's, lasst uns die ganze Flasche nehmen, dann riecht es gut."

Wir kamen richtig in Fahrt und benutzen so ziemlich alle Zutaten, die meine Mutter in der Küche hatte. Das Ganze dekorierten wir mit Kakao, Puderzucker und Walnüssen. Ich muss zugeben. Als wir fertig waren, sah es wirklich verführerisch lecker aus.

„Oh, ist der für mich?", rief Felix. Er war so gerührt, dass er seine Tränen nicht verbergen konnte.

„Ja, sagte ich. „Den haben wir ganz allein für dich gemacht!"

Das alles passierte vor den Augen meiner Eltern und Geschwister. Alle glaubten wirklich, dass ich einen Kuchen als nette Überraschung zu Felix' Geburtstag gemacht hatte. Vor allem mein Vater war sehr beeindruckt von seiner Tochter, die noch nie zuvor irgendein Interesse am Backen gezeigt hatte.

„Moment noch", sagte er. „Lasst uns alle zusammen ‚Happy Birthday' singen!"

„Happy birthday to you, happy birthday to you, happy birthday, dear Felix", sangen alle. Oh, ich hätte fast vergessen zu erwähnen, dass wir sogar einige Kerzen auf den Kuchen gesteckt hatten. Jemand hatte sie angezündet, und ein anderer holte ein Messer und begann den Kuchen zu schneiden.

Mein Vater rief: „Felix bekommt das erste Stück!"

Ich war wie eingefroren und konnte nichts sagen oder tun. Hilflos starrte ich meinen Bruder an und er starrte zurück, während der Löffel sich Felix' Mund näherte.

Als ich endlich schrie: „Nein, stopp!! Nicht essen!", hatte er das Meisterwerk bereits in seinen Mund befördert.

„Aber er schmeckt köstlich!", sagte er.

Am liebsten hätte ich mich übergeben. „Nein, nein… da ist Kaka drin!"

„Buäääh!" Er spuckte alles auf seinen Teller und rannte ins Badezimmer.

Ich weiß nicht mehr, was danach passiert ist. Mein Vater war total schockiert, aber ich erinnere mich nicht daran, für diese Sache bestraft worden zu sein. Es ist ein schwarzes Loch in meiner Erinnerung.

Rache ist eben süß. Leg dich besser nicht mit Patricia an!

El Prado

wei Erwachsene und zwei Kinder bitte", sagte mein Mann zu dem jungen Ticketverkäufer an der Museums- kasse.

„Wenn Sie den Museumsführer dazu nehmen, bekommen Sie einen Rabatt."

„Oh ja!", rief ich voller Vorfreude über Denis' Schulter hinweg, „das machen wir."

Beim Sicherheitscheck am Eingang wurde Denis gebeten, sei- nen Rucksack an der Garderobe zu lassen. Dann ging es in die heiligen Hallen von El Prado, einem der berühmtesten Museen der Welt. Das Erste, was mich erfüllte, war großes Erstaunen da- rüber, dass keines der vielen bedeutenden Bilder, die es dort zu sehen gab, durch Glas geschützt war. Boschs „Garten der Lüste", Goyas „Nackte Maja" oder „Las Meninas" von Velázquez – alle gerade einmal einen Meter vom Betrachter entfernt und ledig- lich gesichert durch ein Absperrseil. Sofort meldete sich mein Beschützerinstinkt: Was, wenn ein Wahnsinniger die Gemälde mit einem Stift oder Messer beschädigen würde? Aus eigener Er- fahrung weiß ich, dass jedes gute Kunstwerk automatisch Neid hervorbringt, und so hatte es mich bei unserem letzten Besuch in Rom auch nicht überrascht, Michelangelos weltberühmte „Pietá" gut geschützt hinter dicken Glasscheiben zu sehen. Ei- nige Jahre zuvor hatte jemand versucht, die Skulptur mit einem Hammer zu zerstören, und das wollte man ganz bestimmt kein zweites Mal riskieren. Als Kind war ich mit meinen Eltern schon einmal dort gewesen, doch damals konnte man die Skulptur noch praktisch berühren – so wie jetzt die Bilder in El Prado.

Als ich den zweiten Raum betrat, verschwanden alle Befürchtungen sofort, denn meine Emotionen übernahmen die Kontrolle und als ich den Gemälden von Bosch und van der Weyden gegenüberstand, schossen mir heiße Tränen in die Augen. Spätestens jetzt war ich dankbar, dass die Bilder nur einen Meter entfernt von mir hingen und ich sie ohne schützendes Glas betrachten konnte.

„Was ist los, Shishik?", fragte Denis, als er meine Gefühle und Tränen bemerkte und mich sofort tröstend in den Arm nahm. Shishik ist sein selbst erfundener Kosename für mich. Er hatte sich irgendwie aus Patricia ergeben.

„Ach, ich bin nur so glücklich, so bewegt", erklärte ich ihm.

Und wie ich gerührt vor den Bildern stand und meine Gedanken auf Reisen gingen, fiel mir eine Geschichte ein, in der Tränen einen ganz anderen Ursprung hatten. Sie hatte sich vor mehr als drei Jahrzehnten ereignet.

Damals muss sich mein Vater ähnlich gefühlt haben wie ich jetzt. Er war ein großer Liebhaber von El Prado und hatte das Museum immer besucht, wenn er in Madrid war. Er liebte alles, was schön, wahrhaftig und authentisch war – drei Worte, die er oft gebrauchte. Aber es gab darüber hinaus noch eine ganz andere, sehr persönliche Verbindung zwischen ihm und El Prado.

Es ereignete sich eines frühen Morgens, als nur wenige Leute im Museum waren. Mein Vater schlenderte durch diese großartigen und außergewöhnlichen Räume, so wie er es oft tat. Doch noch ein zweiter Besucher war schon zu so früher Stunde gekommen – ein junger Mann, der vor einem Gemälde saß und weinte. Mein Vater beobachtete ihn eine Weile, dann entschloss er sich, ihn anzusprechen.

Welche Worte die beiden wechselten, weiß ich nicht, doch der Name des Mannes ist mir gut bekannt: Fernando. Ich erinnere mich daran, wie ich als kleines Kind auf seinem Schoß gesessen hatte, während er „Hopp, hopp, hopp" sang und so tat, als sei er ein Pferd. Er war ein Mann von großer Statur mit einem kräftigen Lachen und einer lebensfrohen Natur, und, oh ja, er liebte Spiegeleier! Am besten drei auf einmal bitte, gebacken in Olivenöl, wie es in Spanien üblich ist. Dass er dabei keine Gabel benutzte, hatte mich sehr beeindruckt. Stattdessen verwendete er zwei große Scheiben Weißbrot, um sich die Eier vom Teller in den Mund zu schaffen – und das ganz ohne zu kleckern. Er hatte Stil, selbst beim Essen von Spiegeleiern.

Ich erinnere mich an einen kühlen Abend, als wir in Gamonal auf der Terrasse saßen, überdacht von Weinranken und versammelt um einen hübsch dekorierten großen Tisch mit einer riesigen Schüssel *Gazpacho* in der Mitte und einer eisgekühlten Wassermelone aus dem Garten. Tagsüber lag die Temperatur im Sommer meist über 40 Grad, aber nach dem Sonnenuntergang kühlte es ab. Dann kamen die Menschen zusammen, um genau wie wir gemeinsam unter freiem Himmel zu essen.

Aus irgendeinem Grund waren wir an diesem Abend alle sehr glücklich und Fernando lachte viel. Er liebte es, uns Witze zu erzählen. Und wie wir es gar nicht anders von ihm kannten, lachte er lauter als alle anderen zusammen.

Fernando entstammte gehobenen Kreisen, doch für uns war er wie ein weiteres Familienmitglied. Ich fragte mich damals, wieso er meinen Vater so sehr verehrte. Und warum er so oft bei uns zu Hause war und wie ein Sohn behandelt wurde. Die Antwort sollte ich viel später bekommen und sie reicht zurück bis zu jenem Tag im Museum.

Als mein Vater ihn damals ansprach, war Fernando noch Medizinstudent und ganz sicherlich ein sehr begabter. Nichts wollte er lieber als Arzt werden und die Menschen heilen. Er weinte bitterlich, aber seine Tränen galten nicht den Gemälden. Er weinte, weil er seinen medizinischen Abschluss nicht geschafft hatte und nun fest entschlossen war, sich das Leben zu nehmen. Sein Besuch in El Prado war das Letzte, was er zuvor noch hatte tun wollen.

Als wir nach einem ganzen Tag im Museum in unser Hotelzimmer zurückgekehrt waren, legte ich meinen Kopf an Denis' Schulter und sagte: „Weißt du, Liebling, ich habe mich eben an die Geschichte von Fernando erinnert."

„Wer ist Fernando?", fragte er, denn ich hatte ihm nie zuvor von dem Mann erzählt, der eine Weile lang einfach zu unserer Familie dazugehört hatte.

Und als ich ihm jetzt die Geschichte vortrug und mich dabei in ihr verlor, wurde mir bewusst, dass sie ein sehr glückliches Ende genommen hatte. Mit der großen moralischen Unterstützung meines Vaters hatte sich Fernando nämlich entschlossen, sein Examen zu wiederholen – und bestand. Diesmal durfte er seinen Hippokratischen Eid schwören und über die Jahre wurde er zu einem der besten und beliebtesten Ärzte seiner Stadt. Man sagt, seine Beerdigung sei von Hunderten Menschen besucht worden, die sich in Liebe und Dankbarkeit von ihm hatten verabschieden wollen. Er muss vielen geholfen haben.

Was war es, das mein Vater ihm an jenem Morgen gegeben hatte? Eine Familie? Hoffnung? Liebe?

Meinem Sohn Alexander hatte bei unserem Museumsbesuch vor allem El Grecos Bild „Die Auferstehung Christi" gefallen und in gewissem Sinne hatte Fernando damals auch eine Art Auferstehung erlebt. Wenn mein Sohn jetzt diese Geschichte über seinen Großvater liest, hoffe ich, er lernt daraus, dass die Aufmerksamkeit, die man einem einzelnen Menschen in Not widmet, nicht nur dessen Leben, sondern auch dasjenige vieler anderer retten kann. Eine große Erkenntnis.

Heiliges Herz Jesu

Die folgenden beiden Erinnerungsstücke sind sehr kurz und einfach, doch ihr Einfluss auf mein Leben war immens. Es sind zwei kleine Ereignisse, die ich wie Filmausschnitte in meinem Gedächtnis gespeichert habe. Wie alt ich war, kann ich nicht mehr genau sagen, aber vermutlich wird es in meinem sechsten oder siebten Lebensjahr gewesen sein.

Wenn ich daran zurückdenke, fühlt es sich ein bisschen an wie eine außerkörperliche Erfahrung, denn die Bilder in meinem Kopf zeigen mich seltsamerweise immer von oben. Ich sehe mich die Stufen unseres Zuhauses in den spanischen Pyrenäen hochlaufen. Die jüngere Version von mir ist ganz aufgeregt, denn sie will den Dachstuhl erforschen. Außer ein paar Spinnennetzen gibt es dort oben nichts, keine alten Kisten, keine Möbel, nichts.

Dann jedoch entdecke ich etwas auf dem Boden. Ich knie mich hin, um es genauer zu betrachten: ein zusammengefaltetes Stück Papier. Mit kindlicher Neugier nehme ich es in die Hand und sehe genauer hin. Es ist ein alter Farbdruck, der Jesus zeigt. Er schaut mich direkt an und mein Blick fällt sofort auf sein brennendes Herz. Es ist im Zentrum seines Brustkorbs sichtbar und er scheint es mir mit seinen Händen entgegenzuhalten. Das trifft mich wie ein Blitz. Ich beginne zu weinen, denn ich weiß, dass er leidet. Eine Dornenkrone sticht in sein Herz und erschrocken versuche ich, sie mit meinen kleinen Fingern wegzunehmen. Aber natürlich gelingt mir das nicht, denn es ist ja nur ein Bild. Doch für mich wirkt es in diesem Moment real. Ich kann seine Schmerzen fühlen und umso mehr muss ich weinen.

Hier hört die erste Erinnerung auf.

Der nächste Filmausschnitt ist dieser: Ich betrete das Schlafzimmer meiner Mutter durch die geöffnete Tür. Ganz außer Atem weine ich immer noch und verstehe nicht, was mit mir geschieht. Ich halte das Bild in den Händen.

„Was ist passiert?", fragt meine Mutter und nimmt mich in den Arm. „Warum weinst du? Hast du dich verletzt?"

Sie drückt mich an sich, streichelt meinen Kopf und küsst mich. Es dauert eine Weile, bis ich wieder ruhig sprechen kann. Dann erzähle ich ihr von dem Bild und wie sehr Jesus darauf leidet. „Schau", und ich zeige ihr die Dornenkrone, die ihm ins Herz sticht. Meine Mutter versucht mich zu beruhigen und irgendwann gelingt ihr das auch. Mit roten Wangen liege ich in ihren Armen und sie lächelt mich an. Ich glaube, sie kann mich verstehen. Wir schauen uns das Jesusbild gemeinsam an.

„Kann ich es behalten?", frage ich sie.

„Natürlich kannst du das. Es gehört jetzt zu dir."

Ich schaue ihr in die Augen und erkenne, wie bewegt sie ist.

Etwa 17 oder 18 Jahre später fragte mich einmal jemand, wo ich denn dieses Jesusbild her hätte, das damals an der Wand meiner Kajüte unseres Bootes hing.

„Oh, das habe ich als Kind schon gefunden", antwortete ich wahrheitsgemäß.

Und als ich das sagte, wurde mir bewusst, dass viele Jahre vergangen waren und ich lange nicht drüber nachgedacht hatte, wo es eigentlich her war. Dabei hatte ich es all die Zeit über immer bei mir gehabt, in Spanien, Frankreich, den USA, Irland,

Deutschland, Italien etc. In all den Jahren unserer Reisen durch Europa war es mein persönlicher Schatz gewesen, ganz egal, wie und wo wir gerade lebten. Erst im VW-Bus, dann in Zelten, später in unserem Doppeldeckerbus und jetzt hier auf unserem geliebten Boot, der „Sean O'Kelley". Ich hatte die Bedeutung dieses Bildes für mich nie infrage gestellt, es war ein unverzichtbarer Bestandteil meines Lebens. Mein Jesusbild.

Jetzt hing es also dort an der Wand, ohne großen Aufwand mit Tesa befestigt. Als mein Besuch gegangen und ich wieder allein in meiner Kajüte war, betrachtete ich es noch einmal ganz genau. In einer Ecke stand kaum mehr lesbar „Corazón de Jesus." Das viele Reisen hatten seine Spuren hinterlassen und ich überlegte mir, es doch vielleicht besser einmal rahmen zu lassen. Auch darüber hatte ich zuvor nie nachgedacht. Ich würde es vielleicht einmal tun, doch noch nicht jetzt, denn es war mir zur lieb gewonnenen Gewohnheit geworden, jeden Abend vor dem Schlafengehen meinen Zeigefinger zu küssen und mit ihm dann das Herz zu berühren. Es war mein ganz spezieller Gutenachtkuss.

Etwa ein Jahr vor meiner Hochzeit beschloss ich, mein Testament zu machen. Ich saß bei unserem Notar und ging den Entwurf mit ihm durch. Doch es war nicht mein Besitz oder mein Geld, meine Urheberrechte oder sonstige irdische Güter, die ich als Erstes nannte. Es war das Heilige Herz Jesu, das ich an die Spitze der Auflistung setzte. Ich wollte sichergehen, dass es in gute Hände kam, falls mir etwas zustieß.

Auch heute noch hängt es direkt neben meinem Bett, beschützt mich von dort und wacht über meinen Schlaf. So wie es immer war.

El Viana

o soy *Jesu Christo* – Ich bin Jesus Christus!", hörte ich eine Männerstimme in lautem und selbstsicherem Ton ausrufen. Es kam vom oberen Ende der Treppe, die zum Eingang von „El Viana" führte.

Es muss an einem Wochenende gewesen sein. Ich war damals sechs oder sieben Jahre alt. „El Viana" war eine Musikbar, die wir in der Innenstadt von Pamplona angemietet hatten und erfolgreich betrieben. Wir hatten Ejea de los Caballeros hinter uns gelassen und mit der Unterstützung einiger enger Freunde, die in der Stadt großen Einfluss genossen, einen neuen Lebensabschnitt begonnen. In Belascoain, rund 30 Kilometer außerhalb, kauften wir ein großes Landhaus und eröffneten schließlich die Bar.

Es war ein alter Gewölbekeller aus dem 17. Jahrhundert, eine große Höhle, genau das, was mein Vater liebte. Mit seinen Rundbögen, dem Steinboden, den rustikalen Möbeln und antiken Leuchtern hatte der Ort ein besonderes Flair und erinnerte an alte Burgen wie später unser Schloss Gymnich.

Meinem Vater gelang es, einen sehr guten *Camarero*, einen Kellner zu finden, der über viel Erfahrung verfügte und mit allen Seiten des Business vertraut war. Ohne dass uns jemand vor Ort kannte, eröffneten wir „El Viana", und völlig überraschend wurde quasi über Nacht ein Riesenerfolg daraus. Unser Geheimnis: Kostenlose Live-Musik, dazu Vaters Sangria, moderate Preise und ein irisches Lächeln für jeden.

Die Bar war schnell so beliebt, dass die Leute bereits lange Zeit vor dem offiziellen Einlass draußen warteten, um einen guten Platz zu bekommen – interessanterweise ein ähnliches Phänomen wie nachher bei unseren großen Konzerten, doch dazu später. Am Wochenende war kein einziger Quadratzentimeter Platz. Die Leute standen und saßen sogar im Durchgangsbereich. Meine Erinnerung daran ist immer noch sehr lebhaft. Für mich war es eine großartige Zeit, denn als jüngstes Kind vor Ort bekam ich eine Menge Aufmerksamkeit. Ab und zu war Mutter mit den Kleinen dabei, doch meistens blieb sie daheim in Belascoain.

„El Viana" wurde *der* Treffpunkt für Künstler, Maler und Intellektuelle jeglicher Art, aber auch für ganz normale Bürger und Arbeiter. Es kam einfach jeder. Mein Vater ermutigte Musiker, ihre Instrumente mitzubringen, und so hatten wir bald die unterschiedlichsten Leute in jeder Ecke sitzen, die ein Ständchen gaben, während andere ihnen zuhörten. Wieder andere hielten Debatten ab über Politik, Philosophie und Religion. Es wurde ein Ort des Austauschs und des Zusammentreffens in vielerlei Hinsicht.

Unter diesem bunten Haufen befand sich auch Miguel. Oft kam er mit seiner Freundin, nur dieses eine Mal war er allein da. Wir hatten noch gar nicht geöffnet, denn es war früher Morgen. „Ich bin Christus!", rief er noch einmal vom oberen Ende der Treppe. Er war nackt. Wir schauten verdutzt in seine Richtung. Eine meiner älteren Schwestern kam zu mir herübergelaufen und nahm mich bei der Hand: „Komm her, das ist nichts für Kinder." Und während sie mich von der Szenerie wegzog, sah ich über die Schulter hinweg, wie mein Vater Miguel zu beruhigen versuchte. Doch dieser griff ihn an, schlug und trat nach ihm.

„Aber Miguel, ich bin es doch, Daniel, dein Freund! Es ist alles gut", sagte er, doch Miguel schrie nur: „Du willst mich anketten und umbringen! Das ist es, was du willst!"

Dann packte er meinen Vater und *Pardauz!*, stolperten beide und rollten die Treppe herunter. Unten angekommen verfielen sie in einen wilden Ringkampf: Miguel, der seinen vermeintlichen Gegner angriff, und mein Vater, der nur noch sein Leben verteidigen konnte. Jetzt mischte sich auch El *Camarero* ein, der jung und stark genug war, um den Kampf zu beenden. Er warf sich auf die Kugel aus Armen und Beinen und versuchte, die beiden auseinanderzubringen. Irgendwie sah es aus wie bei Asterix, wenn sich die Gallier auf dem Fischmarkt prügeln – nur dass hier kein Fisch mit im Spiel war, sondern ein nackter Mann mit zwei angezogenen Männern kämpfte. Irgendwann hatten mein Vater und El *Camarero* den armen Miguel in den Griff bekommen.

„Ich bin es doch nur! Daniel! Niemand will dir wehtun. Wir wollen dir nur helfen", redete mein Vater erneut auf ihn ein. Dann begann Miguel zu weinen.

Es war das Letzte, was ich zu sehen bekam, denn schon im nächsten Moment verschwand ich an der Hand meiner Schwester in einem der angrenzenden Zimmer. Was danach passierte, weiß ich nicht. Wahrscheinlich kam ein Arzt oder die Polizei.

Jahre später sprach ich meinen Vater auf jenen Abend an und fragte ihn, ob die Ereignisse wirklich so gewesen waren, wie ich sie vor Augen hatte. Er bestätigte mir meine Erinnerung und erklärte, dass Miguel ein sehr intelligenter junger Mann gewesen sei, der unter Schizophrenie gelitten habe.

Die Tage im „El Viana" begannen spät und endeten früh am Morgen. Die ganze Nacht hindurch kamen immer neue Leute vorbei und sorgten für gute Stimmung. Allerdings mussten mein Vater und El *Camarero* schon mal den einen oder anderen rausschmeißen, weil er betrunken war, Drogen verkaufte oder sonstwie die Atmosphäre vergiftete.

Unsere Familie trat jeden Abend auf, manchmal sogar zweimal mit einer Pause dazwischen. Wir sangen auf einer kleinen, nicht sehr hohen Bühne mit nur wenigen Lichtern. Immer noch kann ich in meiner Erinnerung die lauten „Bravo"-Rufe und den Applaus hören, besonders dann, wenn wir Volkslieder aus der Region vortrugen.

Bars wie unsere damals sind im Baskenland bis heute ein Stück Lebenskultur, Orte eben, an denen die Menschen sich treffen, um sich zu unterhalten. Getrunken wird natürlich auch, aber das ist nur von sekundärer Bedeutung. Ganze Familien findet man dort. An den Wochenenden und in den Ferien ist es normal, dass auch die Kinder bis tief in die Nacht mit dabei sind und einfach irgendwann in den Armen ihrer Mütter einschlafen. So bin ich aufgewachsen und ich liebte es. Allerdings durfte auch ich nur an den Wochenenden dabei sein. Ich hasste es, stattdessen in Belascoain bleiben zu müssen, denn in „El Viana" war es viel spannender. Und so gab es immer eine Menge Debatten mit meinen Eltern über das Thema, bei denen ich nicht locker ließ. Mein irischer Dickschädel machte sich also offenbar bereits sehr früh bemerkbar.

An Tagen, an denen besonders viel los war, fuhren wir manchmal gar nicht erst zurück nach Hause. Nachdem die letzten Gäste gegangen waren, breiteten wir einfach ein paar Matratzen und Decken auf der Bühne aus, wo wir nur wenige Stunden zuvor noch gesungen hatten, und schliefen dort alle in einer Reihe wie die Orgelpfeifen.

Ich erinnere mich an einen Morgen nach so einer Nacht, als El *Camarero* hinter der Theke hantierte und wütend vor sich hin fluchte: „Wer hat meine Schlagsahne gestohlen? Wer war das?"

Die Schuldigen waren wohl die meisten von uns Kindern. Ich jedenfalls hatte mir heimlich etwas genommen. Einen Eimer Schlagsahne gab es immer, vermutlich um Irish Coffee zuzubereiten. Wir Kinder hatten ein Auge auf die süße Köstlichkeit geworfen. Sie war so lecker! Jeder von uns tauchte heimlich ein paarmal den Finger rein, naschte und dachte: „Das kleine bisschen Sahne wird schon niemand bemerken." Doch bis zum Morgen hatte das jeder getan und der Eimer war leer.

El *Camarero* zog seine Konsequenzen und schloss die Sahne von nun an ein. Vater hingegen hatte begriffen, was wir für Naschkatzen waren und überraschte uns. Jeden Sonntag kaufte er uns ab sofort *Pastel de Nata*, kleine spanische Sahnekuchen. Ich erinnere mich daran, wie ich öfter mit ihm zur *Plaza del Castillo* ging, wo es aus meiner Sicht die beste Konditorei auf der ganzen Welt gab. Dort kaufte er uns einen riesigen Teller voll *Pastelles*. Im Deutschen würde man vielleicht „Teilchen" dazu sagen. Besonders die *Buñuelos* oder Windbeutel sind mir in Erinnerung geblieben. *Madre mia, que rico!* Wie lecker! Damals wurde Schlagsahne immer ganz frisch zubereitet, Sprühsahne aus dem Supermarkt, wie es sie heute überall gibt, war überhaupt nicht vorstellbar.

Die Ausflüge mit meinem Vater waren aber auch von gemischten Gefühlen begleitet. Natürlich war ich sehr stolz darauf, an seiner Hand gehen zu dürfen. Doch er hatte auch eine seltsame Angewohnheit, die ihm selbst gar nicht auffiel: Er dachte laut nach. Wenn ihn etwas sehr beschäftigte, vor allem Diskussionen zu bestimmten Themen, dann ging er die passende Argumentation in Gedanken durch und debattierte leise, aber hörbar mit sich selbst. Wenn er zum Beispiel schon einmal bestimmte philosophische oder politische Inhalte mit jemandem diskutiert hatte, sich aber der Meinung des anderen nicht anschließen konnte, bereitete er sich ausführlich auf das nächste Zusammentreffen und die Fortführung des Gespräches vor. Vater liebte es, Debatten für sich zu entscheiden, und deshalb musste er üben.

Wir spazierten also die Straße entlang und ganz plötzlich hörte ich ihn sagen: „Nein, da kann ich nicht zustimmen, denn es ist vielmehr so, dass dies und jenes und überhaupt." Die Leute schauten natürlich verwirrt, dachten sich ihren Teil oder grinsten einfach. Ich hingegen war noch ein kleines Mädchen und schämte mich.

Als es dann bei einem unserer nächsten Ausflüge erneut passierte, dass mein Vater etwas vor sich hin murmelte, tippte ich ihn mit dem Finger an und sagte: „Weißt du, wenn du mit dir selbst redest, während wir spazieren gehen, gucken die Leute komisch und ich schäme mich. Mach das doch bitte nicht."

„Oh", entfuhr es ihm überrascht und er lachte. „Das tut mir so leid. Ich nehme das gar nicht richtig wahr, aber du hast recht und ich werde es nie wieder tun."

Und er hielt sein Versprechen. Jahre später sah ich, wie einer seiner Brüder etwas Ähnliches tat. Und ich muss gestehen, dass es manchmal Momente gibt, besonders solche, in denen ich mich ärgere, wo ich laut vor mich hinschimpfe und seltsame Sachen sage. Wahrscheinlich ist es eine Familienmacke, denn die werden nun mal von Generation zu Generation weitervererbt.

Von heute auf morgen machte mein Vater „El Viana" dicht. Rückblickend war es eine von vielen Entscheidungen, mit denen er sein Leben, seinen Wohnort oder die Umstände aus den unterschiedlichsten Gründen abrupt änderte. Einige davon werden im Verlauf dieses Buches noch vorkommen. Es war ein sehr typischer Charakterzug von ihm.

Für die Schließung der Bar habe ich im Nachhinein mehrere Gründe gehört, doch alle sind wohl bloße Vermutungen. Einer von ihnen könnte gewesen sein, dass ihm der Erfolg und damit die Belastung über den Kopf gewachsen war. Die Location war irgendwann so randvoll und der Zulauf wurde von Tag zu Tag mehr, sodass am Ende nur noch eine Schließung möglich war, um nicht früher oder später den Überblick zu verlieren. Ich habe auch gehört, dass die Polizei sich ab einem bestimmten Zeitpunkt Sorgen machte, weil viel zu viele Leute da waren. Manchmal mussten die Türen einfach geschlossen werden, damit niemand mehr reinkommen konnte. Und es war letztlich auch extrem viel Arbeit für die Familie.

In einer anderen Version heißt es, dass es zum damaligen Zeitpunkt eine Gepflogenheit war, an der Bar eine Spendenbox für die Gewerkschaft aufzustellen. Hin und wieder kam jemand vorbei, der sie leerte. Dieser Jemand soll irgendwann einmal sehr wütend geworden sein und zu meinem Vater gesagt haben: „Ihr seid eine Bar voller Snobs! Denn nur an solchen Orten landet gar nichts in der Spendenbox. Sieh nur, kaum eine Münze drin, von Scheinen ganz zu schweigen!" Das muss meinen Vater unangenehm berührt haben und plötzlich war ihm bewusst geworden, dass wir seit drei Monaten Champagner auf unserer Getränkekarte hatten, der sich zudem auch noch wie verrückt verkaufte. Besser sogar als unser berühmter Sangria. „Champagner!", wird es ihm vielleicht durch den Kopf geschossen sein. „Er hat recht! Nur die Reichen können sich den leisten!" Dass er das nicht früher erkannt hatte, würde er sich nie verzeihen. Ich erinnere mich auch daran, wie er mir einmal erklärte: „Immer wenn etwas Erfolg hat, tauchen die Snobs auf. Vorher nicht. Snobs tragen nie zum Erfolg von etwas bei. Das machen die ehrlichen Arbeiter oder die Intellektuellen. Die Snobs springen nur auf den fahrenden Zug auf."

Warum er „El Viana" letzten Endes wirklich geschlossen hat, bleibt sein Geheimnis. Ganz sicher war es aber ein sehr wichtiger Grund, denn er tat nie etwas einfach nur so. Er besaß das beeindruckende Talent, Dinge in Gang zu setzen, aber auch, sie wieder zu beenden.

Ich bin mir sicher, dass diese Entscheidung für meine Eltern nicht einfach war, denn wir verdienten gutes Geld. Ganz sicher hätten wir auch noch einen zweiten oder dritten Laden aufmachen können. Heute denke ich allerdings, dass es letztlich doch eine gute Entscheidung war, denn sonst hätten wir nie die Welt entdeckt und die Kelly Family wäre wohl kaum auf deutschem Boden gelandet oder in den vielen anderen Ländern, wo wir unsere großen Erfolge feiern sollten.

Es war vermutlich dieser Zeitpunkt, an dem mein Vater beschloss, ein paar Wochen Urlaub in Rom einzulegen. Es sollte nur eine kurze Reise werden, doch tatsächlich war es der Beginn einer mehrjährigen Odyssee.

Von Rom durch Europa

Und so zog es uns nach Rom, in die Ewige Stadt. Vater wollte uns zeigen, wo er als junger Mann in den späten 50er Jahren an der berühmten Gregorianischen Universität Theologie und Philosophie studiert hatte. Er hatte ursprünglich Priester werden wollen, doch kurz vor seinem ewigen Gelübde entschied er sich um und verließ den Jesuitenorden, dem er angehört hatte und arbeitete einige Jahre als Lehrer. Er war sich klar darüber geworden, dass er eine Familie wollte, und die bekam er dann auch.

Eigentlich hatten wir ja nur ein paar Wochen Urlaub machen wollen. Doch was soll ich sagen? Es kam alles ganz anders. Als wir mit unserem VW-Bus ankamen, parkten wir direkt vor dem Kolosseum – damals war das noch möglich. Wir zogen los, um uns die historische Stätte anzuschauen, doch bei unserer Rückkehr wollten wir unseren Augen nicht glauben: Der Wagen war ausgeraubt worden. Alles, was drin gewesen war, hatten die Diebe mitgenommen. Das Einzige, was sie zurückgelassen hatten, waren unsere Instrumente. Vermutlich hatten die aus ihrer Sicht keinen Wert.

Uns blieb also nichts anderes übrig, als auf der Straße zu singen. Wir waren überrascht, wie viel Geld wir auf diese Weise verdienen konnten, und so entschlossen sich meine Eltern, unsere Reise fortzusetzen und unseren Lebensunterhalt mit Straßenmusik zu sichern. Unser Ziel war Wien, doch auf dem Weg durch

Norditalien machten wir zuvor noch Station in Venedig und anderen schönen Städten.

Als wir schließlich in Wien ankamen, lernten wir dort Bernhard Paul kennen, den Begründer des heute sehr berühmten *Circus Roncalli*. Zum damaligen Zeitpunkt ging es ihm finanziell sehr schlecht, doch die Stimmung unter den Artisten war grandios.

Wir blieben für mehrere Monate. Tagsüber sangen wir auf der Straße, um Geld zu verdienen, und abends waren wir Teil der Show im Zirkuszelt. Nicht selten setzten wir unser Musizieren danach noch am Lagerfeuer zwischen all den Wohnwagen der Artisten fort. Es war eine fantastische Zeit und sehr romantisch. Als es einmal finanziell so eng für den Zirkus wurde, dass den Tieren kein Futter gekauft werden konnte, drückte mein Vater Bernhard Paul einfach einen Beutel mit Geld in die Hand und sagte: „Hier, Bernhard, für deinen Traum."

Als die Zirkussaison beendet war und das Roncalli-Zelt abgebaut wurde, verabschiedeten wir uns von allen. Wir hatten zusammen eine schöne Zeit gehabt. Und ich hatte gelernt, mit drei Bällen zu jonglieren.

Wir fuhren weiter nach München. In den Sommermonaten schliefen wir unter freiem Himmel. Nur Mutter blieb mit den Kleinen in unserem Transporter. Ausreichend Matratzen und Decken hatten wir immer dabei. Ich liebte es, vor dem Einschlafen zum klaren Nachthimmel emporzuschauen und die Millionen Sterne zu betrachten, die es dort zu sehen gab.

Ich erinnere mich an einen Abend, an dem es so stark regnete, dass mein Vater eine Überdachung suchte. Irgendwann fand er etwas, worunter wir schlafen konnten, doch was es genau war, ließ sich in der Dunkelheit nicht erkennen. „Hier können wir unser Lager aufschlagen", beschloss er. Wir blieben also die Nacht über trocken und erkannten erst am Morgen zu unserer eigenen Überraschung, dass unser schützendes Dach eine alte Brücke war, die nicht mehr genutzt wurde. Wer also jemals gedacht oder behauptet hat, die Kellys hätten unter der Brücke geschlafen, ist tatsächlich im Recht.

Von München aus fuhren wir hoch nach Irland, unsere alte Heimat. Vater wollte uns unsere irischen Wurzeln zeigen. Wir blieben eine Weile dort, kauften Zelte und mieteten über die Wintermonate sogar mehrere Bungalows auf dem Campingplatz. Wir traten in Pubs auf und begeisterten die Menschen auch dort wieder.

Ich erinnere mich an einen Abend, an dem ein junger Mann sozusagen als unsere Vorgruppe auftreten sollte. Vor dem Auftritt war er furchtbar nervös. Er zitterte am ganzen Körper und sagte ununterbrochen zu sich selbst: „Ich kann es nicht, ich kann es nicht." Mein Vater versuchte ihn zu beruhigen, doch am Ende musste er ihn quasi auf die Bühne schubsen. Es war das erste Konzert des jungen Mannes. Offensichtlich bekam er sein Lampenfieber aber irgendwann in den Griff, denn immerhin wurde er später zu einem der bekanntesten Sänger Irlands: Johnny Logan.

Zu diesem Zeitpunkt kaufte mein Vater unseren berühmten Doppeldeckerbus. Im Grunde war es ein schrottreifes Gefährt, aber wir Kids liebten ihn und hielten ihn für den besten Bus auf der ganzen Welt. Mein Vater verlieh ihm einen unverkennbaren Look, indem er unser Bandlogo draufmalte. Endlich hatten wir ein echtes rollendes Zuhause.

Irgendwann landeten wir in Stuttgart, wo es unseren Eltern gelang, drei von uns, mich eingeschlossen, an der weltberühmten John-Cranko-Ballettschule anzumelden. In jungen Jahren hatte Mutter lange Zeit Ballett getanzt. Tia Narcisa erzählte mir später einmal: „In jeder freien Minute, die eure Mutter nicht mit euch Kindern beschäftigt war, schloss sie sich in ihrem Tanzzimmer ein, um zu üben. Sie tanzte und tanzte. Du kannst dir nicht vorstellen, wie sehr sie das Ballett geliebt hat!" Es war ihre große Leidenschaft.

Doch nicht nur beim Tanzen gelang es unseren Eltern, uns gute Lehrer zu verschaffen. Unsere Bildung war ihnen sehr wichtig. Und dann die Sprachen! Sie wollten, dass wir so viele Sprachen wie möglich lernten und förderten dies nach Kräften. Solange wir Kinder waren, fiel es uns leicht und allein durch die vielen Reisen waren es zwischen vier und sechs Sprachen, die wir mehr oder weniger gut beherrschten. Zu einer normalen Schule sind wir nie gegangen.

Doch Stuttgart sollte nicht nur der Ballettschule wegen eine wichtige Station für uns werden. Während eines Straßenkonzertes dort wurden wir von einem Musikproduzenten entdeckt und mein Vater unterschrieb bei *Polydor* unseren ersten Plattenvertrag für Mitteleuropa. Rasch steigerte sich unser Bekanntheitsgrad, wir hatten unsere ersten Auftritte im deutschen Fernsehen und 1980 unseren ersten Nummer-Eins-Hit. „Who'll Come with Me (David's Song)" kickte in Holland sogar *Pink Floyd* von der Chartspitze.

Irgendwann bot unsere Plattenfirma Vater eine beachtliche Summe für einen weltweiten Deal an, der uns eine internationale Karriere bescheren würde. Doch Vater lehnte dankend ab: „Das ist nicht das Leben, das ich mir für meine Kinder vorgestellt habe."

„Aber Herr Kelly", gaben sie zurück, „wenn Sie das nicht unterzeichnen, landen Sie binnen kürzester Zeit wieder auf der Straße."

Vater zuckte nur mit den Schultern: „Damit haben wir kein Problem. Auf der Straße waren wir ohnehin glücklicher als jetzt."

Die erste Erfolgswelle hatte uns bereits eine Menge von dem spüren lassen, was bei unserem großen Durchbruch später in noch viel umfangreicherem Maß zur Tagesordnung gehören würde. Wir reisten von einem Hotel zum nächsten, von TV-Show zu TV-Show, von Studio zu Studio. Es war Zeit für eine Pause.

Falsches Lächeln

**W**arum suchst du immer die Fotos aus, auf denen du so ernst schaust?", fragte mich einmal unser Familienfotograf Thomas Stachelhaus. „Du hast doch ein so schönes und natürliches Lächeln."

Natürlich? Nicht nur. Aber das weiß er nicht. Hier kommt für ihn jetzt die große, große Enthüllung:

„Herr Mitrenga? Hier spricht Dan Kelly. Wir sind gerade mit unserem Doppeldeckerbus in eurer Nähe und dachten, wir kommen euch einmal besuchen."

Mein Vater stand in der Telefonzelle einer Raststätte auf einer deutschen Autobahn. Es muss irgendwann im Winter 1979 gewesen sein. Genau weiß ich es nicht mehr. Damals gab es noch keine Handys, geschweige denn E-Mail. Umso mehr war ihm sein altes, aber gut erhaltenes Telefonadressbuch, gebunden in feinem schwarzen Leder und mit einem kleinen Telefonabdruck auf der vorderen Seite versehen ein echtes Heiligtum. Darin trug er seine ganz persönliche Welt mit sich herum, alle Menschen, die ihm kostbar waren und nahestanden. Familie, Freunde und Geschäftskontakte. Eine Sicherheitskopie hatte er ganz sicher nicht, und umso wertvoller war das kleine Buch für ihn.

Er hatte sich also in eine jener typischen Telefonzellen gezwängt, die es damals überall gab und deren Klapptüren immer klemmten. Und da er zu diesem Zeitpunkt nicht gerade sonderlich schlank war, passte er gerade hinein und hatte es gemütlich eng.

„Das ist ja wunderbar, kommt vorbei. Wir freuen uns", muss er von der anderen Seite der Leitung gehört haben.

Herr und Frau Mitrenga hatten acht, neun oder zehn Kinder, ich weiß es nicht mehr. Genau wie wir waren sie eine Großfamilie, und Großfamilien, so haben wir es oft erlebt, haben viel gemeinsam und mögen sich fast immer gleich auf Anhieb. Kurioserweise habe ich ausgerechnet ein Einzelkind geheiratet. Noch kurioser ist dabei allerdings, dass sich Denis mit meinen eigenen Geschwistern manchmal besser versteht, als ich selbst. Vielleicht eine Art Nachholbedarf?

Als unser Kelly-Doppeldeckerbus mit seinem bunten Logo und dem gut lesbaren Motto „The world's their castle" bei den Mitrengas vorfuhr, schauten neugierige Gesichter aus den Fenstern und die Vorfreude wuchs. Was mochten die Nachbarn wohl gedacht haben? Mein Vater hatte einige Mühe, das riesige Gefährt direkt vor der Tür unserer Freunde zu parken, denn wenn man nicht gerade hinter dem Steuer eines Kleinwagens oder einer Limousine saß, war das Rangieren in dieser ganz normalen deutschen Wohnsiedlung kein leichtes Unterfangen. Hinzu kam, dass der Winter Einzug gehalten hatte und heftiger Schnee fiel.

Monate zuvor hatten wir an einem Wettbewerb für singende Großfamilien teilgenommen. In Mitteleuropa waren wir zu dem Zeitpunkt schon sehr bekannt. Der mediale Overkill mit Hunderten von TV-Kanälen lag noch in weiter Ferne, und so hatte sich das Bild der Großfamilie inklusive Mama mit Baby auf dem Arm relativ schnell verbreitet. Unsere Plattenfirma war mehr als zufrieden mit dem Erfolg, den wir innerhalb von anderthalb Jahren geschafft hatten. Von ihr kam damals auch die Anfrage an unseren Vater, ob er nicht Interesse hätte, als Jurymitglied an einem Wettbewerb singender Großfamilien teilzunehmen.

Die Idee fand er großartig, auch wenn ihm der Gedanke grundsätzlich zuwider war, dass Musiker im Wettstreit gegeneinander antraten. Die Möglichkeit jedoch, dass wir Kinder anderer singender Großfamilien kennenlernen würden, gefiel ihm gut. Ich erinnere mich, wie aufgeregt wir darüber waren. Wie würden die anderen Familien sein? Würden wir mit ihnen Freundschaft schließen?

Als es dann so weit war, konnten wir kaum glauben, wie viele Familien es gab, die ebenso sangen und musizierten wie wir. Das zu wissen tat gut und war auch ein Ansporn, denn einige von ihnen hatten immenses Talent. Wir verstanden uns mit den meisten von ihnen direkt sehr gut. Die Mitrengas gehörten dazu und wir schlossen Freundschaft.

Unser Wiedersehen war sehr herzlich. Was für ein Gelächter, was für eine Freude! Doch unser Aufenthalt bei ihnen sollte länger dauern als erwartet, denn ein großer Schneesturm zog auf. Es war gar nicht daran zu denken, unseren Bus in Bewegung zu setzen. Überall im Fernsehen und Radio wurde eindringlich gewarnt und von vielen Todesfällen auf den Autobahnen berichtet. Das Mitrenga-Haus musste jetzt auf einmal über 20 Leute beherbergen, denn im Bus war es zu kalt zum Schlafen und außerdem war er zur Hälfte eingeschneit, sodass sich nicht einmal die Tür öffnen ließ. Und es schneite einfach immer weiter.

Doch wir machten das Beste draus. Unsere Freunde bereiteten jedem von uns einen Schlafplatz, tagsüber wurde gemeinsam gekocht und gesungen, und jeden Nachmittag gab es Sandkuchen von Oma Mitrenga. Ich verliebte mich ein bisschen in einen der Söhne, doch er ignorierte mich komplett und beschäftigte sich lieber mit einem Funkgerät, das er selbst gebaut hatte und das er allen voller Stolz vorführte. Man sieht, es ist immer dasselbe: Männer und Technik!

Als der Schneefall langsam nachließ, gingen wir Kinder alle zusammen zum Schlittenfahren – wir Kellys in unseren

Wollkleidern, die zwar schön warm waren, aber für diese Gelegenheit nicht wirklich praktisch. Die Schlitten waren aus Holz und hatten vorne zwei nach oben gebogene Kufen. Auf jedem von ihnen saßen immer zwei Mann. Ein Bruder vorne, ich dahinter und los ging's! „Juchhuu!", jagten wir den Berg mit beachtlicher Geschwindigkeit herunter. Es war ein Riesenspaß, bis plötzlich ein Baum im Weg stand. „Aaaaahhhh!", hörte ich uns schreien und dann krachte es auch schon. *Rumms!*

Wir hatten eine Vollbremsung hingelegt und waren im hohen Bogen durch die Winterlandschaft geflogen. Um uns herum lagen die Trümmer des Schlittens im Schnee. Ich blickte auf und war noch am Leben. Meine Arme und Beine waren zum Glück nicht verletzt, doch irgendetwas tat mir weh. Wo kam der Schmerz nur her? Dann begriff ich es: Eine große Ecke meines Vorderzahns war abgebrochen! Sofort sprangen wir auf und suchten den halben weißen Zahn im weißen Schnee. *Mission Impossible.* Überflüssig zu erwähnen, dass wir nicht fündig wurden. Der Zahn liegt heute wahrscheinlich immer noch dort und hat sich mittlerweile zum Fossil entwickelt.

Meine arme Mutter: Die hübsche kleine Patricia war zur Witzfigur geworden. Dass sich meine Brüder ausgiebig über mich lustig machten, muss ich kaum extra erwähnen. Von diesem Tag an war es vorbei mit dem Lächeln. Bei jedem Foto kniff ich die Lippen zusammen, damit bloß niemand etwas sah.

Viele Jahre später, als meine Zähne endlich ausgewachsen waren und wir für den üblichen Routinecheck zu einem Zahnarzt in Paris gingen, wurde ich gerettet – oder vielmehr mein verloren gegangenes Lächeln.

„Warum fehlt denn dem Mädchen ein großes Stück vom Schneidezahn? Das muss doch heute nicht mehr sein. Ich könnte ihr relativ schnell und unkompliziert eine Kunstecke einsetzen."

Mein Vater fragte mich, ob ich das wollte, doch noch bevor er den Satz zu Ende gesprochen hatte, nickte ich bereits ein großes

„Ja!" Keine Diamanten, kein Seidenkleid, nicht einmal ein schönes Paar roter Schuhe hätten ein derartiges Glücksgefühl in mir
auslösen können.

Mein Lächeln mag also falsch sein, aber das hat bis heute fast
niemand gewusst. Jetzt ist es raus. Sollte ich übrigens einmal
ein Konzert unerwartet abbrechen, dann ist ein Albtraum von
mir wahr geworden und mein Kunstzahn mitten im Auftritt einfach heruntergefallen. Das wäre der einzige Grund für mich, die
Bühne sofort zu verlassen. So viel Eitelkeit muss sein.

Amsterdam 1980: Punks, Püree, mein erster Song und ein ungebetener Gast

utter, etwas beißt mich hier", rief ich erschrocken und kratzte mich am Po. „Ah, oh, ah, was ist das?? Aah!!"

Gespannt? Die Auflösung gibt es gleich.

Ich war damals etwa 10 Jahre alt. Wir lebten auf einem Campingplatz am Stadtrand von Amsterdam. Zu der Zeit wohnten wir nicht nur in *einem* Doppeldeckerbus, sondern gleich in *zweien*. Mein Vater hatte noch einen Bus dazugekauft und auf identische Weise bemalt.

Es war eine schöne Zeit, die wir dort verbrachten. Ich erinnere mich etwa daran, wie uns ein befreundeter Produzent vier hochmoderne Mountainbikes als Geschenk mitbrachte. Er hatte sie vom Hersteller bekommen – ganz umsonst –, und es waren die heißesten Exemplare, die es damals gab. Prototypen. Wir waren die Einzigen, die sie besitzen durften. Die Hinterräder konnte man vertikal rotieren lassen – fast wie bei einem Zirkusrad. Und jedes hatte eine andere Farbe: gelb, rot, grün und blau. Meine Eltern verteilten die Räder an uns Kleine. Jeder bekam seine eigene Farbe, damit wir uns nicht um sie streiten mussten. Meins war gelb. Wir fuhren zusammen über den Campingplatz, aber auch außerhalb seiner Grenzen. Stundenlang! Wir hatten Holländisch gelernt und spielten mit den anderen Kindern dort.

Ich sprach wirklich gern Holländisch und beherrschte es fließend. Ich mochte diese ganzen seltsamen Vokabeln und die Art, wie sie ausgesprochen wurden, und ich glaube sogar, mir hat keine andere Sprache jemals so viel Spaß gemacht.

Aufgrund unserer ersten großen Erfolge gab es keine Geldprobleme. Doch unsere Eltern hatten sich trotzdem entschieden, weiter in unserem Bus auf dem Campingplatz zu wohnen. Dort habe ich wahrscheinlich auch mit dem Komponieren angefangen. Ich erinnere mich zum Beispiel an einen Song mit dem Titel „Bad Man", den meine Brüder sehr oft sangen, wenn wir mit den Fahrrädern herumfuhren. Das machte mich stolz, denn es war eine Bestätigung, dass er wohl gut sein musste. Erst jetzt allerdings, da ich diese Zeilen schreibe, wird mir klar, dass es wohl das erste Lied überhaupt war, das ich selbst geschrieben habe. Und obwohl ich mich nur an eine einzige Zeile im Refrain erinnern kann, weiß ich doch immer noch, worum es in dem Lied ging und weshalb ich es geschrieben habe.

Meine Mutter hatte damals die große, aber auch berechtigte Angst, dass wir uns mit unseren Fahrrädern zu weit vom Campingplatz entfernten. Jemand hatte ihr erzählt, dass man vor Jahren im benachbarten Wald die Leiche eines ermordeten Kindes gefunden hätte. Und damit wir ihre Ermahnung ernst nahmen, gab sie uns die Geschichte weiter. Doch weil wir jung und manchmal sehr neugierig waren, hörten wir nicht auf sie, gingen im Umfeld auf Entdeckungstour und trauten uns für ein bisschen Nervenkitzel sogar in den Wald. Und um unsere Angst zu verdrängen, sangen wir dabei alle laut meinen Refrain: „Bad Man, Bad Man". So richtig weit her war es mit unserem Mut allerdings nicht, denn wir drangen nie ganz in den Wald vor, sondern drehten schon nach ein paar Metern wieder um und fuhren voller Panik so schnell es ging zurück zum Campingplatz.

Dort hatte ich auch meine erste Begegnung mit richtigen Punks. Damals begann die Bewegung, sich auch außerhalb

Englands auszuweiten, und so gehörten sie wahrscheinlich zu den ersten in Holland. Sie hatten lustige Frisuren und kümmerten sich kein Stück darum, was sie anhatten. Es war eine Band und ich erinnere mich vor allem an die Leadsängerin. Sie kam aus England und sprach mit diesem unverwechselbaren Akzent, den nur Engländer haben. Gemeinsam mit ihrem Freund hielt sie die Band zusammen. Wir Kinder und unsere Eltern liebten sie. Die beiden wurden echte Campingfreunde.

Ich besuchte sie oft bei ihren Proben und manchmal jammten wir sogar mit ihnen. E-Gitarren, Schlagzeug, Keyboards – die ersten der 80er! „Wow", dachte ich, „das klingt richtig cool." Mit wilder und lauter Stimme sangen sie einen eigenen Song, von dessen sicherem Hitpotenzial sie überzeugt waren: „Mashed potatoes make me think of you." – Richtig gelesen: „Kartoffelpüree erinnert mich an dich." Doch wie lustig es auch klingen mag, es steckte durchaus ein ernster Sinn dahinter. Denn Punkmusik war damals noch nicht „in" und niemand wollte hören, was sie zu sagen oder zu singen hatten. Also sah es bei ihnen mit dem Geld nicht besonders gut aus und sie waren oft einfach hungrig. Wie ließe sich da poetischer über den Liebsten singen als mit den Worten „Mashed potatoes make me think of you?" – Tja, Denis…

Heute denken viele Leute, Punk bedeutet, eine Irokesenfrisur zu haben, die von einer ganzen Tube Gel stabil gehalten wird (etwas, das sich kein echter Punk damals leisten konnte), einen schwarzen Minirock mit zerrissener Strumpfhose zu tragen und sich ein paar Ketten um die Hüften zu binden. Alles Unsinn! Das ist das Klischee, das von Punk übrig geblieben ist. Und Pseudo-Punk ist so ziemlich der schlimmste kommerzielle Betrug, den es gibt.

Unsere Punks hingegen waren echte Punks, Rebellen gegen das System, Menschen auf der Suche nach Gerechtigkeit, nach Wahrheit, nach etwas, das besser war, als ein weiteres funktionierendes Rad im Uhrwerk zu sein. Leute, die nicht bereit waren, mit dem Strom, sondern wie die Lachse unter großer Anstrengung genau *gegen* ihn zu schwimmen, immer auf dem Weg zur Quelle, zu den Antworten, die sie suchten. Ob sie jedoch jemals fündig wurden, weiß ich nicht. Ich glaube heute, dass viele von ihnen an der Menschheit verzweifelten und diese Tatsache mit Drogen zu betäuben versuchten. Eigentlich eine traurige Sache, die mit viel Enthusiasmus, aber auch viel Stolz begonnen hatte.

Doch zurück zu meinem mysteriösen Kratzen vom Anfang:

„Aah, aah, was ist das? Mama, Mama!" Voller Horror hielt ich einen 20 Zentimeter langen Wurm in meiner Hand. Er hing einfach bewegungslos zwischen meinen Fingern. „Iiih, Iiih!" Ich ließ ihn fallen.

„Tritt nicht drauf", warnte mich meine Mutter. „Bist du in Ordnung, Patricia?" Dann rief sie meinen Vater: „Dan! Dan!"

Meine Eltern brachten mich sofort zu einem Arzt, den Wurm in einer kleinen Glasflasche mit dabei.

Die Erklärung des Arztes überraschte und erleichterte sie dann allerdings: „Nichts, worüber man sich Sorgen machen müsste. Patricia ist kerngesund. Das ist ein Bandwurm. Viele Menschen haben so einen in sich und wissen es nur nicht. Es gibt sie in verschiedenen Größen. Das hier ist ein ziemlich großer. Manchmal kommen sie raus. Dieser ist allerdings tot."

Brrr, que susto! Was für ein Schreck das war! Bis heute mache ich einen großen Bogen um Regenwürmer. Sie erinnern mich immer noch an meinen ungebetenen Gast von damals.

Mutter

Der Tod ist nur ein Durchgang, ein Tunnel, an dessen Ende ein helles Licht scheint. Menschen, die auf der anderen Seite waren und Nahtoderfahrungen gemacht haben, berichten davon, dass sie nicht mehr zurückwollten. Doch meistens ist es das Licht oder Gott selbst, der sie wissen lässt, dass sie in ihrem Leben noch etwas zu erledigen haben. Was wäre, wenn das irdische Leben nur eine einzige große Schule ist? Und wenn dann ein Kind – also jeder von uns –, nachdem es alles gelernt oder geliebt hat, bereit wäre, zu seinen Eltern nach Hause zurückzukehren? Meine Mutter hatte ihr Hauptfach gelernt und sie hatte es auch selbst gelehrt: Liebe. Aber kann man Liebe lernen? Man kann. Mutter Teresa hat einmal gesagt: „Je mehr man liebt, desto mehr bekommt man zurück." Davon sprechen viele große Heilige. Meine Mutter hat die Liebe gelebt. Und das ganz besonders in den letzten Monaten ihres Lebens.

Heldenhaft – das war meine Mutter im besten Sinne des Wortes. Weil mein Vater öfter in diesem Buch auftaucht als sie, könnte der Eindruck entstehen, ich sei ihm näher gewesen als ihr. Doch das entspricht nicht der Wahrheit. Mein Vater hat mich beeindruckt, keine Frage, aber geprägt wurde ich von meiner Mutter. Sie formte mich. Sie war mein Vorbild. Für mich war und ist sie immer noch die größte Heldin in dieser Welt. Sie sprach nicht viel, sie tat die Dinge einfach, und sie tat sie auf ihre Weise, in guten wie in schlechten Zeiten. Und erst recht in sehr schlechten Zeiten, als sie sich auf ihr eigenes Sterben vorbereitete. Sie ging diesen Weg in Würde, aufrecht und erfüllt von Vertrauen, ohne auch nur ein einziges Mal zu klagen. Sie lebte und starb als Kind Gottes. Sie verließ uns mit großem Glauben und voller Hoffnung – und mit einer Botschaft der Liebe und einer Mission für uns.

„Hört nicht auf zu singen – Keep on singing", hatte sie uns auf dem Sterbebett gesagt und ihr eigenes Leben mit sehr einfachen, aber zugleich sehr weisen Worten zusammengefasst: „Manche Menschen leben achtzig Jahre und haben doch nicht wirklich gelebt. Ich bin nur sechsunddreißig geworden, aber ich bin glücklich, weil ich erreicht habe, was ich erreichen wollte: glückliche Kinder zu haben." Und noch heute leben die Früchte ihrer Arbeit weiter, in uns, ihren Kindern, aber auch in ihren Enkelkindern. War das alles nur Einbildung? Ganz sicher nicht.

Auf lange Distanz siegt das Gute immer über das Böse. Als unsere Mutter starb, baten die Männer und Frauen des Dorfes den Priester, sie in seiner Predigt als Heilige zu bezeichnen. Das tat er ohne zu zögern, und er tat es gern und mit Stolz, denn er hatte ihr die letzte Beichte abgenommen. Als er aus ihrem Zimmer kam, sagte er tief beeindruckt und bewegt: „Ihre Mutter ist eine Heilige."

Sie ertrug all den körperlichen und seelischen Schmerz ihres letzten Lebensjahres mit einer Würde, wie ich sie danach nie mehr bei irgendjemandem gesehen habe. Und sie gab ihr Leben für das Kind, das sie in sich trug, ohne nur ein einziges Mal an ihrer Entscheidung zu zweifeln. Ihre Kleinsten übergab sie in unsere Verantwortung mit dem größten Vertrauen und voller Zuversicht über den Tod hinaus. Lange vor meinem Vater wusste sie, dass sie uns verlassen musste. Sie stand mit beiden Beinen fest auf dem Boden. Wir jedoch hielten uns an ihr fest: „Nein, Mama, geh nicht weg!" Und mein Vater sagte immer wieder:

„Gott wird ein Wunder geschehen lassen! Ganz bestimmt!"
Doch sie wartete geduldig, bis mein Vater und wir verstanden
hatten, dass sie für immer von uns gehen würde, und dass es
Gott war, und nicht der Tod, der an ihre Tür klopfte. Dies hier
sind meine letzten Erinnerungen an sie.

Meine Mutter sitzt auf dem Bettrand mit ihren Stricknadeln in
den Händen und einem Wollknäuel auf dem Schoß. Sie strickt
bedächtig und ihre Erscheinung ist voller Sanftmut. Das Baby
an ihrer Seite schläft tief und fest. Es liegt in seiner Wiege aus
Holz, die mein Vater liebevoll bemalt hat. Mutter bewegt sich
mit dem Westwind. Man kann ihn nicht sehen, aber spürt ihn
von Weitem. Sie wendet ihren Kopf in meine Richtung, ihre
sanften Augen treffen die meinen. Ich stehe an der Tür ihres
Zimmers und trage meine besten Sonntagskleider. Sie steht auf,
streicht mir über den Kopf und küsst mich.

Wie sehr ich sie vermisse ...

Sie geht hinüber zu ihrem Schminktisch. Im Spiegel des Ti-
sches sehe ich, wie sie eine Flasche Kölnisch Wasser öffnet. Mit
ein paar Tropfen benetzt sie meinen Nacken und die Haut unterhalb meiner Ohren. Ich kann den frischen Duft des Parfüms rie-
chen und fühle mich schön und besonders. Dann beugt sie sich
vor und gibt mir einen Kuss. Ich weiß, dass ich geliebt werde.

„Geh", sagt sie, „geh, Patricia, die Messe beginnt bald."

Es ist ein Ritual, das wir jeden Sonntag zelebrieren, bis die
Parfümflasche leer ist und wir kein Geld haben, um eine neue
zu kaufen.

Ihre Hand ziert nur ein einziger Ring, ihr goldener Ehering. Ihre
geschmeidigen, eleganten Finger öffnen ihre handgestrickte
Weste. Das Baby weint ungeduldig, doch als sie es an ihre Brust
legt, wird es still. Ihre mütterliche Aura erfüllt den gesamten
Raum wie ein offenes Feuer. Es wärmt meine Seele, ihr nur beim

Stillen zuzusehen. Wie kann eine Frau so weniger Worte mir nur so unglaublich viel sagen?

Ich vermisse dich, Mutter …

Sie sitzt draußen hinter dem Haus auf einer Decke. Das Baby macht seine ersten Krabbelversuche. Dann ruft sie mich.

„Komm einmal, Patricia, ich will dir zeigen, wie man Kleider für dein Püppchen näht."

Ich genieße ihre Arme um mich, während sie meine Finger gemeinsam mit den ihren bewegt und mir so beibringt, wie man eine Nähnadel richtig führt.

„Hab Geduld. Versuch es immer wieder", sagt sie und fügt hinzu: „Gib niemals auf."

Versuch es immer wieder, das war von allen Weisheiten, die sie mir hinterlassen hat, eine ihrer liebsten.

Ich bin fast 12 Jahre alt. Sie schaut mich mit großer Intensität an und zupft an meinem Ärmel. Sie liegt in ihrem Bett und hat die Fähigkeit zu sprechen verloren. Seit Tagen hat sie keinen Appetit. Mein Vater zu ihrer rechten Seite, ich zu ihrer linken.

„Barbara, willst du noch mehr Schmerztabletten?", fragt er sie. Sie ist hellwach. Der Arzt hat uns gesagt, dass sie nur noch wenige Tage hat.

„Vater, sie versucht, uns etwas zu sagen."

In diesem Moment bewegt sie sich, windet sich und gibt uns deutlich zu erkennen, dass sie mich versteht. Mein Vater schaut mich erstaunt an, ganz so, als hätte er so etwas niemals erwartet. Er ist so besorgt um ihre wichtigsten Bedürfnisse wie Wasser, Schmerzmittel und andere Medikamente, dass er an nichts anderes denken kann.

„Ist das möglich, Barbara?", fragt er sie mit ungläubigem Erstaunen. Sie bewegt sich noch einmal mit aller Kraft und summt ein leises „Mmmmh".

„Bitte heb deinen Finger, wenn das ein Ja ist."

Sie hebt ihren Finger.

In diesem Moment füllen sich seine Augen mit Tränen und er starrt mich wie gelähmt über Mutters Bett hinweg an. In den kommenden Stunden diktiert sie uns ihre Worte auf Papier. Wir zeigen ihr eine Alphabetkarte und sie zeigt uns mit dem Finger Ja oder Nein. Sie kämpft um den genauen Wortlaut und lässt kein ungeduldiges Ja zu, wenn ein Buchstabe einmal falsch ist.

Sie hinterlässt uns einen Brief voller Hoffnung, Glauben und Liebe. Einen Brief, der mein Leben verändert. Und der Vater prägt wie nichts anderes. Seit diesem Tag trägt mein Herz ihre Worte und lebt nach ihnen. Ihr Geist scheint durch ihre körperliche Zerbrechlichkeit hindurch. Sie leitet uns zu höheren Gefilden, zur Liebe und Wahrheit.

Sie ist in diesen letzten Augenblicken ganz bei Gott. Sie öffnet eine Tür. Eine Tür, die den Weg freigibt zur anderen Seite, zu der wir alle einmal hinüberwechseln werden. Ich kann die leichte Brise spüren, die von dort herüberweht. Sie erfüllt meine traurige Seele, die Seele eines Kindes, das seine Mutter viel zu früh verliert. Sie verwandelt und erhebt mich. Das Leiden im Sterben trägt nicht den letzten Sieg davon. Es ist nur ein Vorübergehendes, das wir ertragen müssen. Ich schließe meine Augen und will mit ihr fortgehen. Denn wer einmal von der Brise der offenen Tür berührt wurde, spürt eine Liebe, die alles übertrifft, was wir auf diesem kleinen Planeten erfahren können.

In den Augen der Welt hatte sie nichts, das sie uns hinterlassen konnte. Keine Juwelen, kein Haus am Meer, keine Millionen auf der Bank. Und doch hielt sie einen Schatz für uns bereit und überraschte uns damit in den letzten Augenblicken ihres Lebens. Etwas, das sie Tag um Tag, Jahr um Jahr gepflegt hatte, während andere in Eile und mit tausend anderen Dingen im Kopf vorbeigelaufen wären.

Ich bin nur ein Kind und doch wurde ich gesegnet mit einem Hauch dieser Brise. Mutter ist nun ein Pionier, sie verlässt mich mit einem Lächeln. Nicht aus einem Buch habe ich über den Übergang vom Leben zum Tod gelernt, sondern von dem Menschen, der mir das Leben geschenkt hat.

Für die Angst gibt es keinen Grund und der Zorn hat kein Gewicht. Es ist nicht so schwer zu sterben, wenn du dich in Gottes Hand und seine niemals endende Liebe begibst.

Die Sterne des Himmels werden für uns nicht sichtbar, solange wir mit einem Schirm umherlaufen, der uns schützt.

Mutter...

2. On the Road
1983–1989

Ich spielte auf seinem Erdenrund und meine Freude
war es, bei den Menschen zu sein.

Sprüche 8,31

Paris, Paris

„Bonjour", höre ich die Stimme eines jungen Mannes am anderen Ende der Leitung.

„Bonjour, mein Name ist Patricia Kelly. Ich möchte gerne vom fünften bis achten August ein Einzelzimmer reservieren. Gibt es die Zimmer auf der Rückseite noch? Die drei übereinander?"

„Oh ja. Das sind unsere Suiten."

„Ist eine davon frei?"

„Nein, ich bedaure, aber an diesen vier Tagen sind sie alle bereits gebucht."

„Dann nehme ich ein normales Einzelzimmer mit Blick zum Hinterhof."

„Sehr gern, Madame."

Ich bemerke den leichten Akzent. Arabisch vielleicht. Soll ich ihn einfach fragen? „Monsieur, verzeihen Sie, aber vor etwa dreißig Jahren wurde Ihr Hotel von einem tunesischen Berber und seiner Familie geleitet, einem gewissen Areski. Kennen Sie ihn? Haben Sie vielleicht sogar Kontakt zu ihm?"

„Oh, Areski, natürlich! Leider ist er bereits vor einigen Jahren an Krebs gestorben. Kurz nachdem er das Hotel verkauft hatte. Wir haben keinen Kontakt mehr zu seiner Familie. Desolée, sorry."

„Ich verstehe. Das ist ja schade", sage ich. „Und die Rezeptionistin?"

„Sie meinen die ältere französische Dame?"

„Ja, genau."

„Ist leider auch schon verstorben." Und nach einer kurzen Bedenkzeit fügt er hinzu: „Doch da gibt es einen älteren Herrn algerischer Abstammung, der früher als Zimmermann im Hotel gearbeitet hat. Sein Name ist Abdallah. Er lebt hier seit über vierzig Jahren und kannte Areski gut. Ich glaube, er ist 1967 hergezogen. Sie finden ihn jeden Morgen um acht Uhr im Café direkt nebenan."

Ich bin wieder in Paris. In demselben Hotel, in dem damals unsere Familie gewohnt hat. Es fühlt sich surreal an und ist voller Emotionen. Die Fenster sind weit geöffnet und vom Balkon aus kann ich direkt auf die Suiten gegenüber schauen, die wir vor 30 Jahren gemietet hatten. Ich war damals ein junges Mädchen und jetzt sitze ich hier an diesem Schreibtisch aus Holz und schreibe meine Erinnerungen nieder. Die Tauben fliegen von einer Seite zur anderen, flirten miteinander und necken sich. Über unseren alten Zimmern scheint ein echtes Liebesnest zu sein, denn dort versammeln sich die Taubenpärchen. Kein Wunder. Das hier ist Paris, die Stadt der Liebe!

Der Innenhof ist fast gänzlich vom lauten Betrieb der Straßen abgeschottet. Ganz so wie damals. Auch sonst scheint hier hinten die Zeit stehen geblieben zu sein. Die Mauern haben mit ziemlicher Sicherheit noch nie einen Klecks frische Farbe gesehen. Ich sehe die bröckelnde Patina und werde noch eine Stufe nostalgischer. Die Zeit ist gnadenlos. Sie schert sich nicht darum, ob wir mit ihr mithalten können. Sie zieht unbeirrt weiter und lässt uns zurück.

„Un petit déjeuner, s'il vous plaît – ein kleines Frühstück bitte."

„Café et Croissant?", fragt mich der Kellner.

„Nein, Tee und Croissant bitte", erwidere ich.

„Oh, da muss ich mal nachschauen, ob wir überhaupt Tee da haben."

Natürlich ist das ein Problem. Die Franzosen trinken nur Kaffee, keine Überraschung also, dass er unsicher ist. Ich sitze auf der Terrasse der Brasserie „L'Elephant du Nil" direkt neben dem Hotel. Die Stühle könnten glatt dieselben sein wie damals. Wer weiß das schon? Vielleicht ist es nicht das erste Mal, dass ich auf einem von ihnen sitze. Aber auch insgesamt hat sich die Brasserie kaum verändert. Ein paar neue Lampen hier, ein frischer Anstrich dort, aber die alte Holztheke ist immer noch dieselbe.

„Ich suche einen gewissen Abdallah. Man hat mir gesagt, er käme regelmäßig her."

Er war bereits gegangen. Meine Schuld. Eigentlich hatte ich schon um sieben Uhr aufstehen wollen, um ihn nicht zu verpassen, aber wie üblich schlief Patricia aus. Doch ich habe Glück. Als ich meinen frisch gepressten Orangensaft trinke – es gab keinen Tee –, sehe ich einen Herrn um die 65 mit arabischem Einschlag. Er wechselt ein paar Worte mit einer älteren Dame am anderen Ende der Terrasse und ist dann auch schon wieder weg. „Könnte er das sein?", denke ich und mache mir Mut: „Geh ihn doch einfach fragen." Aber ich traue mich nicht.

„War das Monsieur Abdallah?", frage ich die ältere Dame, mit der er gesprochen hat. Sie scheint überrascht und will wissen, wer ich denn bitteschön sei.

„Oh, sorry, mein Name ist Patricia Kelly. Ich komme aus Deutschland und habe hier vor dreißig Jahren lange Zeit mit meiner Familie gelebt."

Die Dame bittet mich, Platz zu nehmen. Wie sich herausstellt, ist sie bereits 90 Jahre alt. „Erinnern Sie sich an das Juweliergeschäft, das früher direkt hier nebenan war?", fragt sie mich und zeigt auf das benachbarte Bankgebäude.

„Aber natürlich", sage ich und führe mir das Bild der damaligen Fassade noch einmal vor Augen.

„Mein Mann und ich hatten es vor siebzig Jahren eröffnet", lässt sie mich wissen. „Übrigens bin ich in Düsseldorf aufgewachsen. Meine Eltern sind vor dem Zweiten Weltkrieg nach Frankreich gekommen. Und Abdallah, ja, der wohnt gleich hier, genauso wie ich. Wir sind Nachbarn."

Sie zeigt auf die Haustür neben dem Café. „Ich werde Ihnen helfen hineinzukommen. Es gibt einen Code für die Eingangstür. Wie lautete er noch gleich?", überlegt sie. „Ach ja, hier habe ich ihn ja." Sie zeigt mir ihren Spazierstock, auf den ein Zettel mit einer vierstelligen Nummer geklebt ist. Ich mache mich auf den Weg.

Auf der zweiten Etage klopfe ich an die Holztür, hinter der Abdallah wohnen müsste. *Klopf, klopf.* „Wer ist da?", höre ich eine Männerstimme fragen.

„Mein Name ist Patricia Kelly. Ich habe früher mit meiner Familie hier nebenan im Hotel gelebt."

Keine Antwort. Ich warte einen Moment, dann öffnet sich die Tür einen kleinen Spalt und ein Auge blickt mich vorsichtig an. Es ist derselbe Mann, den ich unten bei der älteren Dame gesehen hatte.

„Monsieur Abdallah?"

„Ja?", antwortet er überrascht.

„Verzeihen Sie, ich bin mit dem Code Ihrer Nachbarin ins Haus gekommen. Ursprünglich war ich auf der Suche nach Areski und seiner Familie, aber dann habe ich gehört, dass er inzwischen verstorben ist. An der Rezeption hatte man mir gesagt, dass Sie ihn wohl sehr gut gekannt hatten. Ist das richtig?"

„Oh ja", sagt er und öffnet die Tür nun ganz. „Das ist jetzt vier Jahre her. Es war, als hätte er auf den Tod gewartet, nachdem das Hotel verkauft war." Er mustert mich ein wenig und zeigt dann ein Lächeln. „Jetzt beginne ich, mich an Sie zu erinnern. Aber ja! Sie haben damals in der Metro gesungen und hatten seltsame Kleider an."

Ein junger Mann von knapp 30 Jahren tritt von hinten hinzu. „Das ist mein Sohn", stellt Abdallah ihn vor. „Er war damals noch gar nicht geboren." Er lacht laut auf. „Wir sind ebenfalls Berber, so wie Areski. Im Gegensatz zu uns war er allerdings ein Mann mit langen Armen."

Ich stutze. „Wie meinen Sie das?" Ich kann mich nicht erinnern, dass Areski besonders lange Arme gehabt hätte.

„In unserer Kultur heißt das, jemand hat in seinem Land wichtige Verbindungen. Er war jemand Besonderes, kannte bedeutende Leute in der Politik."

Ich lache angesichts des Missverständnisses. „Haben Sie noch Kontakt zu seiner Familie?"

„Nein, leider nicht. Ich glaube, sie sind alle weggezogen. Es heißt ja, Berber seien Nomaden, und da bin ich die Ausnahme von der Regel", sagt er und lacht erneut. Sein Sohn und ich stimmen ein. „Ich bin der Einzige hier im Viertel, der Ihren Vater noch persönlich kannte. Die anderen sind alle längst weggezogen oder verstorben. Das Leben ist eben nur eine Zwischenstation. Ich bin hier so etwas wie der Bürgermeister. Jeder kennt mich. Ich bin offen und ehrlich. Das mögen die Leute."

Wir sprechen über alte Zeiten und gemeinsame Erinnerungen. Er schildert mir, wie sich die Dinge im *Quartier Marais* verändert haben. Dann tauschen wir unsere Telefonnummern aus und verabschieden uns. Ich habe ein weiteres kleines Stück Vergangenheit wiedergefunden und werde jetzt umso besser über unsere Zeit in Paris schreiben können.

Als ich dann abends an meinem kleinen Schreibtisch sitze, die Fenster offen und den Blick ab und zu auf unsere alten Suiten gerichtet, fließen mir die Erinnerungen geradezu aus den Fingern und ich tauche tief ein in jene Phase unseres Lebens, die so vieles ändern sollte.

In der Metro

I *love Paris in the winter…"*
Unsere Stimmen hallten durch die langen Tunnel der Metro. Es war eine trostlose Zeit. Wenn wir sangen, schien das nur ein Klang von vielen zu sein. Es herrschte rege Betriebsamkeit. Das Klackern eiliger Schritte auf glattem Beton war dauerpräsent und wurde nur ab und an von dem Quietschen und Rattern vorbeirauschender Züge überlagert. Niemand blieb stehen. Kein einziger Passant hielt an, um uns zuzuhören.

Es war ein eiskalter Winter. Nach Mutters Tod hatten wir unser Glück eine Zeit lang in Norditalien auf der Straße versucht, aber die Temperaturen waren zu weit heruntergegangen, um draußen auch nur eine Handvoll mehr Geld zu verdienen als das, was wir gerade so zum Überleben brauchten. Alles, was wir noch besaßen, um unsere Instrumente, Kleidung und ein bisschen Spielzeug für die Kleinen zu transportieren, war ein alter Lieferwagen, der langsam den Geist aufgab. So konnte es nicht weitergehen. Irgendwann beschlossen wir aufzubrechen und abzureisen.

„Wir müssen hier weg! Ab in den Wagen, Kinder!" Mein Vater fuhr mit voller Konzentration 14 Stunden lang ohne Unterbrechung von Padua nach Paris. Ich verstand nicht, warum er so strikt dagegen war, eine längere Pause einzulegen. Doch er hatte nur das eine Ziel im Kopf: Paris zu erreichen, bevor der Wagen komplett auseinanderfiel.

Wir erreichten unser Ziel mit Müh und Not, ohne Geld in der Tasche und mit einem Gefährt, das reif für den Schrottplatz war. Wir waren ganz unten angekommen. In der Metro schienen wir nur zu spielen, um ignoriert zu werden. Die vorbeieilenden Leute würdigten uns nicht einmal eines flüchtigen Blickes.

„Eines Tages", schworen wir uns damals, „eines Tages werden wir ein Stadion mit Menschen füllen!"

Hätte ein Außenstehender uns zugehört, er wäre vermutlich zu dem Schluss gekommen, dass wir nicht nur arm waren, sondern auch den letzten Rest Verstand verloren hatten. Doch das wäre uns egal gewesen. Wo genau dieser Traum von einem vollen Stadion herkam, weiß ich nicht mehr. Ich vermute aber, es war wieder einmal eine Vision meines Vaters.

Was unser Überleben anging, waren es angstvolle Zeiten, aber unser Stadion-Traum leuchtete wie ein Licht am Ende des Tunnels. Wir sangen mit aller Kraft und ignorierten die stickige Luft, die dort unten herrschte. Und wir wussten, dass wir gute Stimmen hatten und dass sie die Menschen in der Metro früher oder später erreichen würden.

Bei alledem war mein Herz erfüllt von Mutters letzten Worten. Sie erinnerten mich daran, dass wir eine Familie waren, die nichts voneinander trennen konnte. Wir waren Hinterbliebene mit einem Pakt, den niemand brechen konnte. Wir glaubten an uns, und das war von entscheidender Bedeutung, um uns früher oder später aus dieser Situation herauszubringen.

Im Vergleich zu dieser schwierigen Zeit in der Metro ist rückblickend vieles andere halb so wild gewesen. Vielleicht war es der typisch irische Kampfgeist der Kellys, der damals zum Vorschein kam. Seit jenen Tagen hat er uns jedenfalls nie im Stich gelassen.

An einem jener trostlosen Nachmittage sprach uns ein Obdachloser an.

„Ihr müsst zu unterschiedlichen Zeiten spielen, um die Rush-hour zu vermeiden", lautete sein gut gemeinter Ratschlag, „denn dann wollen die Leute nichts anderes, als pünktlich ihre Bahn erreichen und haben keine Zeit für euch."

Ein einstmals charismatischer Mann, jetzt dem Alkohol ver-fallen und mit einer gebrochenen Nase, war zu uns herüberge-kommen. „Hi, ich heiße Michel", stellte er sich vor. „Man nennt mich *Le Roi des Clochards* hier in Paris – den König der Obdachlo-sen. Wo kommt ihr her?"

„Aus Irland", antworteten wir ihm.

„Und ihr seid alles Geschwister?"

„Ja, das sind wir."

„Oh, was für eine prächtige Familie!", rief er begeistert aus.

Rasch wurde er ein guter Freund, der uns morgens stets gern den besten Platz in der Metro-Station St. Michel frei hielt.

Einmal beichtete er mir ein großes Geheimnis. „Patricia, weißt du, wer meine große Liebe ist?"

„Nein. Wer ist es denn?", fragte ich neugierig.

„Eine wunderschöne Hure. Immer wenn ich genug Geld ge-sammelt habe, gehe ich zu ihr. Dann lässt sie mir ein Bad ein und verwöhnt mich."

„Ah ja, das ist aber nett", sagte ich etwas verwirrt. Ich war gerade erst 14 Jahre alt, aber auf der Straße lernte man eben früh.

Sein Ratschlag zur Rushhour war jedenfalls Gold wert gewe-sen. Nach wenigen Wochen hatten wir herausgefunden, wel-che Zeiten die besten waren, um zu spielen, und die Einnahmen verbesserten sich leicht. Allerdings wurden wir von der Polizei und den Mitarbeitern der Eisenbahngesellschaft oft vertrieben und mussten den Standort wechseln – an manchen Tagen bis zu 10 Mal. Irgendwann kannten wir die Metro dann in- und aus-wendig und wussten genau, wohin wir ausweichen konnten.

Etwa zwei Jahre lang wohnten wir im *Quartier Marais*, nur fünf Minuten zu Fuß vom Centre Pompidou und weitere fünf Minuten von Notre Dame entfernt. Areski, dem das Hotel gehörte, in dem wir wohnten, meinte es gut mit uns. Im ersten Winter gab es einige Monate, in denen wir nicht genug einnahmen, um die Miete zu bezahlen. Areski zeigte Verständnis für unsere Lage und gab uns Zeit zu bezahlen, wenn wir konnten. An der Rezeption saß Lucy, eine ältere Madame mit lockigem rotem Haar und traditionellen Henna-Tattoos auf beiden Händen. Sie hinkte, weil eines ihrer Beine kürzer war als das andere. Auch sie ist mir in guter Erinnerung geblieben.

Das Hotel *Pointe Rivoli* – so sein Name – war sicher das Gegenteil von luxuriös, aber sehr nett und gemütlich. Besonders schön war, dass wir drei Suiten, die ihrem Namen aber eigentlich nicht gerecht wurden, übereinander mieten konnten. Sie waren durch eine alte Wendeltreppe miteinander verbunden. Die Zimmer lagen alle zur Rückseite des Hotels hinaus und obwohl wir im Zentrum von Paris lebten, blieb es vergleichsweise ruhig. Ganz oben war Papas Zimmer, zugleich Küche und Wohnzimmer für uns alle. Das mittlere Zimmer gehörte den Mädchen und den Babys, das untere den Jungs.

In der Etage unter uns lebte Christine, eine Transsexuelle und typische Bewohnerin von *Le Marais*, das in den frühen 80ern ein echtes Künstlerviertel war. Überall gab es Ausnahmeerscheinungen: Schriftsteller, Bohemiens, Homosexuelle, Intellektuelle ... und eben die Kelly Family. Unter all den skurrilen Vertretern ihrer Art fielen wir nicht auf, und das war wahrscheinlich der Grund, warum wir gerne dort blieben. Heute ist *Le Marais* eines der teuersten und schicksten Viertel in Paris, aber dennoch immer noch so vielfältig wie früher. Seine Cafés und überfüllten Terrassen sind im Sommer echte Attraktionen.

Direkt neben dem Hotel gab es einen Supermarkt, in dem ich oft für die Familie einkaufen ging. Bei 10 Personen war das ein echtes Abenteuer. Grundsätzlich mussten es immer große Mengen sein, also zum Beispiel 10 Liter Milch, 5 Laibe Brot, 30 Eier, eine Riesenladung Windeln und so weiter, aber so viel es auch schien, reichte es doch nicht länger als zwei Tage aus. Wir hatten gewisse Standards an Lebensmitteln und Gerichten, die immer auf den Tisch kamen. Dazu gehörten jeden Morgen ein frisch zubereitetes Müsli, mittags große Töpfe mit Gulasch oder Irish Stew, Bohnen- oder Linsensuppe, dann Fischsuppe, die aus frischen Fischköpfen zubereitet wurde, und schließlich Kalbsleber mit Zwiebeln. Sonntags durften wir Süßigkeiten kaufen: *Pain au chocolat, Chausson aux pommes, Croissants*. Echte Versuchungen!

Wann immer etwas mehr Geld zur Verfügung stand, schickte mich mein Vater die Straße hinauf zu den *Traiteurs* auf der Rue du Faubourg Saint-Antoine, um für ein kleines Festmahl einzukaufen. Ich erinnere mich an so manche Köstlichkeit, bei der einem das Wasser im Mund zusammenlief, zum Beispiel Knäckebrot mit geräuchertem Fisch oder Scampis mit Mayonnaise, aber auch französische *Tarte aux pommes* oder eine frisch zubereitete *Quiche Lorraine*. Wir aßen immer gut. Vater hatte einen erlesenen Geschmack, was das Essen betraf – na ja, mit Ausnahme seiner Vorliebe für Schweinefüße. Darüber will ich aber lieber nicht weiter nachdenken.

Als wir eines Tages wieder in der Metro sangen, trat ein gut gekleideter Herr an uns heran und gab uns seine Visitenkarte. Auf ihr war in geschwungener Handschrift zu lesen: „Rufen Sie mich an, wenn Sie einmal in einem der besten Restaurants von ganz Paris speisen wollen." Was für eine unerwartete Einladung! Unser Vortrag musste ihn wohl beeindruckt haben.

Einige Tage später standen wir also mit der gesamten Familie im Eingangsbereich einer echten Top-Adresse der französischen Küche. Wir hatten unsere beste Kleidung angezogen und warteten darauf, dass uns ein Tisch zugewiesen wurde.

Der Kellner war erstaunt. „Ein Tisch für …", er begann zu zählen: „Eins, zwei, drei …"

„Wir sind zehn Personen", kürzte mein Vater die Sache ab.

„Aber ja! *Le Patron* berichtete mir von Ihrem anstehenden Besuch. Seien Sie willkommen! Bitte nehmen Sie dort drüben Platz." Und mit einem Lächeln im Gesicht ging er voran.

Wir wurden behandelt wie Könige und wussten uns auch so zu benehmen. Vater hatte uns Disziplin und Etikette beigebracht – etwas, das andere Leute ihm gegenüber auch später immer wieder anerkennend erwähnten. Es war ein herrlicher Abend und wir lernten viele Freuden der französischen Küche kennen. Später brachte mir mein Bruder Paul, der eine professionelle Ausbildung als Koch absolviert hatte, einige französische Rezepte bei und schenkte mir ein französisches Kochbuch, das ich immer noch habe. Bei Gerichten wie *Poulet poché*, *Sauce suprême*, *Riz pilaf*, *Rubanné bavarois*, *Choux Chantilly* und *Tartes aux Pommes* halte ich mich bis heute an die Rezepte von damals.

Jean-Jacques, der Betreiber des Restaurants, wurde ein guter Freund. „Falls ihr jemals in irgendeiner Form Hilfe benötigt", sagte er beim Abschied zu uns, „dann ruft mich einfach an. Ich habe in Paris die besten Kontakte."

Eines Tages lud er uns ein, ihn bei seinem morgendlichen Einkauf auf den Lebensmittelmarkt zu begleiten. Das nahmen wir gerne an. Er stand jeden Tag sehr früh auf, um pünktlich zur Öffnung um 4 Uhr als Erster einkaufen zu können. Spitzenrestaurants wie seines bekamen die günstigsten Preise und den besten Service. Frischer Fisch und andere Meeresfrüchte wurden unter Unmengen von Eis in speziellen Kühlboxen aufbewahrt. Wenn unser Freund vorbeikam, frohlockte der Verkäufer schon von Weitem: „Ich habe etwas für Sie!", und holte einen ganz besonderen Fisch hervor.

„Oh, das ist aber ein Prachtexemplar", rief Jean-Jacques dann erfreut aus.

Der Markt hatte etwas von einem arabischen Basar. Es gab Hummer, Tintenfisch und frisch gefangene Austern direkt aus der Bretagne, vier oder fünf Stunden Autofahrt entfernt. Überall hing Fleisch an Haken, es gab ganze Berge von Gemüse und Obst aus aller Herren Länder. Und weil es morgens noch sehr dunkel war, hatten die Händler ihre Stände mit Glühbirnen versehen, ganz wie man es von alten Zirkussen kennt. Es war eine sehr romantische Atmosphäre. Natürlich sangen wir ein paar Lieder für die Händler und Marktleute, die uns mit Freude zuhörten.

Einmal besuchte ich mit meinen Geschwistern die Pariser Oper. Wir hatten uns das russische Bolschoi-Ballett ansehen wollen und auch wenn wir uns nur die ganz billigen Plätze leisten konnten und alles aus weiter Entfernung bestaunen mussten, waren wir ganz und gar begeistert.

„Darf ich ein Autogramm von Ihnen haben?", fragte ich die Primaballerina zaghaft, während ich mich halb hinter meinen Geschwistern versteckte. Ihr Name war Maja Plissezkaja. Sie war damals eine der bedeutendsten Balletttänzerinnen der Welt. Wir standen vor ihrer Garderobe. Wie wir es geschafft hatten, dahin zu gelangen, ist mir bis heute ein Rätsel, ich glaube aber, Kathy hatte sich mit uns durchgekämpft, weil sie ein Riesenfan war.

Die Ballerina gab jedem von uns geduldig ein Autogramm und als Kathy ihr gestand, wie groß ihre Bewunderung für sie sei und dass sie selber Ballett tanze, ging die große Maja Plissezkaja kurz in ihre Garderobe, holte dort ein paar Ballettschuhe, kam wieder zurück, schrieb ihren Namen drauf und überreichte sie meiner Schwester mit den Worten: „In diesen habe ich heute Abend getanzt. Hier, sie sind für dich." Kathy konnte ihr Glück kaum fassen. Danach kehrten wir alle voller Begeisterung ins Hotel zurück, um Vater alles zu berichten.

Doch wie alle Metropolen hat auch Paris seine dunklen Seiten. Ein Ereignis ist mir in diesem Zusammenhang besonders in Erinnerung geblieben. Einmal die Woche besuchten wir einen Waschsalon in der Nähe des Place des Vosges, wo einst Victor Hugo gelebt hatte, um unsere Kleidung zu waschen. Wir hatten eine Regel, die besagte, das Haus nie alleine zu verlassen. Daran hielten wir uns, denn auf diese Weise konnten wir einander beschützen. Dieses Mal war ich mit meiner kleinen Schwester losgegangen.

Als wir im Waschsalon auf einer Bank saßen und darauf warteten, dass die sich endlos um die eigene Achse drehende Trommel des Trockners endlich fertig wurde, fiel mir unter den Anwesenden eine Frau auf, die uns zu beobachten schien. Ihr Anblick ließ mir Schauer über den Rücken laufen. Irgendwann waren die anderen Leute gegangen und wir warteten immer noch auf unsere Wäsche.

Die Frau stand von ihrem Platz auf, kam zu uns herüber und sprach mich mit falschem Lächeln auf den Lippen an: „Ich habe schöne Kleider und Süßigkeiten bei mir zu Hause. Kommt mit, ich will sie euch schenken."

Sofort läuteten bei mir alle Alarmglocken. Ich wusste um die Gefahren einer Großstadt und Vater hatte uns immer eindringlich davor gewarnt, mit Fremden mitzugehen. Eine Freundin von uns hatte einmal eine Geschichte von ihrer Cousine und deren Verlobtem erzählt, die mir in lebhafter Erinnerung geblieben ist: Die beiden waren auf Shoppingtour, und als sie an einem Laden mit Lagerverkäufen vorbeikamen, blieb die junge Frau interessiert stehen. „Warte hier einen Moment", hatte sie zu ihrem Verlobten gesagt, „ich gehe mal kurz rein und sehe nach, was dieses Kleid kostet." Doch nach einer halben Stunde war sie immer noch nicht zurückgekommen und als er den Laden nach ihr absuchte, war keine Spur von ihr zu finden. Beunruhigt lief er zur nächsten Polizeiwache und schilderte den Fall. Nach langer Suche fanden die Beamten die junge Frau schließlich in einem Hinterzimmer, betäubt und gefesselt.

Das war eine der Geschichten, die mir in jenem Moment wohl durch den Kopf gingen. Ich nahm meine kleine Schwester bei der Hand, stand auf und sagte mit lauter und fester Stimme: „Kommen Sie uns nicht näher oder ich rufe die Polizei!"

Die Frau versuchte meinen Arm zu packen, aber ich stieß sie zur Seite. Das war der Moment, in dem ihr wahres Gesicht zum Vorschein kam. Sie würde wütend und schleuderte uns wilde Flüche entgegen. Ich hatte ihr übles Spiel enttarnt und sie wusste es.

Mit meiner Schwester fest an der Hand eilte ich aus dem Waschsalon und lief zurück zum Hotel. Es war früher Nachmittag und die Straßen waren voller Menschen. Zum Glück! Wir liefen so schnell, dass wir stolperten und hinfielen. Eines meiner Knie tat mir auch Monate danach noch weh.

Ich setzte meine kleine Schwester bei den anderen im Hotel ab und ging mit zweien meiner älteren Brüder zurück zum Waschsalon. Die Frau war längst verschwunden.

Doch genug davon und zurück zu schöneren Erinnerungen. Zum Beispiel Vaters Morgenritual, mit dem er erstmals in Paris begann: Auf jeder unserer drei Etagen wurde jeweils ein Lautsprecher aufgehängt, der an die Stereoanlage in seinem Zimmer angeschlossen war. Jeden Morgen spielte er uns etwa eine halbe Stunde lang eine Audiokassette mit gregorianischen Mönchsgesängen vor. Nach 15 Minuten rief er dann mit sanfter Stimme: „Guten Morgen, meine lieben Kinder! Langsam müssen wir aufwachen. Ihr habt noch zwanzig Minuten."

Zehn Minuten später folgte die nächste Zeitansage: „Guten Morgen, liebe Kinder! Ihr habt noch zehn Minuten."

Dann wechselte er die Kassette und spielte uns einen russischen Chor vor. Die kraftvollen Männerstimmen klangen durch unsere Zimmer und wir wurden langsam wach. So begann unser Tag. Mein Vater hatte immer verrückte Ideen, aber sie waren doch meistens sehr originell und lustig. Manche habe ich von ihm übernommen und sein Aufweckritual gehört dazu – allerdings mit einer entscheidenden Variante: Zum Einschlafen lasse ich jeden Abend in meinem Zimmer und in dem der Kinder eben jene gregorianischen Gesänge laufen. Die Jungs lieben es, und wenn ich es einmal vergesse, ruft einer von ihnen sofort: „Mama, mach bitte die Mönchsmusik an!"

Es sind sehr schöne Gesänge und sie bringen den Geist zur Ruhe. Beide Schwangerschaften hindurch habe ich sie jeden Abend laufen lassen. Vielleicht brauchen meine beiden Jungs sie deshalb heute noch, um einzuschlafen.

Damals hatte ich musikalisch allerdings einen ganz anderen Favoriten: Ich war unsterblich verliebt in – Michael Jackson! Kaum zu glauben, oder? Es geschah an einem Abend im Hotel. Wir hatten dort einen Fernseher und schauten uns gemeinsam mit unserem Vater eine Musiksendung an. Es lief das Video zu „Thriller", und schon war es um mich geschehen. Natürlich fand Vater die Zombies und Monster ganz furchtbar und betonte immer wieder, wie schrecklich das alles sei.

„Der Mann hat sehr viel Talent", sagte er, „aber diese Horrorsache ist einfach nicht gut für junge Menschen."

Ich bekam kaum mit, was er sagte und klebte am Bildschirm. Bevor ich etwas dagegen unternehmen konnte, hatte ich mich unsterblich in Michael Jackson verliebt. Es war das erste und einzige Mal, dass mir das bei einem Prominenten passierte. Einmal kaufte ich mir heimlich ein Teenagermagazin, auf dessen Cover er abgebildet war. Lesen konnte ich es nur im Verborgenen, denn natürlich hätte Vater das niemals erlaubt. Ich malte sogar seinen Namen auf ein Fenster! Unglaublich, dass ich so etwas getan habe! Besonders loyal war ich ihm gegenüber allerdings nicht, denn schon wenige Monate später war die Liebe so schnell wieder verschwunden, wie sie gekommen war. Doch obwohl es eine eher lustige Anekdote ist, half mir meine kurze Schwärmerei später nachzuvollziehen, warum sich Mitte der 90er so viele Mädchen in meine jüngeren Brüder verliebten. Wie konnte ich sie nach meiner Affäre mit Michael verurteilen? Und übrigens: Meine erste CD von ihm habe ich mir erst 20 Jahre später gekauft.

Top Model, Eddie Barclay et une Chanson

lick! Klick! Der Fotograf drückte ununterbrochen auf den Auslöser. Er war ganz aus dem Häuschen, doch ich verstand nicht, was er eigentlich wollte.

Wir waren Gäste auf einer Party in einer der schicksten Locations in ganz Paris. Es war die siebte Hochzeit von Eddie Barclay, einem der bedeutendsten Köpfe im französischen Showbusiness. Einst hatte er ganz unten angefangen. Jetzt besaß er unter anderem die Lizenzrechte an den großen Hits von Edith Piaf und Jacques Brel. Er war ein eleganter Mann, sein Outfit stets von unübertrefflicher Geschmackssicherheit. Mit rund 60 Jahren hatte er echtes Weltklasseformat. Sein Gespür für Musik war untrüglich und er hatte große Pläne mit uns.

Eine seiner PR-Mitarbeiterinnen hatte uns in der Metro singen hören und ihm von uns erzählt. Isabelle war ihr Name. Eine typische Pariser Dame, klein und schlank, schick blondiert, allzeit gut gekleidet und mit einer unvergesslich rauen Stimme gesegnet. Ganz nebenbei war sie auch noch mit einem der wichtigsten Songschreiber Frankreichs verheiratet.

„Monsieur Kelly!" Areski klopfte an unsere Zimmertür. „Ein gewisser Eddie Barclay ist unten am Telefon und möchte mit Ihnen sprechen."

Es dauerte etwas, bis man die alte Wendeltreppe hinabgestiegen war, und so hatte Monsieur Barclay eine ganze Weile in der Leitung warten müssen. Mein Vater zwängte sich in die kleine Kabine gegenüber der Rezeption und hielt sich den Hörer ans Ohr.

„Hallo?"

„Bonjour, mein Name ist Eddie Barclay. Sind Sie Monsieur Kelly?"

„Der bin ich. Was kann ich für Sie tun?"

So oder ähnlich muss die Unterhaltung in etwa abgelaufen sein. Vater erzählte uns später, dass der Anrufer uns eingeladen hatte, ihn in seinem Apartment auf der Champs-Élysées zu besuchen, um ihm dort etwas vorzusingen. Er habe sich davon überzeugen wollen, dass seine Mitarbeiterin recht hatte mit ihrer Aussage. Wir wären außergewöhnlich gut, hatte sie ihm gesagt.

„Wir gehen nirgendwohin", war Vaters Antwort gewesen. „Wenn Sie uns singen hören wollen, kommen Sie in die Metro."

„Aber Monsieur Kelly, wissen Sie, wer ich bin?"

„Mir ist egal, wer Sie sind", hatte er ihm erwidert. „Wenn Sie uns hören wollen, kommen Sie in die Metro."

Das war typisch mein Vater. Für ihn waren solche Gelegenheiten eine sportliche Herausforderung. Doch Eddie Barclay kam tatsächlich. Mit zwei Bodyguards und Entourage hatte er sich zur Metrostation St. Michel aufgemacht, wo wir gerade unseren Straßenhit *Pesces en el Rio* sangen.

Wenig später saßen wir mit ihm in einem nahegelegenen Café.

„Hättest du gerne noch ein zweites Croissant?"

Ich nickte zaghaft.

„Garçon! Bringen Sie den Kindern Croissants und Kakao! Alles, was Sie dahaben."

Den Anblick werde ich nie vergessen. Direkt vor unserer Nase wurde ein ganzer Berg Croissants aufgebaut und wir durften so viel essen, wie wir wollten. Es war wie im Traum. Draußen regnete es und wir saßen im Warmen, wo wir es uns gut schmecken ließen.

„Ihr könnt alle sehr gut singen", sagte er und Isabelle machte ein zufriedenes Gesicht. „Ich bin wirklich beeindruckt."

Als er mit einem 100-Franc-Schein bezahlte und an den Kellner gerichtet hinzufügte: „Behalten Sie den Rest", machten meine Brüder große Augen.

„Wow! Habt ihr das gesehen?", rief einer von ihnen aus.

Monsieur Barclay zahlte prinzipiell nur mir Scheinen. Münzen hatte er nie dabei. Schließlich beulten sie die Taschen aus!

Doch zurück zu seiner Hochzeitsparty. Seine frisch angetraute Frau Cathy war eine sehr nette und natürliche Person. Wir konnten sie gut leiden und sie mochte uns ebenfalls. Alles, was Rang und Namen hatte, war gekommen. Die Reichen, Schönen und Berühmten waren mit Eddie befreundet und keiner von ihnen wollte außen vor bleiben. Wir wurden ihnen allen vorgestellt, doch weil wir fast nie Boulevardzeitschriften lasen, sind mir die meisten Namen nicht in Erinnerung geblieben. Mit einer Ausnahme: Alain Delon.

Er saß an einem der großen runden Tische mitten im Zentrum dieser pompösen Party und als ich an seinem Platz vorbeikam, lächelte er mir freundlich zu. Ich dachte nur: „Was für ein netter Herr", doch wie viele Frauen hätten mich damals wohl um diesen Moment beneidet!

Klick, klick! Ich war auf dem Weg zum Tisch meiner Familie, als mir ein Fotograf sehr nahe kam und pausenlos Bilder von mir machte. Das gefiel mir gar nicht und ich wandte mich von ihm ab. Doch anstatt sich zurückzuziehen, folgte er mir hektisch und hörte nicht auf zu fotografieren.

„Entschuldige, dass ich dich nerve", sagte er. „Ich bin ein sehr bekannter Modefotograf und arbeite für die Model-Agentur *Elite*."

Ich verstand nicht, was er mir damit sagen wollte. Für einen Moment dachte ich, er sei verrückt, und eilte weiter in Richtung meines Vaters, der die Situation beobachtet hatte und bereits auf mich zukam.

„Bitte, lass mich erklären", drängte der Fotograf und stellte sich mir in den Weg. „Du bist wunderschön und könntest eine große Modelkarriere vor dir haben. Wie alt bist du, wenn ich fragen darf?"

Ich war damals gerade erst 15 Jahre, aber das sagte ich ihm nicht. „Lassen Sie mich in Ruhe. Und hören Sie mit dem Geknipse auf!"

Jetzt stieß mein Vater dazu. „Ich bin ein Modefotograf", bekam auch er zu hören. „Sie hat großes Potenzial, ein erfolgreiches Top Model zu werden. Hier, meine Karte."

„Danke, aber wir sind nicht interessiert", sagte mein Vater und nahm mich bei der Hand.

Etwas später standen wir mit einigen meiner Geschwister auf dem Balkon, um ein bisschen frische Luft zu schnappen. Erneut tauchte der Fotograf auf und versuchte, meinen Vater davon zu überzeugen, es sich doch noch einmal durch den Kopf gehen zu lassen. Ich hätte außergewöhnliche Qualitäten, die in der Modewelt gesucht würden. Mein Gesicht sei „klassisch und perfekt".

Doch mein Vater rückte keinen Millimeter von seiner Meinung ab: „Meine Tochter hat in diesem Business nichts verloren. Wir sind nicht interessiert. Danke, aber nein danke."

Dem Fotograf fiel es sichtlich schwer, von seiner großen Entdeckung abzulassen. Als er schließlich abzog, blickte er mir immer wieder mit Dackelblick hinterher.

Später erklärte mein Vater mir seine Haltung: „Weißt du, Patricia, die Modewelt ist sehr krank und gefährlich. Frauen werden benutzt, um Produkte zu verkaufen. Alles dreht sich nur ums Geld. Kleidung, Parfüm, egal was. Hauptsache verkaufen. Was man als Mensch ist, spielt keine Rolle."

Er sprach von dem falschen Frauenbild, das in der Werbewelt vermittelt wird, und von der Fassade, hinter der sich Abgründe auftun. Ich lernte damals zum ersten Mal etwas über den Unterschied zwischen Schein und Sein. Später sollte er mir praktisch täglich begegnen. Trotz allem fühlte ich mich natürlich geschmeichelt. Schließlich war ich ein Mädchen, und Mädchen wollen bewundert werden. Doch in meinem Herzen vertraute ich meinem Vater und wusste, dass er mich nur beschützen wollte. Noch lange Zeit später neckte er mich mit der Geschichte. „Top Model" nannte er mich dann und wir lachten zusammen über die Vorstellung, wie ich über den Laufsteg gestöckelt wäre.

Übrigens wäre ich dafür viel zu klein gewesen. 1,67 m ist nicht unbedingt die ideale Größe für ein Model. Zu mehr als C-Klasse hätte es vermutlich kaum gereicht. Allerdings: Ab und zu meldet sich auch heute noch immer mal wieder das kleine Mädchen in mir und schwärmt: „Ich hätte ein Top Model werden können! Oh, ein Top Model!"

Zu diesem Zeitpunkt stand Eddie Barclay mit uns bereits in ernsthaften Verhandlungen über einen Plattenvertrag. Mein Vater ließ ihn zunächst eine ganze Weile zappeln, unterzeichnete dann aber schließlich für einen begrenzten Zeitraum. Das verschaffte uns in Frankreich einige Popularität. Damals gab es nur zwei oder drei TV-Kanäle und alles, was Monsieur Barclay tun musste, war, einen seiner Freunde anzurufen und schon waren wir in allen wichtigen Fernsehsendungen. Die Tageszeitung Le Figaro veröffentlichte in der Wochenendbeilage ein 16-seitiges Special über uns mit Bildern eines bekannten Modefotografen und auch andere wichtige Zeitungen und Magazine hielten sich nicht mit Artikeln zurück. Binnen Kurzem waren wir weitreichend bekannt.

Barclay hatte große Pläne mit uns. Er hätte alles getan, um uns auf seine Seite zu ziehen. Einmal lud er uns in sein pompöses Luxus-Penthouse ein, von dem aus man direkt auf den *Arc de Triomphe* blickte. Sein französischer Privatkoch verwöhnte uns mit Schokoladensoufflé. Ich erinnere mich noch gut an all die Fotografien, die überall verteilt waren. Sie zeigten Monsieur Barclay unter anderem mit Jean-Paul Belmondo, Catherine Deneuve, Quincy Jones und Michael Jackson. Moment mal, Michael Jackson? Meine heimliche Liebe? Jetzt wurde die Sache richtig interessant für mich.

Erfolgreich veröffentlichten wir die Single „Une famille c'est une Chanson", ein Lied, das extra für uns geschrieben worden war. Doch während das für die meisten ein willkommenes Sprungbrett zu einer großen Karriere gewesen wäre, hatte mein Vater bald schon wieder andere Pläne. Monsieur Barclay wollte, dass wir ihn jeden Mittwoch in seinem Apartment besuchen kamen, weil er überzeugt war, dass dies der beste Weg war, weitere gute Deals mit uns abzuschließen. Belmondo und Co. würden auch da sein, lockte er.

Doch mein Vater lehnte dankend ab. „Das ist nicht unsere Welt, Monsieur Barclay", ließ er ihn wissen.

Und dann suchte sich der allzeit freiheitsliebende *Irish Spirit* ein neues Ziel. In einer spontanen Nacht-und-Nebel-Aktion brachen wir auf in die Neue Welt, zu den Kelly-Wurzeln jenseits des Atlantiks.

Notre Dame

Mein letzter Tag in Paris, 8. August 2013. Ich schnalle mir meine Gitarre auf den Rücken und musiziere in Erinnerung an alte Zeiten noch einmal in der Metro und auf der Straße. Immerhin: 42,50 Euro für eine halbe Stunde. Dann spaziere ich zur Île de la Cité. Mein Ziel: Notre Dame. Ich hatte mir diese Station als letztes Ziel meiner Reise aufbewahrt, weil ich wollte, dass sie auch zur letzten Erinnerung an diese Reise nach Paris wird.

Kaum bin ich angekommen, halte ich auch schon an einem Souvenirladen an, um den Jungs ein Sweatshirt mit der Aufschrift „Paris" zu kaufen. Ein bisschen kitschig, aber ich weiß, dass sie es lieben werden. Überhaupt bringe ich ihnen von jeder Reise ins Ausland entweder ein Shirt oder eine Kappe mit. Inzwischen haben sie eine ganz schön umfangreiche Sammlung.

Als ich bezahle, höre ich lauten und wunderschön tiefen Glockenklang. Es sind Kirchenglocken und sie läuten und läuten. Eine Messe? Ich eile los und sehe lange Schlangen von Touristen, Hunderte, die darauf warten, die Kathedrale betreten zu können. Ich frage den Sicherheitsmann am rechten Portal, ob jetzt eine Messe sei. Er bejaht es.

„Sie können auch hier hineingehen", sagt er und zeigt mir einen weiteren Eingang, an dem niemand steht.

„Aber muss ich denn keinen Eintritt zahlen?"

„Nein, wenn Sie zur Messe wollen, können Sie umsonst rein."
Ich zögere angesichts der vielen Menschen, die brav in der Schlange warten, ergreife dann aber schließlich doch die Gelegenheit und trete ein. „Was für eine glückliche Fügung", denke ich. Als die Messe vorbei und mein Herz von Frieden und Gebet erfüllt ist, gehe ich zur Statue der Jungfrau von Pilier. Dort zünde ich eine Kerze an und erinnere mich daran, wie ich vor rund drei Jahrzehnten dasselbe getan habe.

Es war auch damals der letzte Tag in Paris. Wir waren auf dem Weg in die USA und verabschiedeten uns von unseren Freunden. Den ganzen Tag hatten wir dort verbracht und um ein Uhr morgens, wenn *Notre Dame* am schönsten und friedlichsten ist und Stille über der Stadt liegt, gehörte uns die Kathedrale und der Vorplatz ganz alleine.

Wir sangen „Agur, Jaunak", ein baskisches Abschiedslied. Ein Pärchen war hinter unseren Freunden stehen geblieben und hörte uns andächtig zu. Nachdem die letzten Zeilen verklungen waren, kam der Mann auf uns zu und fragte, wer wir seien und woher wir stammten. Er stellte sich vor: Bruce Springsteen hieß er. Doch da wir auch im Hotel nur sehr selten den Fernseher eingeschaltet hatten und ein Radio ohnehin nicht besaßen, sagte uns der Name schlichtweg nichts.

Einer unserer Freunde hingegen schüttelte verständnislos den Kopf. „Ja klar", sagte er, „und ich bin der Papst."

Doch davon blieb der Mann unbeeindruckt. Am Abend zuvor, so bemerkte er am Rande, habe er in der Stadt ein Stadionkonzert gegeben. In Kürze ginge es zurück nach Amerika. Was für ein Zufall! Wir erzählten ihm, dass wir ebenfalls auf dem Sprung in die Staaten seien.

„Wirklich?", fragte er interessiert. „Dann kontaktiert mich, wenn ihr da seid." Er schrieb seine private Telefonnummer auf ein Stück Papier und drückte es uns in die Hand.

Seine Frau war damit nicht so ganz einverstanden: „Bist du sicher, Honey?"

Er war sicher. Vater behielt die Nummer in seinem kleinen schwarzen Adressbuch und da ist sie heute noch drin.

Doch wichtiger als The Boss waren an jenem Abend unsere Freunde, die wir zurücklassen mussten. Sie waren ein bedeutender Teil unseres Lebens geworden und hatten nicht zuletzt für mich eine Menge verändert. Wir hatten sie in der Metro kennengelernt oder auf den öffentlichen Plätzen, die uns als Bühne dienten. Oft kam dort ein bestimmter Schlag Menschen auf uns zu, sehr gebildete Leute und nicht selten mit adligem Hintergrund. Eine für Frankreich typische Klasse alter Familien mit großer Tradition. Mit einigen von ihnen schlossen wir bald schon Freundschaft.

Am Centre Pompidou lernten wir zum Beispiel Beatrice kennen, eine sehr elegante und belesene Comtesse. Sie arbeitete im dortigen Musée National d'Art Moderne und wurde ein echter Fan von uns. Ihre Tochter Fleur ließ sich sogar Kleider anfertigen, die wie unsere aussahen, und kam immer an den Wochenenden, um gemeinsam mit uns zu singen. Bis zum heutigen Tag sind wir gute Freunde.

Und dann die Gruppe der Philosophiestudenten von der Sorbonne: Entdeckt hatten sie uns über eine ebenfalls adlige Freundin aus Versailles, die wir von St. Michel her kannten. Sie besuchten uns in ihrer Freizeit und liebten es, mit uns zu feiern. Zum damaligen Zeitpunkt hatten wir bereits unseren Deal mit Eddie Barclay unterzeichnet und lebten zeitweise für etwa ein Jahr in einem gemieteten Landhaus in der Bretagne. Stunden um Stunden verbrachten wir damit, über Philosophie, Religion, Geschichte und Politik zu diskutieren. Für mich persönlich war das eine einzigartige und bereichernde Zeit.

Einige Jahre waren damals seit dem Tod meiner Mutter vergangen und diese Freundschaften brachten neues Licht und

Hoffnung in mein Leben. Es war der Beginn meiner Jugend. Ich erinnere mich noch daran, dass ich wie ein ganz normales Mädchen tanzte und lachte und die schweren Jahre hinter uns einfach einmal vergessen konnte.

Einige meiner heute noch engsten Freunde stammen aus dieser Clique. Im Nachhinein bin ich meinem Vater extrem dankbar dafür, dass er uns ermutigte, Zeit mit ihnen zu verbringen und uns die Gelegenheit gab, sie oft zu treffen. Umso trauriger war es damals für uns alle, sie zu verlassen und es flossen am Tag unseres Abschieds eine Menge Tränen. Doch für uns ging die Reise weiter und aus den Augen haben wir uns später trotzdem nicht verloren.

USA

lugtickets für zehn Personen bitte."
„Ihr Zielflughafen?"
„New York."

Mit diesem kurzen Wortwechsel zwischen meinem Vater und
der netten Dame am Schalter ging es für uns zum ersten Mal in
die USA. Nur von ein paar Koffern und unseren Instrumenten
begleitet ließen wir Paris mit Eddie Barclay und all seinen Plä-
nen einfach hinter uns.

Mitte der 80er war das ein echter Traum. Amerika gab ganz
schön damit an, die führende Wirtschaftsnation der Welt zu
sein, Hollywood musste sich noch nicht mit Filmpiraterie he-
rumschlagen und überall sah man schicke Fönfrisuren, auch
bei den Männern. Ich war aufgeregt. Endlich würde ich meine
40 Cousins und Cousinen und Hunderte von Onkels und Tanten kennenlernen, die alle in der Gegend von Boston wohnten.
Und meine Großmutter, das letzte Familienmitglied ihrer Generation.

Onkel Bob holte uns mit einem gigantischen Siebentonner
am New Yorker Flughafen ab. Das letzte Mal hatten wir ihn bei
Mutters Beerdigung gesehen.

„Willkommen zu Hause, Leute!" Seine warmherzige und entspannte Art war ein echter Segen. Er öffnete die Heckklappe seines Trucks und ließ uns einsteigen. Ein bisschen trostlos sah
es da drinnen aus, denn außer ein paar Decken und Matratzen

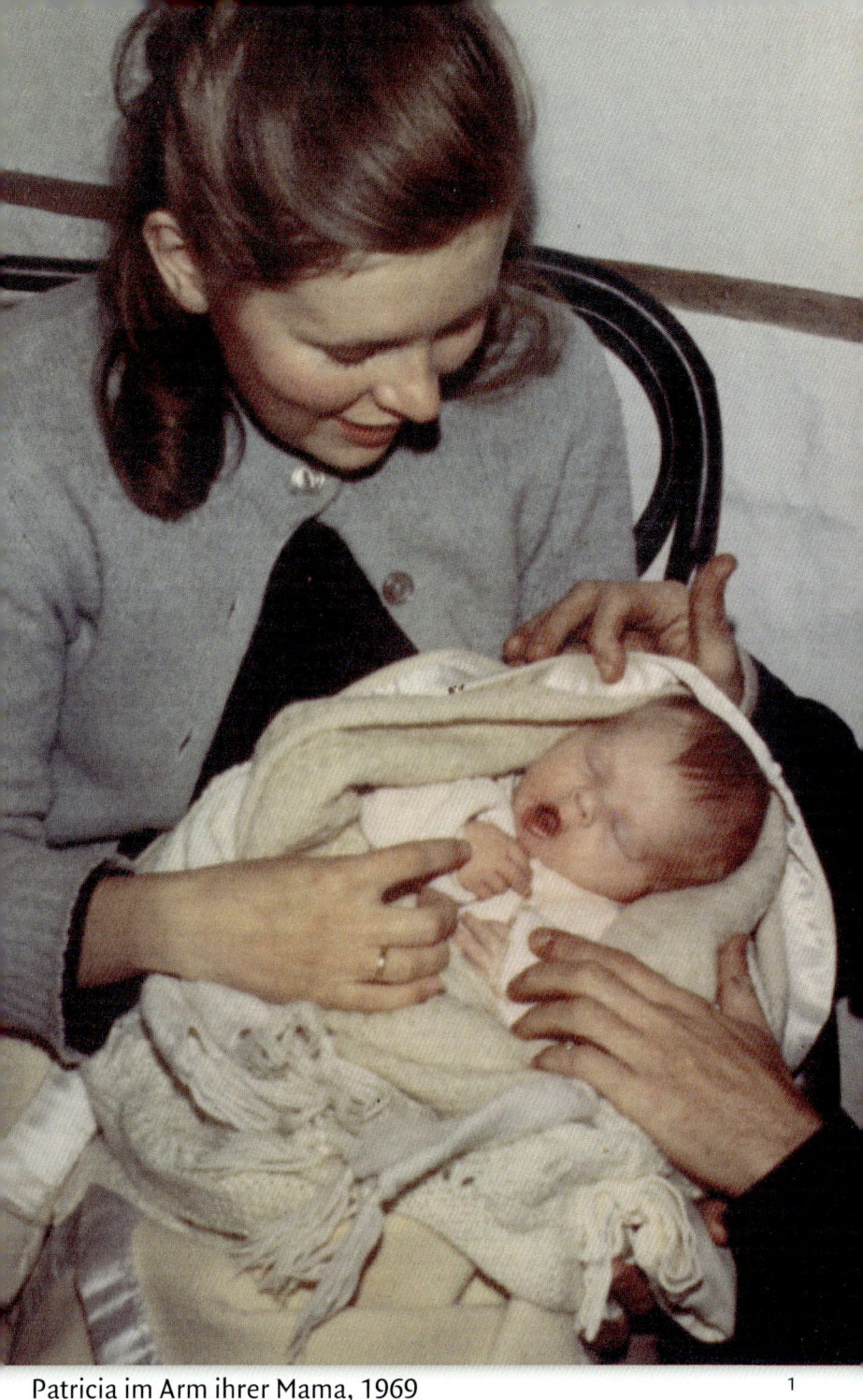

Patricia im Arm ihrer Mama, 1969

2

Dan und Barbara Kelly

3

5

4

„Daddy Cool"

„Mein Lieblingsfoto von Mama.
Sieht sie mir nicht verblüffend
ähnlich?"

7

Patricia, ca. 1974 und 1971

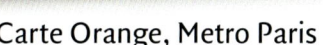

8

Carte Orange, Metro Paris

9

Patricia, 1978

The Kelly Family, 1978 in Hamburg

Mutter im Doppeldeckerbus, 1978

Patricia mit Colin auf einem Zirkusplatz und beim Wäschewaschen, 1988

12

„Top Model" 14

Zopf für Joey, 1988 15

Stress hinter der Bühne, 1994 16

Street Performer Permit,
Chicago, 1986 17

Heiliges Herz Jesu 18

Straßenkonzert in Bonn, ca. 1988

19

Kelly-Zelt in Bochum, 1994

20

21

22

Killarney, 1997

23

On Stage, „Streetlife", ca. 1994

Mit Dave auf dem
Ben Nevis, 1997
(fotografiert von einem
gewissen Joey Kelly)

25

26

Triathlon 1998

27

Halbmarathon mit
Denis und Joey, 2011

Patricia auf der Bühne, ca. 1994

„Sean O'Kelley", links dahinter das Büro in Köln, ca. 1995

Das Bootbüro

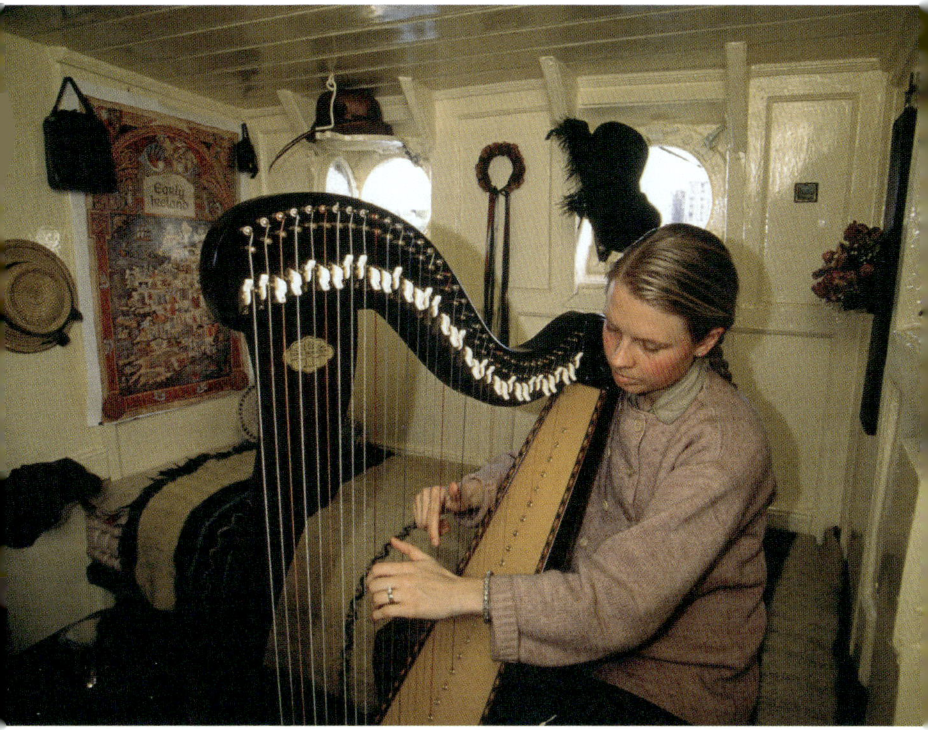

Patricias Kajüte, ca. 1992

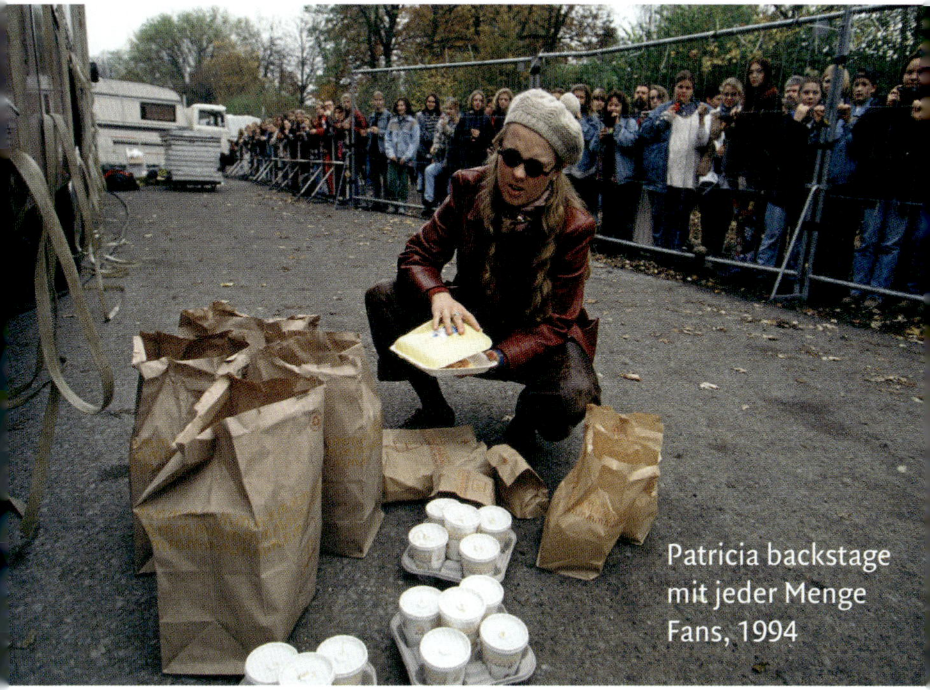

Patricia backstage
mit jeder Menge
Fans, 1994

Videodreh zu
„Roses of Red", 1995

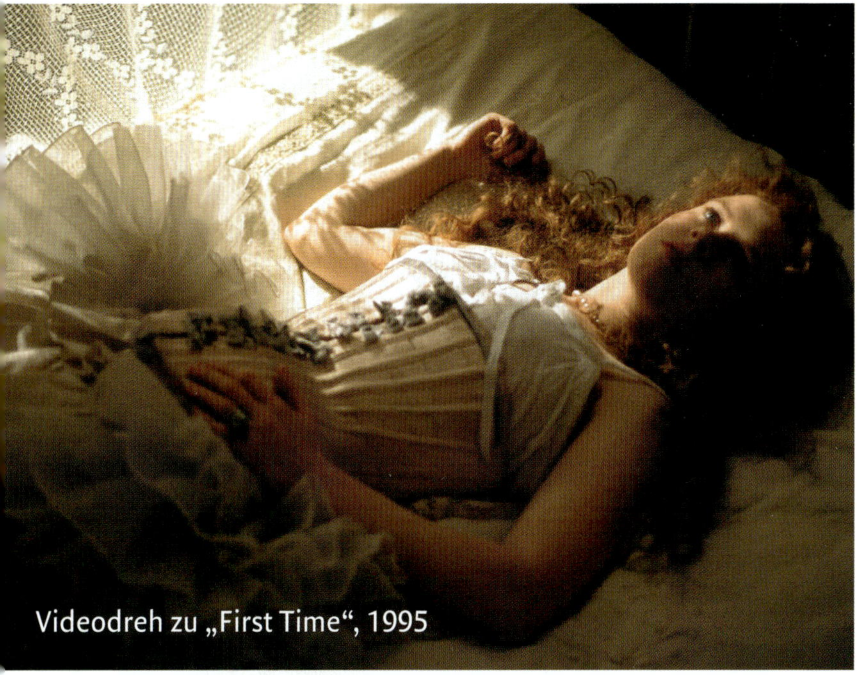

Videodreh zu „First Time", 1995

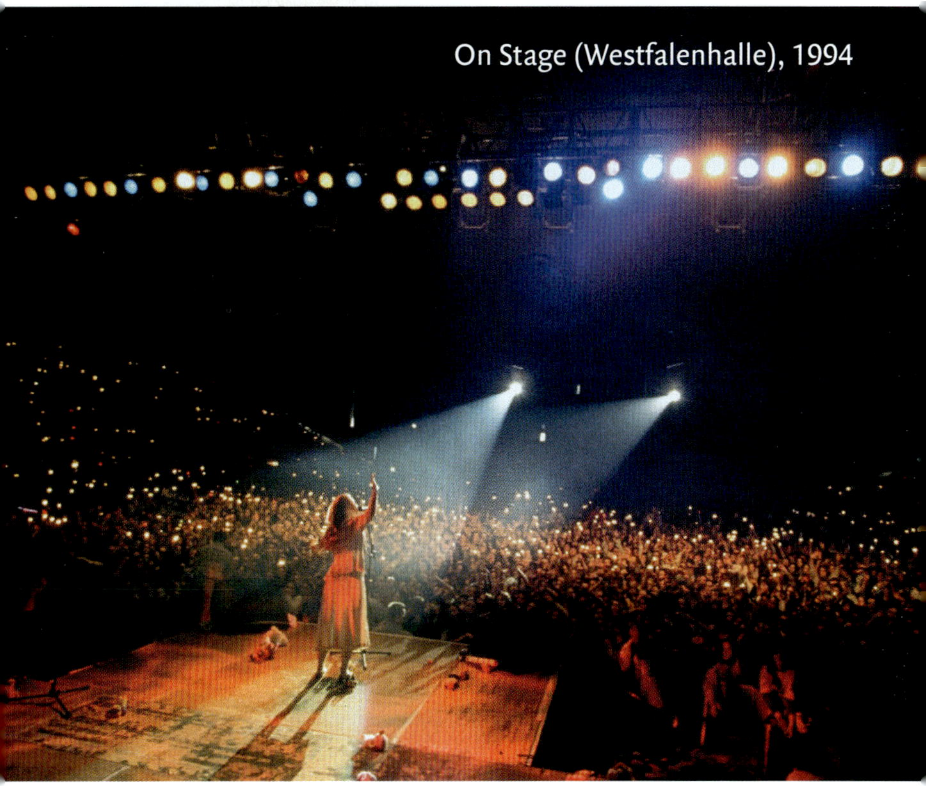

On Stage (Westfalenhalle), 1994

36

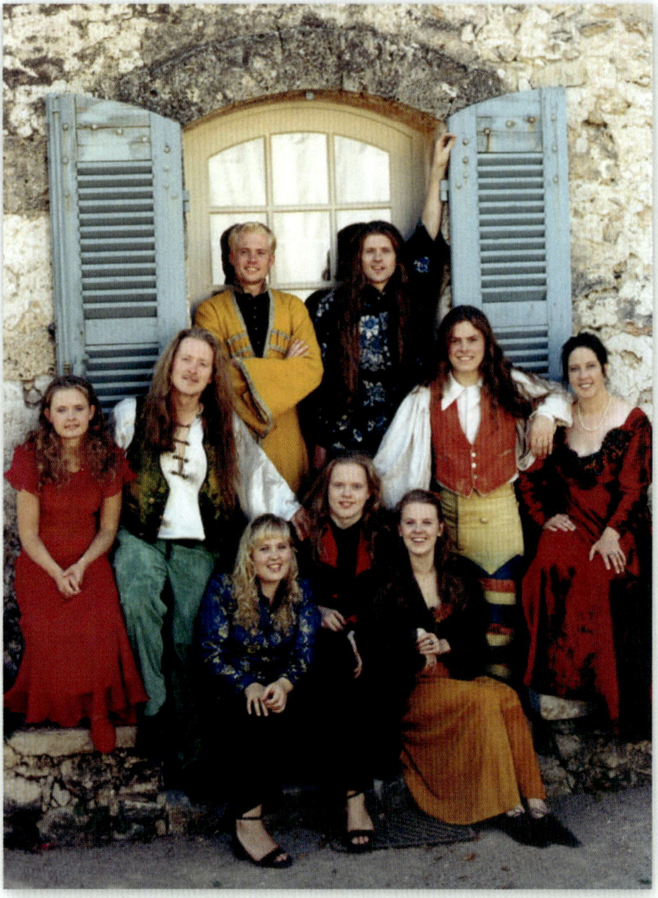

The Kelly Family, 1998

37

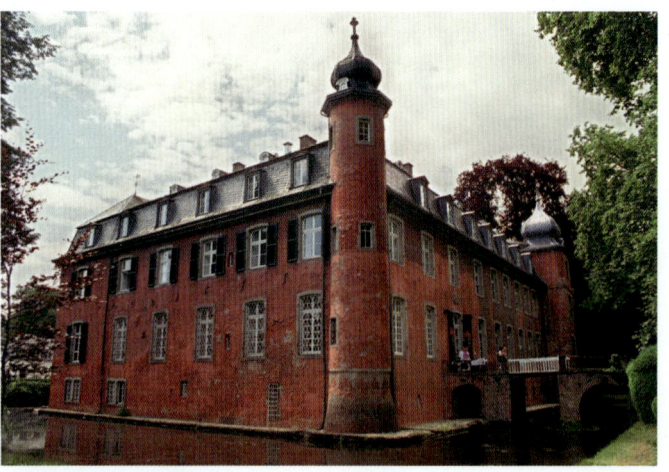

Schloss Gymnich

blickten wir einfach nur in einen großen, leeren, langen Kasten ohne Fenster. Aber egal, wir waren in Amerika! Rasch warfen wir unsere Koffer hinein und sprangen hinterher. Mann, war das kalt! Wie in einem Kühlschrank! Es war Winter, und der fiel hier deutlich kälter aus als im milden Frankreich. Doch da mussten wir nun durch.

Nach drei oder vier Stunden hatten wir unser Ziel endlich erreicht und als sich die Heckklappe öffnete, standen da ganz viele amerikanische Kellys. „Willkommen zu Hause!", riefen auch sie uns entgegen. Onkel, Tanten, Cousins und Cousinen, sie alle hatten uns schon erwartet und eine große Überraschungsparty vorbereitet. Die meisten von ihnen hatte ich zuvor noch nie gesehen. Was für eine Freude!

Die nächsten Monate wohnten wir bei Onkel Bob, Tante Pat und ihren 10 Kindern. Sie hatten ein schönes altes Haus im neuenglischen Stil mit genügend Zimmern für alle.

Leider begann unser Amerika-Aufenthalt für mich erst einmal mit einer sehr starken Grippe. Das muss wohl am ersten Tag nach unserer Ankunft gewesen sein. Es hatte heftig geschneit und das ganze Haus war rasch unter einer dicken Schneedecke begraben worden – für die USA nicht ungewöhnlich, doch wenn man europäische Verhältnisse gewohnt war, konnte einen das schon beunruhigen. Ich fühlte mich auf einmal furchtbar krank. Nie zuvor hatte ich so hohes Fieber gehabt: 39,5 Grad! Damit war nicht zu spaßen.

Die meiste Zeit schlief ich und wenn ich einmal für einen Moment wach war, hörte ich die Stimme des Doktors, der mich aufzuwecken versuchte, oder meinen Vater und meinen Onkel, die mich besorgt ansprachen: „Patricia, kannst du uns hören?" Aber ich war kaum in der Lage zu reagieren und sah nur zu, wie sich ihr Anblick vor meinen Augen in ein Karussell verwandelte. Als es mir endlich wieder besser ging und die Grippe weitergezogen war, hatte ich mehrere Kilo verloren.

Danach ging es bergauf. Jede Nacht führten wir bis in die frühen Morgenstunden hinein angeregte Gespräche, denn die Kellys liebten es zu debattieren und waren große Träumer und Visionäre. Aber wir entdeckten auch das amerikanische Fernsehen mit seinen Nationalsportarten American Football und Basketball. Meine Cousinen brachten mir bei, wie man Chocolate Chip Cookies backt. Manchmal machten wir Mädchen auch frisches Vollkornbrot, während eine Freundin der Familie Gitarre spielte und sang. Zum Frühstück gab es Pfannkuchen mit hausgemachtem Sirup, der von dem großen Ahornbaum im Garten stammte, und „Pep-up", eine Mischung aus Milch und Honig. Weniger angenehm war das rohe Ei, das noch dazugemischt wurde. Igitt.

Wir bekamen vom Bürgermeister, der ein Freund der Kellys war, die Erlaubnis, im Common, dem Bostoner Stadtpark zu singen. Eine Menge Leute gingen dort vorbei und wir verdienten ziemlich gutes Geld. Es war eine großartige Zeit!

Eines Tages traten mein Vater und Onkel Bob dann mit einer sehr ernsten Bitte an mich heran: „Tante Aurora liegt im Sterben. Sie hat Krebs und nur noch zwei Monate zu leben. Wir möchten dich bitten, dass du Onkel Jim und deine Cousins Maria, David und Jimmy besuchst und ihnen hilfst. Würdest du das machen?"

Ich sagte sofort Ja und fühlte mich geehrt, dass ich mit so einer wichtigen Aufgabe betraut wurde, obwohl ich erst 16 Jahre alt war. Also flog ich mit meinem Cousin Andreas, der etwas älter war als ich, nach Kalifornien und wir gaben unser Bestes, um Onkel Jim und seine Familie zu unterstützen.

Anfangs war es nicht einfach für mich. Nie zuvor war ich von meiner Familie getrennt gewesen. In den ersten Nächten weinte ich mich in den Schlaf, weil ich sie alle so sehr vermisste. Aber bald schon lenkte mich die Arbeit ab, denn ich war den ganzen Tag damit beschäftigt zu kochen, den Haushalt zu führen und mich um Tante Aurora zu kümmern. Das war eine bedeutsame Erfahrung und sie hat mich sehr geprägt. Ich denke, damals begann ich langsam erwachsen zu werden.

Zwei Monate später starb meine Tante. Es war sehr traurig, aber sie hatte ihre letzten Tage im Kreise ihrer Lieben verbringen können, und ich war glücklich, dass ich dazu beigetragen hatte. Ich half noch weiter bis zu ihrer Beerdigung, dann flogen wir zurück. Es war ein bewegender Abschied. Mit Onkel Jim hatte ich eine tiefe Freundschaft aufgebaut, die bis zu seinem Tod halten sollte.

Er war ein Philosophieprofessor und sehr belesener Mann. Ich habe viel von ihm gelernt. Über all die Jahre hinweg war er immer für uns da und besuchte uns oft, obwohl Flugreisen über den Atlantik damals noch alles andere als günstig waren.

Als er viele Jahre später im Sterben lag, flog ich in die USA, um ihn noch einmal zu besuchen. Seine Familie sagte mir damals, dass er niemanden mehr erkennen würde. Doch in dem Moment, als ich sein Zimmer betrat, rief er mir von seinem Krankenbett aus laut und deutlich meinen Namen entgegen: „Patricia!" Er hatte mich erkannt. Was für ein Geschenk das war.

Irgendwann kaufte Onkel Bob einen gebrauchten knallroten Cadillac – einen von denen, die aussehen wie eine große rechteckige Dose, ein echter Cruiser. Er war für eine ausgedehnte Tour die Ostküste entlang gedacht. Mein Vater blieb mit den Kleinen zurück, während wir Älteren losfuhren, um das Land kennenzulernen und an unterschiedlichen Stationen unser Glück zu versuchen.

Wir bereisten insgesamt 22 Bundesstaaten, von New York nach Washington über Chicago, Atlanta und so weiter. Wir spielten in den Straßen und Fußgängerzonen und sammelten viele unterschiedliche Eindrücke und Erfahrungen.

Auf ganz eigene Weise ist mir New Orleans in Erinnerung geblieben. Ich hatte nämlich schon ein bisschen begonnen, die schönen historischen Gebäude in Europa zu vermissen, von denen es in den USA nicht viele gab. Das meiste war neu und sah einfach anders aus. New Orleans bildete da eine echte Ausnahme und war mit seinen altmodischen Bauten besonders schön für mich. Und dann die Musik! Immer und überall war Musik zu hören. Die Stadt war voller Straßenmusiker, Jazzmusiker – eine riesige *Black Community*. Unsere größten Mitbewerber waren zwei kleine schwarze Jungen, die auf einer Holzbohle einen Stepptanz aufführten. Meine Herren! Wie die ihre Füße bewegen konnten! Und sie hatten Rhythmus im Blut.

Das war auch das erste Mal, dass wir den sogenannten *Negro Spirituals* begegneten. Sie sollten einen großen Einfluss auf uns haben. Bis dato hatten wir ausschließlich traditionelle europäische Volksmusik gespielt. Aber mit den *Negro Spirituals* kam jetzt Rhythmus in unser Repertoire. Die Stimmen der schwarzen Musiker waren echte Rhythmusmaschinen. Sie brauchten keinen Beat. Wahrscheinlich hatten sie den Beat überhaupt erst erfunden. Das beeindruckte uns sehr und so erweiterten wir unser Programm um Songs wie „Let my people go", „Swing Low" oder „All my trials". Das hatte auch den Vorteil, dass noch mehr Amerikaner auf der Straße stehen blieben und uns zuhörten, weil sie wiedererkannten, was wir sangen.

Ich erinnere mich in diesem Zusammenhang an eine schöne Geschichte, die mir mein Vater einmal erzählt hat. Als 16-jähriger Junge hatte er als Erntehelfer gearbeitet, um die Haushaltskasse etwas aufzubessern. Unter lauter Schwarzen war er dort der einzige Weiße. Doch nach einer Weile hatten sie ihn als einen der ihren akzeptiert und sagten sogar, er sei eigentlich ein Schwarzer mit weißer Hautfarbe. Was ihn aber vor allem beeindruckt hatte, waren ihre Stimmen. Immer, wenn die Sonne besonders heiß auf die Arbeiter herabschien und sich Müdigkeit breit machte, begann einer der Schwarzen zu summen: „Mmmmmmm", und bald stimmten die anderen mit ein.

„Ich hörte diese magischen Stimmen", schwärmte mir mein Vater vor. „Der Gesang gab ihnen Kraft, um die Müdigkeit und die Mittagshitze zu überstehen. Und mir ebenso. Immer, wenn sie sangen, spürte ich einen neuen Stoß frischer Energie."

Leise arbeitete er dann weiter, um ihnen zuhören zu können. In der Regel sang einer von ihnen den Soloteil und die anderen bildeten einen Chor. Für meinen Vater war es die erste Begegnung mit den *Negro Spirituals* und sie hinterließen tiefe Spuren. Als wir sie dann viele Jahre später ebenfalls kennenlernten und zu singen begannen, muss das für unseren Vater wie eine Reise zurück in die Zeit seiner Jugend gewesen sein.

Doch wir lernten auch eine Menge über die Widersprüche, mit denen die Menschen in den USA tagtäglich zu tun haben. Im Süden zum Beispiel, im *Bible Belt*, waren es die vielen Fanatiker, die mir in Erinnerung geblieben sind. „Tut Buße oder geht zugrunde", stand auf den Plakaten, mit denen sie durch die Straßen zogen. Ein sehr amerikanisches Phänomen.

Am meisten erstaunt war ich darüber, wie viel Rassismus es gab. Seltsamerweise war zwar überall von Gleichheit die Rede, aber trotzdem blieb doch jeder unter sich, die Juden blieben bei den Juden, die Italiener bei den Italienern, die Iren bei den Iren und die Schwarzen in ihren Ghettos. Wir erlebten diese Situation am eigenen Leib, als wir eines Tages versehentlich durch Harlem kurvten. Wir hatten uns verfahren. Es war beängstigend. Als wir an einer roten Ampel anhielten, schrie uns ein völlig entsetzter Fußgänger entgegen: „Verschwindet von hier! Seid ihr irre? Eine Gruppe von Weißen in einem roten Cadillac! Ihr spinnt ja wohl!"

Es dauerte eine Weile, bis wir zurückfanden, und einige Leute blieben stehen und sahen uns misstrauisch hinterher, als wir vorbeifuhren. Das war keine schöne Erfahrung.

Aber sonst tat uns New York gut und überraschte uns mit seinem großen Anteil an Iren. Irgendjemand hatte uns gesagt, dass der ganze Staat zum damaligen Zeitpunkt halb jüdisch und halb irisch war, und dass die irischstämmigen Amerikaner viel mehr Interesse an den Traditionen ihrer Heimat hatten als die Iren selbst, speziell an Volkstänzen und irischer Musik. Tatsächlich kamen viele von ihnen nach unseren Auftritten auf uns zu, um sich mit uns zu unterhalten. Ein paar Mal ging ich zu irischen Tanzveranstaltungen und es war ein großer Spaß.

Überhaupt hatten die Iren an der Ostküste großen Einfluss. In den frühen 1920ern und 30ern hatte mein irischer Großvater John drei Friseursalons in Boston besessen. Es heißt, er soll sehr erfolgreich gewesen sein und das Vertrauen vieler wichtiger Politiker und anderer Persönlichkeiten genossen haben. Zu dieser Zeit, ganz ohne Fernsehen oder gar Internet, war ein Friseursalon mehr als nur ein Ort, an dem man sich die Haare schneiden ließ. Hier bekam man die neuesten Informationen und Gerüchte aus der Stadt geliefert, lange bevor die Zeitungen auf sie aufmerksam wurden.

Über Großvater gibt es eine Menge faszinierende Geschichten. Der Legende nach war er ein großer Ruderer – ein Sport, der sich bei den Iren zur damaligen Zeit hoher Beliebtheit erfreute. Sein größter Gegenspieler hieß ebenfalls John Kelly und war der Vater von Grace Kelly. Beide waren in jungen Jahren sehr erfolgreiche Amateursportler und traten oft gegeneinander an. Es heißt, sie hätten einander nicht sonderlich gemocht, und so ging es für beide mit großer Verbissenheit immer um die Frage, wer von ihnen der bessere Ruderer in Neuengland war. Es wurde nie entschieden. Mal gewann der eine John Kelly und beim nächsten Mal der andere. Zwei irische Dickköpfe!

Zeitweise hatte Großvater sein Geld als Schildermaler verdient und damit meinen Vater, der viele Jahre später unser berühmtes Kelly-Logo entwerfen sollte, stark beeinflusst. Auch muss Großvater ein begabter Erfinder gewesen sein. Einmal hatte es die Mafia auf ihn abgesehen, weil sie an einer seiner Erfindungen interessiert war. Doch er weigerte sich, mit ihnen zusammenzuarbeiten, und mein Vater erzählte mir, wie er eines Tages mit ihm die Straße hinabspazierte und plötzlich drei Männer aus einem Auto stiegen, Großvater brutal zusammenschlugen und eine schlimme Drohung ausstießen: „Nächstes Mal bist du tot!" Doch zum Glück war es bei der Drohung geblieben.

Irgendwann kauften wir uns einen gelben amerikanischen Schulbus, wie man ihn aus dem Kino kennt. Wir bauten einige der Sitze aus und verwandelten ihn in ein kleines rollendes Zuhause. Als der Frühling kam, parkten wir ihn auf einem Waldcampingplatz, auf dem wir seltsamerweise die einzigen Gäste waren. Am Lagerfeuer studierten wir neue Songs ein und im Sommer schwammen wir in einem nahe gelegenen See. Auch besuchten wir unseren anderen Onkel Jim, den letzten lebenden Onkel mütterlicherseits, und seine Familie. Und schließlich unsere Großmutter, die in einem Haus in den Wäldern der Familie wohnte, das sie und ihr Mann eigenhändig gebaut hatten.

Was für eine Freude! Sie war eine ganz besondere Persönlichkeit. Bewusst hatte sie in ihrem Haus keine Elektrizität und nutzte nur Kerzen, um Licht zu machen und lesen zu können. Ihr Wasser holte sie sich aus einem Brunnen. Zum Heizen und Kochen hatte sie einen einfachen Kaminofen. Ich werde nie vergessen, wie diese zierliche Person das Holz hackte und dabei nie danebenschlug. Charakterstark war sie und sehr gläubig. Als sie vor einigen Jahren verstarb, war ihre Bibel so zerlesen, dass sich manche Stellen nicht mehr erkennen ließen. Sie gab mir ihre Sammlung von Miniaturschuhen, die schon seit vier Generationen gepflegt wurde. Einige stammten sogar noch aus dem 19. Jahrhundert und waren wirklich sehr hübsch. Ich fühlte mich sehr geehrt und begann sofort, selbst kleine Schuhe zu sammeln. Aus jedem Land, in das ich von nun an reiste, brachte ich neue Schuhe mit. Natürlich habe ich die Sammlung heute noch. Frauen und Schuhe eben!

Nach neun Monaten USA-Aufenthalt kehrten wir nach Europa zurück. Viele gute Dinge waren passiert. Mein Vater hatte langsam begonnen, die tiefe Trauer über den Tod unserer geliebten Mutter zu überwinden. Auch wenn er immer das eigenständigste Mitglied seiner Familie und ein großer Abenteurer gewesen war, hatte es ihm doch ganz sicher gut getan, seine Brüder und Schwestern wiederzusehen. Ich denke, die Reise war für ihn und uns alle notwendig und ein echter Segen.

Tatsächlich dauerhaft in Amerika zu leben, war damals keine Option für uns, denn auf seltsame Weise fühlten wir uns als Europäer und das waren wir ja auch. Als wir dann aber zurück in die Heimat flogen, begleitete uns das gute Gefühl, nicht allein zu sein. Wir hatten eine Familie, Wurzeln, irgendwo jenseits des Atlantiks. So empfand ich es. Und das verlieh mir Flügel.

Das Geld liegt auf der Straße

Irgendwann erhielten wir die ersten Geldumschläge. Die Leute schickten uns Briefe mit beigefügten Banknoten und der Bitte, für den Gegenwert LPs und MCs zu schicken. Viele Leute kannten sie von unseren Straßenkonzerten, hatten sie dort gekauft und wollten nun mehr. Zu Beginn waren es nur wenige, doch bald wurde ein echtes Geschäftsmodell daraus. Auf dem Höhepunkt unseres Erfolgs erhielten wir bis zu 15 000 Fanbriefe pro Tag, sodass wir irgendwann sogar unsere eigene Postleitzahl zugeteilt bekamen.

Bis zu diesem Zeitpunkt hatten wir bei unseren Auftritten fleißig Adressen gesammelt, um die Leute über unsere nächsten Termine informieren zu können. Während unserer Reisen durch ganz Deutschland zwischen 1987 und 1993 hatten wir praktisch jeden Marktplatz und jede Fußgängerzone bespielt. Die Leute kauften unsere LPs und MCs und warfen ein paar Münzen in den Akkordeonkoffer, den wir immer in der Mitte vor uns platziert hatten. Am Ende jedes Tages fanden wir neben Geld aber auch Visitenkarten und Zettel mit Telefonnummern und Hilfsangeboten wie: „Wenn ich irgendetwas für Ihre Familie tun kann, rufen Sie mich an." Oftmals waren es gebildete und gut situierte Leute wie Ärzte oder Anwälte, die das Gefühl hatten, uns unterstützen zu müssen. Überhaupt sind wir von unserem Straßenpublikum immer gut behandelt worden und so beschlossen wir irgendwann, ein Gästebuch anzulegen.

Ich kaufte eins mit schwarzem Einband und roten Ecken, befestigte einen Stift daran und legte es in den Akkordeonkoffer. Die Leute schrieben eifrig hinein. Manche hinterließen ganze Geschichten über ihr Leben und wie unsere Lieder sie berührten oder gar ihre Wunden heilten. Andere hinterließen einfach nur ihre Adresse oder schrieben nette Sachen wie: „Danke für die schöne Musik."

Das erste Buch war schnell voll und wurde durch ein neues ersetzt, bis auch dieses wieder voll war und so weiter. Irgendwann kam uns die Idee, Adressen zu sammeln, um die Leute über zukünftige Konzerte zu informieren. Dazu ging einer von uns immer durch die Reihen der Zuschauer und gab ihnen die Möglichkeit, ihre Adresse auf einem kleinen Stück Papier zu hinterlassen, das wir unsere „Infokarte" nannten. Im Gegenzug würden sie frühzeitig von unseren nächsten Konzerten in ihrer Region erfahren. Bald schon hatten wir Tausende von Adressen zusammengetragen und als die Konzerte immer größere Ausmaße annahmen, engagierten wir mehrere Studenten, um die Infokarten zu verteilen.

Als Mitte der 90er der große Erfolg kam, hatten wir einen ganzen Nightliner mit 20 Leuten besetzt, die mit uns reisten und unter anderem in den Konzerthallen und Stadien Adressen sammelten. 1995 hatten wir über zwei Millionen Stück zusammengetragen. So etwas hatte es in der Musikbranche bis dato noch nicht gegeben.

Zurück zu den Geldbriefen. Zunächst dachten wir uns nicht viel dabei, fühlten uns aber verpflichtet und schickten diejenigen LPs oder MCs heraus, nach denen die Leute jeweils gefragt und für die sie quasi vorab bezahlt hatten. Doch schon bald musste ich mit einem Taxi zur nächsten Postfiliale fahren, weil die Anzahl der Päckchen mittlerweile den Kofferraum und den gesamten Rücksitz in Anspruch nahm. Unser Wohnzimmer war randvoll mit Versandkartons, in die wir die bestellten Alben packten.

Dann hatte mein Vater die Idee, eine Auflistung aller unserer Produkte auszudrucken und sie dem Inlay der MCs beizupacken, damit die Leute erfuhren, was wir sonst noch so im Angebot hatten. Es wurde sozusagen unser erster Katalog und die Zahl der Bestellungen nahm deutlich zu.

Auf dem Gipfel unseres Erfolgs hatten wir bereits mehrere Jahre lang unseren eigenen Versandhandel betrieben und pro Jahr eine halbe Million LPs und MCs verkauft. Diese waren damals noch nicht in den Läden erhältlich weshalb die Leute sie direkt bei uns bestellen mussten. Heute, über zwei Jahrzehnte später, ist es für viele unabhängige Künstler normal, ihre Songs über den eigenen Webshop oder die bekannten Online-Musikdienste zu verkaufen. Aber damals waren wir absolute Vorreiter. Wir kannten niemanden sonst in der Branche, der seinen eigenen Versandhandel mit selbst gesammelten Adressen betrieb.

Auch waren wir in den späten 80ern meines Wissens nach die ersten Künstler in Deutschland, die ihren eigenen Labelcode besaßen. Der Weltverband der Phonoindustrie musste sich dafür einige Mühe geben, doch am Ende besaßen wir das erste Independent-Label in Deutschland, das von den Musikern selbst betrieben wurde. Später griffen Bands wie *Die Toten Hosen* das Konzept auf und gründeten ebenfalls ihr eigenes Label.

In dieser Zeit zogen wir mit unseren Konzerten von der Straße in ein Zelt, das wir gekauft hatten. Es fasste etwa 500 Leute und war mit Bierbänken und einer kleinen Bühne ausgestattet. Am Anfang war sie etwas provisorisch aus Biertischen zusammengesetzt, später kauften wir dann professionelle Bühnenelemente. An den Wochenenden war das Zelt der Konzertsaal für die ganze Familie. Während der Woche blieben die Kleinen mit Vater zu Hause, während der Rest von uns die Straßen bespielte und Flugblätter verteilte, die für unsere Auftritte im Zelt warben. Die Männer in der Familie bauten es auf und mein Vater bemalte die Trucks und Wohnmobile, die wir selbstverständlich gebraucht gekauft hatten. Am Ende waren sie alle ganz bunt und erinnerten an einen Regenbogen.

Die Menschen waren fasziniert von dieser energievollen Familie, die für sie sang, tanzte und kochte. Genau, das hatte ich beinahe vergessen. Vor den Konzerten kochten wir für die Besucher Irish Stew. Heute frage ich mich ernsthaft, wie wir damit durchgekommen sind, denn genehmigt war das garantiert nicht. Vermutlich hatten die Gesetzeshüter in Deutschland bei uns beide Augen zugedrückt. Zum Glück blieben unangenehme Zwischenfälle aus. Dann jedoch hatte mein Vater die irrsinnige Idee, bei einer Versteigerung der Bundeswehr eine Gulaschkanone zu erwerben. Das hatte Folgen.

Eine Woche lang waren wir die Attraktion auf einem Stadtfest. Die Bühne war mit den Farben Irlands in Form von grünen und weißen Ballons geschmückt. Links und rechts von ihr gab es zwei gut ausgelastete Stände, an denen man LPs und MCs kaufen konnte, sowie zwei Getränkestationen und eben die Gulaschkanone. Zu dieser Zeit hatten wir bereits bis zu 6000 Zuschauer, also gab es einiges zu kochen.

Doch am Morgen nach dem ersten Einsatz der Gulaschkanone kam ein Mitarbeiter mit erschreckend fahlem Gesicht zu mir und sagte: „Ich glaube, mit dem Irish Stew gestern hat irgendetwas nicht gestimmt. Ich habe mich die ganze Nacht übergeben und drei andere Leute haben mir dasselbe erzählt."

Damit war das Thema Gulaschkanone erledigt. Woran es gelegen hatte, lässt sich nur vermuten. Wahrscheinlich waren es die Zwiebeln. Vater hatte immer gesagt: „Das Geheimnis eines guten Irish Stew ist nicht das Lamm, sondern die große Menge Zwiebeln." Stattdessen buchten wir einen fremdbetriebenen Wurststand und ließen es dabei bewenden. Warum auch nicht? Besser gute deutsche Wurst als schlechtes Irish Stew.

Puh, ich komme ganz schön vom Hölzchen aufs Stöckchen. Habe ich schon erzählt, wie wir mitten auf der Straße eine professionelle Bühne aufgebaut haben? Nein? Dann jetzt. Das war in unseren ersten beiden Jahren in Deutschland. Wir spielten in Fußgängerzonen. Es war extrem kalt, manchmal -10 Grad. Meistens stellten wir uns vor das Schaufenster eines Kaufhauses oder in eine Ecke, wo besonders viel Durchgangsverkehr war. Technisches Equipment hatten wir keins, nur ein Akkordeon, Trommeln und ein Tamburin. Ein Album mit dem Titel „What a wonderful world" verkauften wir auf LP und MC für 15 oder 20 DM. Die Konzerte selbst waren natürlich kostenlos.

Nach einer Weile hatten wir herausgefunden, dass die Art der Präsentation, die Location und das Timing wichtige Faktoren waren. Wenn wir den richtigen Standplatz und gutes Publikum hatten, verdienten wir locker das Doppelte. Wir begannen also, diese Faktoren zu analysieren und gingen die Sache unter strategischen Gesichtspunkten an. Donnerstags, freitags und samstags, also zum Wochenende hin, waren die Leute viel offener für Unterhaltung, also konzentrierten wir uns auf diese Tage. Es wurde notwendig, irgendeine Form von Bühne aufzubauen, denn die Zuschauer waren so zahlreich geworden, dass uns die Leute ab der dritten oder vierten Reihe schon nicht mehr sehen konnten und deshalb rasch wieder weiterzogen.

Unsere ersten Straßenbühnen bestanden aus leeren Bierkästen. Wir drehten sie einfach um und legten Stoffdecken drüber. Jeder Kelly stand auf seiner eigenen Bierkastenbühne, die wie Podeste von den anderen getrennt waren. Irgendwann reichte das nicht mehr aus und ich begann, Alternativen zu recherchieren. Früher oder später landete ich bei der deutschen Firma Bütec. Es war beeindruckend. „Wow, was für tolle Bühnen", sagte ich mir. Zudem waren sie leicht aufzubauen und hatten den Segen vom deutschen TÜV.

Als Nächstes kam technisches Equipment für guten Sound. Uns war klar geworden, dass es auf der Straße oftmals schlichtweg zu laut war und die Leute uns kaum hören konnten. Also kauften wir zwei gute *Bose*-Boxen, Mikrofone, einen Verstärker und einen Generator, der uns allerdings schon bald wieder gestohlen wurde. Wir konnten es kaum glauben, aber unsere Verkäufe verdoppelten sich unmittelbar. Endlich konnten die Leute unsere Stimmen glasklar hören und standen stundenlang bei uns. Schließlich kümmerten wir uns noch um Beleuchtungselemente, damit man uns auch abends gut sehen konnte. Es waren am Anfang ganz simple Baustellenlampen. Und weil wir unsere letzte Show immer als die Beste ankündigten, kamen die meisten Leute erneut vorbei und brachten Freunde und Familie mit.

Anfangs hatten wir nicht einmal eine Genehmigung für all dies und so war es immer ein echter Nervenkitzel, die Schubkarren mit all dem technischen Equipment durch die Straße zu schieben und alles aufzubauen. Die benachbarten Ladenbetreiber gingen vermutlich einfach davon aus, dass wir das mit offizieller Erlaubnis taten, denn schließlich karrten wir ja die ganze Ausrüstung heran. Wer machte das schon, wenn er es nicht durfte? Manche riefen dann aber doch die Polizei oder das Ordnungsamt und wir mussten zusammenpacken und verschwinden.

Die größte Herausforderung war die bekannte Einkaufsmeile *Zeil* in Frankfurt an den langen Samstagen. Eine Goldmine für uns! Schon am Abend zuvor kamen wir an und verbrachten die Nacht dort. Es war ein Glücksspiel, denn natürlich konnte es immer sein, dass das Ordnungsamt in den Morgenstunden vorbeikam und alle Straßenmusiker verscheuchte. Aber es gab eben auch genug Tage, an denen die Gesetzeshüter anderes zu tun hatten.

Wir standen also früh auf und reservierten uns den besten Platz. Einer meiner Brüder setzte sich dann mit dem Akkordeonkoffer dort hin und signalisierte so den anderen Musikern, dass sie sich hier nicht breitmachen konnten. Es gab ein ungeschriebenes Gesetz der Straße, und das lautete schlicht: Wer zuerst kommt, mahlt zuerst. Und der Platz, den wir ausgewählt hatten, war ein echtes Sahnestück. In sechs Stunden nahmen wir rund 30000 DM ein. Zwischendurch machten wir immer eine Viertelstunde Pause, in der wir stapelweise Nachschub an MCs aus unserem Wohnmobil holten. Das war nötig, denn sie verkauften sich wie geschnittenes Brot. Keine Sorge übrigens: Jeder einzelne Tonträger wurde ordnungsgemäß versteuert.

Ganz deutlich habe ich noch das Bild vor Augen, wie wir damals gegen Abend all das Geld zählten. Dann saßen wir mit zugezogenen Gardinen in unserem Wohnmobil, das Vater bunt angestrichen hatte, und freuten uns über den erfolgreichen Tag. Wir sprachen Stunden um Stunden über das, was die Leute gesagt hatten und was passiert war. Auf der Straße konnte man die Menschen ohne Maskerade und Fassade beobachten. Für uns war das die Schule des Lebens. Jeden Tag erlebten wir bewegende Geschichten. Hätte ich sie damals nur alle aufgeschrieben!

Wir wussten, dass die wirklich harten Zeiten hinter uns lagen. In nur wenigen Jahren hatten wir gelernt, wie sich gutes Geld verdienen ließ. Und wir investierten es entweder in neues Equipment oder die Produktion von LPs und MCs. Den Rest sparten wir, lebten bescheiden und tätigten nie unnötige Ausgaben. Wir waren mit dem Bewusstsein aufgewachsen, nicht viel zu benötigen. Alles, was wir brauchten, kauften wir Secondhand. Materialismus war uns gänzlich fremd.

Keine Macht den Spinnen!

Hilfe! Hilfe! Bitte hilf mir! Hilf mir!"

Voller Panik rannte ich zu meinem Vater und versteckte mich hinter ihm. Meine Augen hatte ich weit aufgerissen und mein Herz hämmerte in Todesangst. Ich war zu diesem Zeitpunkt etwa 18 Jahre alt.

„Was ist denn los?", fragte mein Vater besorgt.

Atemlos und mit zitternder Stimme antwortete ich ihm: „Die Jungs laufen mir mit einer Spinne hinterher! Einer SPINNE! Aaaaaaahh!"

Zwei meiner Brüder kamen kichernd die Treppe hochgelaufen. Einer von ihnen hielt zwischen zwei Fingern eine kleine Spinne fest, mit der sie mich ärgerten. Dann blieben sie plötzlich stehen: „Oh, Vater ist da." – Das war meine Rettung!

Mein Vater war immer up to date, was die neuesten psychologischen Studien betraf. Seine wöchentliche Lektüre des *Time Magazine* und der *Newsweek* war ihm heilig. Er hatte auch viel über Phobien und Panikattacken gelesen. Und jetzt schien seine eigene Tochter offenbar eine solche zu haben. Er wusste, dass ich mich normalerweise nicht ängstlich hinter jemandem versteckte. Irgendetwas stimmte also nicht.

Keiner meiner Geschwister hatte jemals von so etwas wie einer Phobie gehört – schon gar nicht meine Brüder, die es lustig fanden, ihre Schwester panisch weglaufen und kreischen zu sehen. Für mich war lediglich klar, dass irgendetwas mit mir nicht stimmte. Denn mit 18 war es ja nicht normal, dass man sich hinter seinem Vater versteckte. Umso erleichterter war ich, dass es eine Antwort auf all das gab.

Vater fragte mich: „Was macht dir bei Spinnen am meisten Angst? Was befürchtest du, was sie tun könnten?"

Ich musste nicht lange überlegen: „Sie könnten mir über mein Gesicht krabbeln! Aaaah!"

Vater nickte und erklärte mir, was eine Phobie war, nämlich eine über eine zeitweise Abneigung hinausgehende übertriebene Furcht vor etwas – in meinem Fall vor Spinnen. Und dann meinte er: „Wenn du es schaffst, dir eine Spinne aufs Gesicht zu setzen, wirst du von deiner Phobie geheilt sein."

Allein der Gedanke ließ mich erschaudern. Doch tatsächlich gelang es meinem Vater über einen sehr langen Zeitraum hinweg, mich Schritt für Schritt von meiner Angst zu befreien. Regelmäßig las er mir aus einem Buch mit dem Titel „Abweichende Verhaltenspsychologie" vor, das ihm eine amerikanische Bekannte geschenkt hatte. Noch heute habe ich dieses Buch bei mir im Regal stehen. „Phobien und Panikattacken" hieß das Kapitel, mit dem wir uns beschäftigten.

Dann besorgte er eine konservierte Tarantel, die sich in einem Glas befand. Als er sie mir zum ersten Mal zeigte, lief ich völlig entsetzt davon. Ich wusste zwar, dass sie nicht mehr lebte, aber immerhin war Jesus ja auch auferstanden …

Mein Vater brachte mich soweit, dass wir das Glas öffneten und ich das sehr gefährliche und sehr hässliche Monster berührte. Brrrrr! Als Nächstes gelang es mir – igitt! – die gruselige Kreatur sogar zu küssen! Wenn auch mit einigem Widerwillen. Doch ich vertraute meinem Vater und wollte einfach, dass die Angst verschwand.

Wo war sie überhaupt hergekommen?

Spanien, Hochsommer. Unser altes Landhaus. Ich war zwischen sieben und neun Jahre alt. Einige meiner Brüder halfen gerade unserem Nachbarn im Gemüsegarten. Zu dieser Zeit des Jahres und speziell in der Region, in der wir damals lebten, gab es sehr viele sogenannten Tiger-Spinnen. Schwarze, fette Achtbeiner mit gelben Streifen auf ihrem haarigen Körper. Sie krabbelten in den Gärten umher. Es hieß, dass sie nicht ungefährlich waren.

„Patricia, Patricia, komm mal gucken! Wir haben eine Überraschung für dich!"

Die Stimmen kamen von unten aus der großen Eingangshalle unseres Landhauses. Zwei meiner Brüder standen da und hatten – mal wieder – etwas Gemeines ausgeheckt.

Voller Neugier lief ich die Treppe hinunter und entdeckte einen großen grünen Eimer. „Was ist denn da drin?", fragte ich gespannt. Oh, wie naiv ich war!

„Komm mal ganz nah heran. Sonst kannst du es nicht sehen."

Als ich näherkam und in den Eimer hineinschauen wollte, stürzten meine Brüder herbei und kippten den Inhalt in meine Richtung. Mehr als fünfzig pelzige Spinnen flogen mir entgegen, beinahe flogen sie mir ins Gesicht! Ein wahrer Regen aus Spinnen! Der Albtraum eines kleinen Mädchens.

Seit diesem Tag war es jahrelang so, dass ich immer, wenn ich in ein Zimmer kam, erst mal überprüfte, ob da irgendwo eine Spinne an der Decke hing. Und in unserem alten Haus lebten die Tierchen wie die Maden im Speck. Das hieß: Überall lauerte Gefahr. Später, als wir viel auf Reisen waren, untersuchte ich nicht mehr jeden Winkel aller Räume, aber sobald ich tatsächlich eine Spinne zu Gesicht bekam, brach ich in helle Panik aus.

Jetzt aber wieder zurück in die Zukunft, zehn Jahre später. Einige Zeit nach den Therapieversuchen meines Vaters mit der toten Spinne war ich mit einem jungen Mann unterwegs, einem Freund der Familie, in den ich eine Zeit lang ein bisschen verliebt war.

„Schau mal, Patricia, eine Spinne!", sagte er plötzlich.

Ich zuckte zurück, lief diesmal aber nicht davon. Und dann – Überraschung! – machte ich sogar einen Schritt auf das kleine Wesen zu und berührte eines seiner langen Beine mit einem Finger.

„Wow, Patricia, das ist großartig!", sagte der junge Mann. Er wusste von meiner Phobie und war mächtig beeindruckt.

Da war ich also, eine Spinne vorsichtig in meinen Fingern haltend. Ich zögerte, dann aber setzte ich sie mir todesmutig auf die Wange.

Das musste ich meinem Vater erzählen!

„Vater, Vater! Ich habe es getan! Ich habe mir eine Spinne aufs Gesicht gesetzt!"

Mein Vater strahlte: „Ich bin so stolz auf dich, Patricia! Du hast es geschafft."

Mit diesem Tag hatte sich meine Phobie verabschiedet. Genau wie Vater es vorausgesagt hatte. Es war magisch. Heute bin ich zwar immer noch kein Freund dieser kleinen Tierchen, aber panische Angst habe ich nicht mehr vor ihnen.

Und gelernt habe ich auch etwas: dass man mit Psychologie einiges bewirken kann, wenn man sie richtig anwendet – nämlich so, wie mein Vater es getan hat: mit Sorgfalt und Liebe. Auch wenn das natürlich nicht heißen soll, dass man jede Phobie mit dieser Methode überwinden kann, schon gar nicht eine ausgewachsene Angststörung.

P.S.: An alle Tierschützer: Natürlich habe ich die kleine Spinne wieder freigelassen, nachdem sie auf meinem Gesicht gesessen hatte. Und ich glaube, ihr Bein war auch noch dran…

Berlin: Eine neue Ära

Nach dem Mauerfall begann unser großer Durchbruch. Wir waren zweimal in der DDR aufgetreten und besaßen ein Konto in Ostberlin, dessen Bestand wir nicht in den Westen transferieren durften. Das Geld stammte von Konzerten und einem Auftritt in der damals sehr bekannten TV-Show „Ein Kessel Buntes".

Unsere Kontaktperson in der Stadt hieß Erika. Sie war uns früher als Dolmetscherin zugeteilt worden. Nach dem 9. November 1989 riefen wir sie an und fragten, ob sie uns dabei helfen könnte, unser Geld in DM umzutauschen. Es waren etwa 30 000 Ostmark und für einen kurzen Zeitraum ließ sich die alte Währung 1:1 umtauschen.

Mit ein paar Flaschen gutem Wein und einer Handvoll Kelly-MCs gingen Erika und ich zu der für den Umtausch verantwortlichen Stelle. Ich wollte damals wie heute gar nicht wissen, was Erika den Beamten dort versprochen hatte, aber am Ende war es von Erfolg gekrönt. Sie gab mir einen kleinen Einblick in die Politik der DDR und eine Idee davon, wie die Dinge dort abgewickelt wurden. Erika, zum damaligen Zeitpunkt alleinerziehende Mutter, kannte die entscheidenden Tricks. Die Erfahrung hatte sie klug gemacht. Ich hingegen fühlte mich wie ein Provinzmädchen, das zum ersten Mal die große Welt kennenlernt.

„Ein Lächeln, ein schickes Geschenk und jede Menge Aufmerksamkeit", zählte sie die Zutaten ihrer Erfolgsstrategie auf. „Man muss ihnen das Gefühl geben, dass sie wichtig sind. Frag sie nach ihren Familien und drück ihnen etwas Geld in die Hand. Damit kommt man weit."

Das schockierte mich. Ich war in einem ehrlichen Umfeld aufgewachsen und hatte nie zuvor eine direkte Begegnung mit Bestechung oder Korruption gehabt. Doch ich hielt mich bedeckt, denn wir brauchten das Geld damals – auch wenn ich mich bei der ganzen Sache nicht wohlfühlte. Die 30 000 Mark standen uns zwar zu und niemand trug Schaden davon, doch den Funktionsweisen eines korrupten Systems zuzuschauen war für mich irreal und wirkte wie ein Spielfilm.

Ebenfalls mit Erikas Hilfe bekamen wir auch eine Erlaubnis, auf dem Alexanderplatz zu singen. Ohne die richtigen Verbindungen wäre das unmöglich gewesen, doch sie kannte alle relevanten Funktionäre. Wie gewöhnlich bepackt mit Wein und Schokolade zogen wir zur zuständigen Stelle und Erika erkundigte sich nach dem Befinden der Kinder und Ehefrauen. Auf die ihr eigene charmante Art erzählte sie davon, wie großartig die Kellys seien, und tatsächlich: Nach zwei oder drei Treffen hatte sie uns die Erlaubnis verschafft, den gesamten Dezember über – der verkaufsstärkste Monat – mitten auf dem Alexanderplatz auftreten zu dürfen. Was für ein Erfolg!

Wir sangen und verkauften LPs und MCs wie geschnittenes Brot. Mit -10 bis -15 Grad war es bitterkalt, aber das kümmerte uns nicht, denn hier hatten wir unseren Durchbruch. Wir fuhren unfassbare Umsätze ein, Hunderte und Tausende von DM! Viele Leute kamen sogar zweimal und kauften dieselben Platten noch einmal zum Weiterverschenken. Und es waren nicht nur die Berliner selbst, die vorbeikamen, um uns zu hören. An den Wochenenden reisten auch Leute aus dem gesamten Umland an.

Wir arbeiteten wie am Fließband, nicht eine Stunde ließen wir sinnlos verstreichen. Mittlerweile war es Mitte Dezember und die Verkäufe unserer LPs gingen durch die Decke. Wir hatten Schwierigkeiten, mit der Produktion nachzukommen. Die Presswerke waren überfordert. Wir sangen mehrmals pro Tag und machten zwischendurch nur Pause, um LPs zu verkaufen und zu signieren. Die Berliner liebten uns und wir liebten sie ebenso. Von der Kälte spürten wir nichts. Wir trugen Kettner-Stiefel, Bomberjacken und russische Fellmützen, alles gekauft in einem Second-Hand-Laden für Armeekleidung. Es hielt uns warm.

Wir sangen zwischen vier und sechs Stunden am Tag, sechs Tage die Woche. Am Ende jeder Woche waren wir heiser. Wir arbeiteten hart und diszipliniert. Partys kamen gar nicht erst infrage. Montags war unser freier Tag. Dann mieteten wir uns ein paar Zimmer in einem Hotel und gingen dort in die Sauna, um unsere Muskeln nach all der Kälte zu entspannen. Auch gönnten wir uns ein leckeres Steak – echter Luxus für uns. Nebenher nutzten wir den Montag auch für unsere Bankgeschäfte und gingen regelmäßig mit einem Koffer voller Geld zur nächstgelegenen Filiale. 30 000 bis 40 000 DM kamen meistens zusammen, wenn ich mich richtig erinnere. Wir saßen nur da und schauten dem Bankmitarbeiter beim Zählen des Geldes zu – was immer mindestens zwei Stunden in Anspruch nahm. Im Normalfall machten wir vorab einen Termin und unser Anwalt sorgte dafür, dass niemand daran zweifelte, dass wir das Geld rechtmäßig verdient hatten. Mit seiner Hilfe hatten wir die KelLife GmbH gegründet, über die alle unsere Einnahmen abgerechnet und versteuert wurden, denn Ehrlichkeit gehörte zu Vaters Credo.

Manchmal sprachen uns die Schalterbeamten erstaunt an: „Ich habe Sie schon einmal am Alex gesehen. Haben Sie all das Geld mit Ihrer Straßenmusik verdient?"

Die Zuhörerzahlen wuchsen und wuchsen. Im zweiten Jahr brachten wir eine riesige Bühne mit und bauten sie vor dem damaligen DDR-Kaufhaus mit seinen seltsamen Wachspuppen im

Schaufenster auf. Dort knackten wir mit unseren Einnahmen die Millionenmarke. Es hatte uns viele Jahre harter Arbeit gekostet, aber jetzt waren wir sozusagen Straßenmillionäre. Dieses Ereignis musste gefeiert werden! Am letzten Tag unserer Tour zogen wir zum Brandenburger Tor und öffneten eine Flasche Champagner. Die vorbeispazierenden Leute wunderten sich vermutlich, wieso wir so happy waren.

„Eine Million DM auf der Straße", bestätigten wir es uns immer wieder gegenseitig, denn wir konnten es eigentlich kaum glauben. Eine neue Ära hatte begonnen.

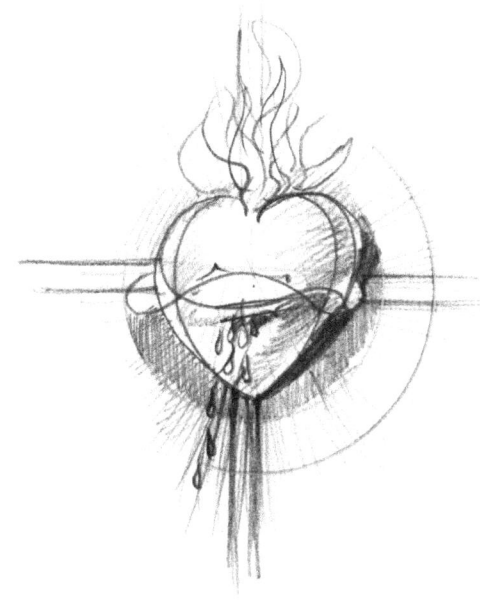

3. Ganz oben
1989 – 1996

Lord, put on the light
Cause I can't see
I can't see the things
That You want me to

Patricia Kelly, „Put on the light"

Business Manager

msterdam, 1989: „Mensch, Vater, wie kannst du nur in so einer Unordnung leben?", schimpfte ich mit ihm. Er lachte. Sein Bett nutzte er als Schreibtisch und man kann sich vorstellen, wie das aussah.

Wir lebten mittlerweile auf der *Sean O'Kelley*, unserem Boot, das rund sieben Jahre lang unser Zuhause war. Angetrieben von einem Rolls-Royce-Motor wirkte es eigentlich mehr wie ein Museum als wie ein Frachtschiff von 1929. Innen war es ganz außergewöhnlich anzusehen. Boden und Wände waren gänzlich aus Teakholz gezimmert. Überall gab es schöne Antiquitäten und wundersame Dinge, die wir auf dem *Waterlooplein*, dem Amsterdamer Flohmarkt, gekauft hatten. Sogar ein Kamin, der Tag und Nacht mit trockenem Holz am Laufen gehalten wurde, gehörte dazu. Wer einmal an Bord ging, wollte eigentlich nie wieder weg. Ich liebte es dort.

Der Lebensmittelpunkt meines Vaters, wo er saß und schlief, seine Lieblingsmagazine Time und Newsweek las und über seine Familie wachte, war rechts vom Kamin. Eine Art Sofa aus Holz, das in die Wand eingelassen war. Sein Königreich. Von dort aus regierte er, und er regierte gut. Er war ein alleinerziehender Vater, was nicht einfach war, zumal er eine Großfamilie leiten musste, in der jedes Mitglied seine eigenen Bedürfnisse hatte. Manchmal wurde er kurz laut, um ein paar Dinge wieder in Ordnung zu bringen, aber meistens lag er auf dem Bauch mit einem Kissen unter der Brust und arbeitete, lachte, schrieb und sorgte für die Kleinen.

Sein Königreich einigermaßen in Ordnung zu halten, war nicht einfach, doch unsere Putzhilfe Matha half uns Mädchen dabei. Sie stammte aus Indonesien, kam zweimal die Woche vorbei und genoss bei meinem Vater großen Respekt.

„Erheben Sie sich, Mr Kelly", forderte sie meinen Vater unverblümt auf, „nehmen Sie eine Dusche und lassen Sie uns Ihre Arbeitsecke sauber machen."

„Aye aye, Boss", sagte er amüsiert und verschwand wie befohlen. Matha gegenüber war er hilflos. Ein „Nein" kam ihm bei ihr nicht über die Lippen.

Als wir seine Arbeitsecke putzten und aufräumten, entdeckte ich mehr und mehr Unterlagen, die überall auf seinem Bett verteilt waren. Ein ziemliches Chaos war das. Ich beschloss, die Situation zu ändern und kaufte ein paar Ordner und einen Locher. Während ich versuchte, all die Unterlagen und Geschäftspapiere nach logischen Gesichtspunkten abzuheften und mir einen Reim auf das eine oder andere zu machen, fiel mir auf, dass einiges unbearbeitet geblieben war und dringend in Angriff genommen werden musste: Briefe von unserem Steuerberater, unserem Anwalt, offene Rechnungen etc. Nach mehreren Tagen intensiver Arbeit hatte ich unser erstes kleines Büro fertiggestellt. Eigentlich war es zwar nur ein Schrank neben dem Bett meines Vaters, doch den bisherigen Papiersalat schlug mein Ablagesystem bereits um Längen. Endlich hatten wir Ordner mit passender Beschriftung: „Gema", „Anwalt", „Steuer", „Genehmigungen", „Konzertangebote", „Kostüme", „Video", „MC/LP-Produktion" und so weiter.

„Na, Vater, was meinst du?", fragte ich ihn, als er die neue Ordnung in Augenschein nahm.

„Hmm, was kann ich da schon sagen? Eigentlich habe ich ja meine Ordnung in der Unordnung."

Er wusste, dass er jetzt nicht mehr die volle Kontrolle über seine Arbeit besaß, aber irgendwie hatte ich den Eindruck, dass ihm gefiel, was ich da arrangiert hatte. Unser Business hatte begonnen, größer zu werden. Aus den Straßenkonzerten waren ganze Straßenfeste geworden. Die Zahl der Zuschauer wuchs und wuchs. Tausende Leute kamen mittlerweile, um uns zu sehen. Die Verkaufszahlen unserer MCs und LPs stiegen beständig, was finanziell betrachtet eine große Erleichterung war. Doch die Administration des Ganzen war für meinen Vater mehr und mehr zur Belastung geworden, denn er stemmte sie damals ganz alleine.

Am nächsten Tag hatte er einen Auftrag für mich: „Kannst du diesen Herrn hier für mich anrufen?", fragte er und zeigte mir einen Zettel mit Namen und Telefonnummer. „Er will, dass wir auf seinem Stadtfest auftreten. Ach, und wenn du schon dabei bist, kannst du mir dann auch diese und jene Unterlage raussuchen?"

Er warf mich also ins kalte Wasser, aber er musste wohl das Vertrauen gehabt haben, dass ich das hinbekam. Ich war ein bisschen nervös und aufgrund meines jungen Alters einfach sehr unerfahren in diesen Dingen, aber Vater gab mir während des Telefonates Zeichen mit den Händen und schrieb mir kurze Hinweise auf Papier: „Sag ihm dies. Sag ihm das." Alles lief gut und am Ende hatte ich einen wichtigen Deal abgeschlossen. Vater war angesichts meines neu entdeckten Talentes positiv überrascht und beeindruckt. An diesem Tag wurde ich mit meinen 20 Jahren das, was er liebevoll seine „Sekretärin" nannte. Und er brachte mir eine Menge bei. Zum Beispiel lernte ich, am Telefon zu buchstabieren, also „A wie Anton, B wie Berta, C wie Cäsar" und so weiter. Das habe ich bis heute gut drauf.

Ich konnte schnell arbeiten, in manchen Bereichen schneller als er. Er war der Visionär, ein Mann der großen Träume, ein Denker. Ich war eher pragmatisch. Das gefiel ihm nicht immer, und so sagte er manchmal zu mir: „Versuch doch einmal, das Glas halb voll zu sehen, und nicht immer nur halb leer." Er war Idealist und nach seinen eigenen Worten ein Enthusiast. „Think Big" lautete sein Motto, darin war er sehr amerikanisch. Und so stand meine Sicht der Dinge seinen großen Träumen manchmal ein Stück weit im Weg. Doch letztlich schafften diese beiden Pole einen wichtigen Ausgleich, denn oft tendierte ich schlicht dazu, übervorsichtig zu sein. So ergänzten wir uns im Geschäftsleben gegenseitig und lernten voneinander. Er brachte mir bei, nach den Sternen zu greifen, und ich holte ihn manchmal auf den Boden der Tatsachen zurück. Eine unbezahlbare Erfahrung.

Rückblickend wird mir heute klar, wie viel Wissen sich mein Vater angeeignet hatte. Er war ganz sicher kein klassischer Geschäftsmann, aber er hatte genug gelernt, um zu wissen, was er tat. So lange ich mich erinnern kann, hat er Statistiken geliebt. Bis zu seinem Schlaganfall war er ein leidenschaftlicher Mathematiker gewesen. Stunden um Stunden analysierte er Verkaufszahlen, erstellte Diagramme und prognostizierte mit verblüffender Treffsicherheit das Wachstum unseres Business' für das nächste Jahr. Durchhaltevermögen und Stetigkeit waren zwei wichtige Tugenden, die ich von ihm gelernt hatte.

Bald schon waren alle seine Unterlagen in meine Verantwortung übergegangen. Sämtliche Briefe, die neu hereinkamen, öffneten wir gemeinsam und ich ordnete und bearbeitete sie. An manchen Tagen fuhr ich mit dem Fahrrad zur Postfiliale, um Anrufe zu tätigen. Das war der beste Ort für mich, denn hier konnte ich in Ruhe arbeiten, ganz ohne Kinderstimmen oder Musik im Hintergrund. Ich nahm Colin mit, meinen großen Irischen Wolfshund, der auf mich aufpasste, während ich in der Telefonzelle stand und ein Telefonat nach dem anderen führte. Ich hakte unsere nach Relevanz geordnete To-Do-Liste Punkt für Punkt ab und überraschte meinen Vater mit meiner Produktivität.

Als er im Frühjahr 1990 seinen ersten Schlaganfall bekam, verlor er vorübergehend seine Sprachfähigkeit und war nicht in der Lage, irgendwelche geschäftlichen Tätigkeiten abzuwickeln. Ich stand plötzlich alleine da. Nach ein paar Tagen rief mich unser Familienanwalt an. Sein Ton war ernst.

„Patricia, du musst unbedingt sicherstellen, dass die Büroangelegenheiten und die Steuern nicht liegen bleiben. Ich weiß, wie schrecklich die Situation im Moment ist, aber du bist jetzt für das Business verantwortlich. Niemand sonst kennt alle Einzelheiten so gut wie du."

Das jagte mir Angst ein, denn immerhin hatte mein Vater bislang bei allem mitgeholfen und mir Sicherheit gegeben. Doch jetzt musste ich da alleine durch und mir alles aneignen, was ich bis dato noch nicht gelernt hatte. Aber was blieb mir anderes übrig? Ich krempelte also die Ärmel hoch und arbeitete Hand in Hand mit unserem Anwalt und unserem Steuerberater, zu denen ich extra immer wieder mit dem Zug nach Köln fuhr. So vieles, was zu erledigen war. Hatte ich bislang noch eine Menge Zeit mit Kochen und Einkaufen verbracht, so mussten das jetzt andere übernehmen, damit ich mich auf meine Administrationsaufgaben konzentrieren konnte. Alle Geschäftspartner meines Vaters riefen mich plötzlich an und drängten auf Entscheidungen. Wie sollte ich alleine die Verantwortung übernehmen? Ich beriet mich also im Einzelfall immer mit den anderen und wir entschieden gemeinsam. Die Umsetzung lag am Ende jedoch bei mir.

Gezwungenermaßen durchlebte ich einen Crashkurs in allen erdenklichen Businessfragen. Ich lernte, Verträge zu lesen, zu verstehen und auszuhandeln, begegnete allen Elementen, Gepflogenheiten und Fallstricken des Business. Nach einer Weile hatte ich mich zurechtgefunden und wurde mehr und mehr zur Geschäftsfrau.

Ich denke, dass ich meine Arbeit ganz gut machte, denn schon bald war ich in der Branche bekannt dafür, bei allen Verträgen und Vereinbarungen immer die besten Konditionen herauszuschlagen. In einem Business, das für seine Ellbogenmentalität bekannt ist, war es meine Aufgabe, um die Rechte meiner Familie zu kämpfen. Das machte mich nicht gerade zu *Everybody's Darling*, brachte mir aber jede Menge Respekt ein.

Unser Büro in der Deutschen Werft Köln lag direkt am Hafen. Vom Fenster aus konnte ich unser Boot sehen, das mit dicken Tauen sicher verankert war. Dort war seit 1993 mein Zuhause. An den Absperrzäunen harrten beständig Hunderte von Fans aus, während die Security alles gut überwachte. Hier arbeitete ich jeden Tag von acht Uhr morgens bis zehn Uhr abends. Unser Hausanwalt Herr Sparla, eine treue Seele an meiner Seite, der großartige Mike Ungefehr und andere wichtige Berater bildeten das Management-Team, dessen Kopf mein Vater war.

Mike war unser engster Berater in allen Fragen des Showbusiness und zugleich meine rechte Hand bei Plan B. So nannten wir alle geschäftlichen Aktivitäten, die neben unseren Bühnenshows stattfanden. Es gab natürlich auch einen Plan A, und der betraf die Konzerte, unser Kerngeschäft, mit dem wir unser Brot verdienten. Plan B umfasste alles, was unseren Namen bekannter machte, darunter TV-Auftritte, Plattendeals, Presse etc.

Anfangs war dieser Bereich eher überschaubar. Doch wir hatten große Pläne und Vaters Vision war auf die andere Seite des Globus gerichtet. Ja, wir wollten Erfolg, großen Erfolg, aber nur mit unserer eigenen Musik, ganz authentisch und ohne Einflussnahme von außen. Wir hatten das klare Ziel vor Augen, Stadien zu füllen, nach Amerika und Japan zu reisen und einfach für alle Nationen der Welt zu singen und die Menschen zu berühren. Und während andere Familienmitglieder mit der kreativen Arbeit beschäftigt waren, also etwa Alben und Konzerte produzierten, Songs auswählten, Arrangements erstellten und Termine für unsere Shows buchten, kümmerte ich mich mit

Vater um viele der geschäftlichen Angelegenheiten und eben um Plan B.

„Weißt du eigentlich, was Helmut Fest über dich gesagt hat?", fragte mich ein Geschäftspartner einmal und zeigte mir einen ernsten Gesichtsausdruck.

„Nein, was hat er denn gesagt?", fragte ich neugierig und sah ihn unentschlossen, ob er es mir sagen sollte oder besser nicht. „Was hat er gesagt?", wiederholte ich nachdrücklich.

„Er sagte: *Patricia ist das härteste Weibsbild der Branche.*"

„Was?" Ich musste unmittelbar lachen. „Das ist das beste Kompliment, das ich je gehört habe!" Ich war erleichtert, überrascht, amüsiert und geschmeichelt. Alles auf einmal.

„Tja", dachte ich, „das ist eine bemerkenswerte Aussage." Zum damaligen Zeitpunkt, auf dem Gipfel unseres Erfolges, war ich immer noch Jungfrau, trank keinen Alkohol, hatte nie geraucht, geschweige denn irgendwelche anderen Drogen zu mir genommen, schlief im Hotelzimmer auf dem Boden, aß keinen Zucker und fastete jeden Freitag. Und gleichzeitig sollte ich das „härteste Weibsbild der Branche" sein? Schwer vorstellbar.

In Wahrheit war ich im Geschäftsleben eher unsicher. Als „An Angel" die Charts stürmte, wurde ich ins kalte Wasser geworfen. Ich musste meinen Vater und die Angelegenheiten der Familie repräsentieren, und das in einer Welt, die von Männern dominiert wurde. Es waren goldene Zeiten für die Branche, man schmiss mit Geld nur so um sich, ließ bei jeder Gelegenheit die Sektkorken knallen, und wenn ambitionierte junge Frauen einen Plattenvertrag bekommen wollten, gingen sie mit einem Musikmanager ins Bett.

In dieser Welt lief ich mit einem langen Rock, geflochtenen Haaren und ohne Make-up herum. Was für ein Gegensatz! Rasch hatte ich gelernt, die Maske der beinharten Geschäftsfrau zu tragen. Dabei verstand ich am Anfang nicht einmal die Hälfte von

38

„My Russian Prince" – Denis

39

Young Lovers
in Paris, 1999

40

Hochzeit, Januar 2001

Geborgen und glücklich

Taufe von Alexander, 2001

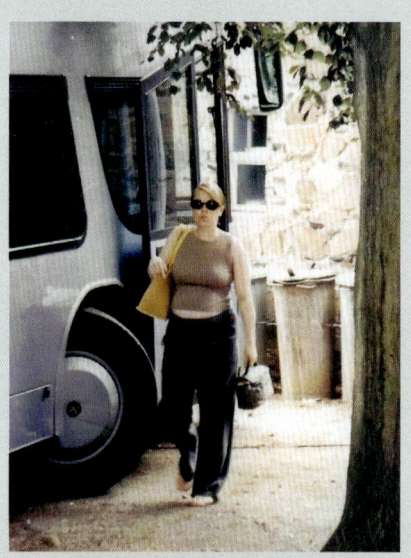

Schwanger und auf Tour, 2003

Mit Ignatius, ca. 2005

Urlaub in Belascoain

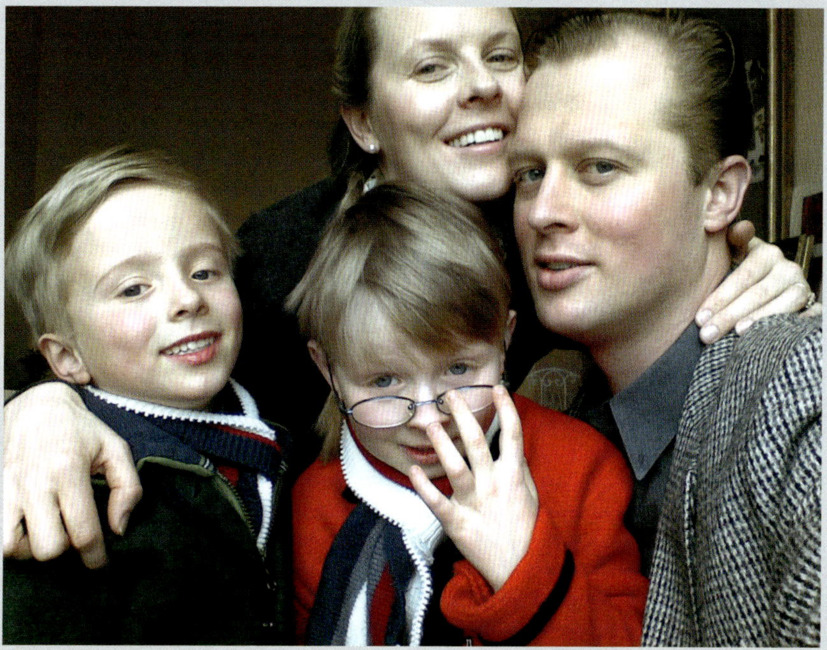

46

Unsere Familie

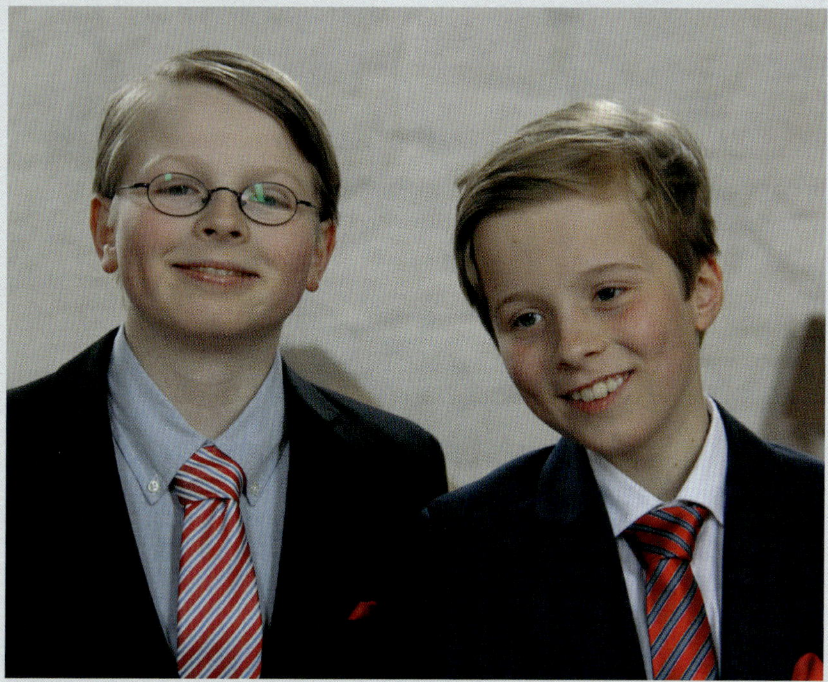

47

Die Jungs ganz schick

Bei Tia Narcisa in Gamonal 48

Producer at the studio 49

Treffen mit Onkel Jim, 2000 50

Patricia als Engel in 51
„Vom Geist der Weihnacht", 2009

Mit Abdallah in Paris 52

Back to the Metro 53

Live mit Benjamin Schaefer, Markus Braun, Benny Makross 54

Alexander und Ignatius, 55
„Stille Nacht"-Tour 2012

Patricia, 2014 56

„Stille Nacht"-Tour, 2012

dem, was bei all den Meetings diskutiert wurde. Lizenzabrechnung? Leistungsschutzrechte? Ladenpreis? Provisionen? Wo war ich hier nur gelandet? Ich saß einfach nur da und setzte einen blasierten Gesichtsausdruck auf, während sich mein Kopf permanent Fragen stellte. „Was heißt das denn schon wieder? Und das? Schon wieder ein Begriff, den ich nicht kenne."

Nach außen nickte ich einfach nur: „Mein Vater ist der Boss. Das muss ich erst mit ihm besprechen. Sie hören von uns." Es war absurdes Theater.

Allerdings: Nach etwa einem Jahr verstand ich nicht nur, wovon sie sprachen, sondern wusste in bestimmten Bereichen sogar besser Bescheid. Ich begann, den Ton anzugeben und handelte die günstigsten Preise der Branche und die besten Plattenverträge Europas aus. Ich hatte nichts zu verlieren, denn unsere Familie war so erfolgreich, dass wir es waren, die von unseren Gesprächspartnern gebraucht wurden, und nicht andersherum.

Weniger gut fand ich mich auf den leidigen Partys zurecht: Aftershows bei Preisverleihungen, auf Musikmessen wie der *Midem* und der *Popkomm* und wer weiß wo noch überall. Zu Beginn riet man mir: „Du musst da hin, Patricia. Die besten Deals werden halb betrunken an der Theke gemacht."

Das gefiel mir zwar nicht, aber ich wollte mich selber davon überzeugen, dass die Behauptung stimmte. Bedauerlicherweise tat sie das. Da saßen sie, all die Topmanager, schön angesäuselt an der Bar des *Ritz Carlton* oder eines anderen Luxushotels, und handelten ihre Deals aus. Doch während sie Millionen hin und her schoben, saßen mein Orangensaft und ich nur da und schauten uns ungläubig an. In meinem Kopf formte sich ein Gedanke, der kaum klarer hätte sein können: „Das hier ist definitiv nicht meine Welt." Ich fühlte mich wie ein Fisch auf dem Trockenen. Was sollte ich hier? Ich stürzte mich nicht ins Partygetümmel, zog mir nichts durch die Nase und lehnte jedes unmoralische Angebot dankend ab. Also ließ ich es bald wieder bleiben und hielt mich fern.

Der Fairness halber muss ich aber auch erwähnen, dass sich inmitten von all dem Sex, Drugs und Rock 'n' Roll tatsächlich auch ein paar Leute finden ließen, die das Spiel nicht mitmachten, ihren Frauen treu blieben und auch sonst gänzlich vertrauenswürdig waren. Doch sie blieben nur Ausnahmen von der Regel.

Zum damaligen Zeitpunkt konnten wir es uns leisten, Geschäftspartner zu uns kommen zu lassen. Nichtsdestotrotz reiste ich oft umher. Ich lernte, Hotels und ihre leeren Luxussuiten zu hassen, ihre mit künstlich wirkenden Trauben und Erdbeeren dekorierten Tische und die Minibars, in deren Inhalt Geschäftsleute ihren Frust ertränkten. Flugzeuge und Privatchauffeure waren ebenso Teil meines Lebens wie die Bodyguards, die mich immer begleiteten, wenn ich mich in der Öffentlichkeit bewegte.

Immer und immer wieder flog ich rund um den Globus. China, Hong Kong, Japan, England, Frankreich, Italien, Skandinavien, Polen, Lateinamerika, Nordamerika und so weiter. An einen ganz bestimmten Trip mit zwei unserer engsten Berater erinnere ich mich besonders lebhaft. Der verlief so: Paris, New York, Nashville, Los Angeles, dann rüber nach Tokio, ein kleiner Abstecher nach Hong Kong und schließlich Peking, wo ich mir eine Lebensmittelvergiftung einfing. Danach ging es zurück nach Frankfurt. Und das alles in gerade mal neun Tagen, jeder von ihnen randvoll mit Meetings bei Plattenfirmen, Promotionagenturen, Businesspartnern und so weiter. Im Anschluss brauchte ich zwei Wochen, um mich zu erholen und wieder zu mir zu kommen. Ich glaube, das war im April oder Mai 1996.

Ich schlief in den luxuriösesten Hotels, die man sich vorstellen kann. Doch was machte ich, die Asketin und Halb-

Karmelitin in einem Haus wie dem *Four Seasons* in New York? Ich nahm die teuren Decken von den märchenhaften Himmelbetten herunter und schlief auf dem Boden. Keine Matratze, nichts. So hatte ich jahrelang geschlafen und irgendwann war es zur Gewohnheit geworden. In einem Bett zu schlafen, erst recht in einem derart hochkomfortablen, war überhaupt nicht möglich.

Zu allem Überfluss war ich damals aus gesundheitlichen Gründen auch noch auf Diät mit ausschließlich zuckerfreier Ernährung. Das hieß, alles, wo Zucker drin war, kam nicht in Frage. Zudem war ich damals überwiegend Vegetarierin und Alkohol fiel sowieso weg. Von den ganzen exquisiten 5-Sterne-Restaurants, in die wir von unseren Geschäftspartnern eingeladen wurden, hatte ich also wenig. Bis heute kann ich mit Luxushotels und Sternerestaurants nichts anfangen. Ich schätze, ich hatte irgendwann einfach genug von ihnen.

Jedes Mal, wenn ich von einer solchen Reise zurückkam, lagen auf dem Bett meines Vaters jede Menge Angebote aus aller Herren Länder. Der eine oder andere Vertrag ging völlig unter, weil er draufsaß. Er versuchte zwar alle Schriftstücke zu lesen, hatte damit aber seit seinem Schlaganfall große Probleme, gab deshalb meistens mittendrin auf und legte sie zur Seite, bis ich wieder zurück war. Diesmal war dabei ein Angebot von *Disney*, die Geschichte unserer Familie zu verfilmen, dann eines von *William Morris*, einer der größten Agenturen in Hollywood, und schließlich je eines von zwei der damals wichtigsten Plattenfirmen, *EMI* und *Sony*, die sich heftig um uns stritten. Die *EMI* bot meinem Vater damals einen Deal an, den zuvor erst ein einziger anderer Künstler jemals bekommen hatte – Paul McCartney.

Ich sollte die Verhandlungen führen. Ken Barry, der damalige EMI-Chef, kam persönlich nach Köln, um meinen Vater zu treffen. Ich selber war ihm zuvor bereits einmal auf der *Midem* in Cannes und bei einigen anderen Gelegenheiten begegnet. Er hatte großen Eindruck bei mir hinterlassen, denn er war ganz anders als die meisten Manager im Showbusiness. Ein echter Gentleman und durch und durch bescheiden, so hatte ich Ken Barry kennengelernt.

An dem Tag, als er in Köln ankam, war der Rhein weiträumig über die Ufer getreten. Das Hochwasser hatte eine Rekordmarke erreicht und in der gesamten Altstadt ruderten Paddelboote umher. Auch unser Büro war vom Wasser schon erreicht worden, und so musste selbst der Weltchef der EMI wohl oder übel mit einem kleinen Boot durch Köln schippern, und zum schwimmenden Kelly-Heim zu gelangen.

In den Verhandlungen, die folgten, gab er meinem Vater alles, worauf er bestand, und übte zudem keinerlei Druck auf ihn aus. Vater war zu diesem Zeitpunkt bereits sehr in Sorge, denn einige von uns zeigten ernsthafte Anzeichen von Stress und Überlastung. Auch das Wohl der Fans lag ihm natürlich am Herzen. Die Dinge waren uns einfach über den Kopf gewachsen. Einen neuen weltweiten Deal zu unterschreiben, kam deshalb für ihn nicht infrage. Stattdessen war sein Plan, alle unsere Aktivitäten herunterzufahren. „Nur das Nötigste", sagte er immer wieder, „nur das Nötigste ab jetzt. Wir müssen den Kurs ändern." Ein Vertrag über mehrere Millionen lag auf seinem Schoß, aber er unterschrieb ihn nicht. Stattdessen schlug er eine Alternative vor.

„Wir könnten über einen Optionsvertrag sprechen, in dem geregelt ist, dass es von unserer Entscheidung abhängt, ob wir in die USA, nach Japan oder wohin auch immer gehen. Damit wäre ich einverstanden."

Und tatsächlich: der Vertrag wurde genau so unterzeichnet. Das war nicht zuletzt der Verdienst von Helmut Fest, einem alten Rock 'n' Roller und einer echten Koryphäe im Business. „Früher ging es nur um die Musik", sagte er immer, „heute geht es nur ums Geschäft." Er hatte Vaters Vertrauen gewonnen und bei den Verhandlungen eine wichtige Rolle gespielt. Und immerhin war er es auch, der jenes mehr oder weniger schmeichelhafte Urteil über mich gefällt hatte.

Die EMI erhielt also das Vertriebsrecht für Europa und der Vertrag wurde noch am selben Tag auf dem Boot unterzeichnet. Damit waren alle zufrieden.

Für meinen Vater war es ein großer Schritt, denn im Grundsatz traute er niemandem in der Branche über den Weg. Um 1979, so erzählte er mir einmal, als wir unsere ersten großen Erfolge in Mitteleuropa feierten, sei er von *Polydor* über den Tisch gezogen worden. Man habe ihm einen aus seiner Sicht alles andere als fairen Vertrag vorgelegt, mit dem der Plattenfirma die Rechte an unserem ersten veröffentlichten Album überschrieben worden seien. Diese Erfahrung war Motor und Motiv für seine Entscheidung, niemandem mehr irgendwelche Rechte zu übertragen, nicht einmal in Form eines Lizenzdeals, der nur Teilrechte beinhaltete. Aus diesem Grund gehören auch bis heute alle Rechte an unseren Songs, Alben und Videos, die nach der *Polydor*-Zeit entstanden sind, ausschließlich der Familie.

Überhaupt stand mein Vater dem Prinzip der großen Plattenfirmen mehr als skeptisch gegenüber. „In zwanzig Jahren gibt es in der Musikindustrie keine *Major Labels* mehr", war seine steile These und er ließ sie jeden in der Branche hören. Doch Mitte der 90er rollte der Rubel für die Musikindustrie und so hatte niemand einen Grund zu glauben, dass fast genau zwei Jahrzehnte später alles in sich zusammenbrechen würde. Wie hatte mein Vater das ahnen können? Niemand hatte je zuvor eine dermaßen absurde Prognose zu hören bekommen. Manche glaubten schlicht, der alte Dan Kelly sei verrückt geworden.

Aber es gab auch andere, die zu verstehen versuchten, was er da meinen könnte. Von illegalen Raubkopien hatte jedenfalls nicht einmal er eine Vorstellung. Keiner, und ich meine wirklich gar keiner, hätte sich jemals so etwas ausmalen können. 1999 ging das Musiktauschportal Napster online und sorgte für den entscheidenden Wandel. Als das Netzwerk zwei Jahre später geschlossen wurde, hatte die Branche immer noch nicht auf die zunehmende Digitalisierung von Musik reagiert und die Verkaufszahlen gingen weiter beständig in den Keller. Rund 20 Prozent Verlust pro Jahr waren dem Internet geschuldet und im nächsten Jahr kamen weitere 20 Prozent hinzu. Heute existieren von den einstmals sechs Major Labels lediglich noch drei. Aber auch die haben es weiterhin schwer.

Der Deal mit der EMI blieb nicht ohne Auswirkungen. Folgendes passierte: Ich war mit unserem musikalischen Berater zur Musikmesse nach Cannes gereist, wo einmal im Jahr die Crème de la Crème der Branche aufeinandertrifft. Wir waren zusammen auf einer der zahlreichen Veranstaltungen dort, als plötzlich wie aus dem Nichts ein junger Mann neben mir auftauchte und mir ins Ohr zischte: „Ein Geheimtreffen. Ritz Carlton, sechzehn Uhr in der Lobby. Sagen Sie es niemandem und kommen Sie alleine."

So schnell, wie er aufgetaucht war, so schnell war er auch wieder verschwunden. Ich staunte nicht schlecht. War das gerade wirklich passiert? Meine Neugier war jedenfalls geweckt. Angst brauchte ich wohl keine zu haben, denn der Treffpunkt war schließlich ein gut besuchtes Luxushotel. Aber warum allein?

„Wer war das denn?", fragte unser Berater. „Und was wollte er?"

„Ach, nichts. Unwichtig."

Zum damaligen Zeitpunkt glaubten wir, einen Maulwurf in unserem inneren Kreis zu haben, der private Informationen an die Presse verkaufte, und so vermutete ich zunächst, es ginge bei dem Geheimtreffen vielleicht um wichtige Informationen zu diesem Thema. Also beschloss ich, tatsächlich alleine hinzugehen. Ich bereitete mich allerdings auch innerlich darauf vor, jederzeit wieder zu verschwinden, falls sich die Sache nun doch als bedenklich herausstellen sollte.

Als ich die große Lobby des Hotels mit ihrer glamourösen und nostalgischen Atmosphäre betrat und all die Leute sah, die nur im feinsten Zwirn herumliefen und die herrlichsten Outfits spazieren führten, kam ich mir in meinem schlichten Kleid irgendwie altmodisch vor. Zugleich war ich nun doch beunruhigt. Was, wenn ich hier mit Kriminellen verabredet war, die mich kidnappen wollten? Solange Menschen in der Nähe waren, bestand keine Gefahr. Doch was, wenn ich auf ein Zimmer gelockt würde?

Plötzlich tauchte der geheimnisvolle Mann wieder auf. „Folgen Sie mir", wisperte er mir zu, ohne ein weiteres Wort zu sagen. Wir gingen ins Hotelcafé, wo eine gut gekleidete Frau an einem Tisch auf uns wartete.

„Bitte nehmen Sie Platz", begrüßte sie mich. Sie war etwa Mitte 40 und wirkte souverän mit einer Spur von Härte. „Würden Sie gern etwas trinken, Patricia?"

„Nein, danke", lehnte ich ab, denn mir stand nicht der Sinn nach formaler Höflichkeit. „Sagen Sie mir, warum ich hier bin."

„Tja, ich denke, da kommen wir gleich zum Kern der Sache", erwiderte die Frau, ohne dass sie eine Miene verzog. „Ich gehöre zum Management von *Sony Europe*. Wir wissen, dass Sie hübsch sind, eine nette Stimme haben, tanzen können, und was Ihren Stil betrifft, das kriegen wir schon hin. Ein bisschen mehr sexy, wissen Sie, andere Kleidung, andere Frisur. In jedem Fall kann ich Sie so groß und berühmt machen wie Janet Jackson. Kommen Sie zu uns und alles wird gut."

Ohne eine Sekunde zu zögern stand ich auf und schob meinen Stuhl zurück. Ich blickte ihr fest in die Augen, hielt einen Moment inne und sagte dann ganz unmissverständlich: „Sie können mich nicht kaufen."

Und ohne ein weiteres Wort drehte ich mich um und eilte so schnell es ging aus dem Hotel. Erst als ich draußen war, konnte ich wieder durchatmen.

Was mochte hinter der Aktion gesteckt haben? Ich vermutete, dass *Sony* stocksauer darüber war, dass mein Vater den Deal mit der EMI abgeschlossen hatte. Wollten sie ihm wehtun? Wussten sie, dass es ihnen gelingen würde, wenn sie unsere Familie auseinanderbrachten? Außerdem wussten sie, dass ich im Business seine rechte Hand war. Vielleicht bestand aber auch gar kein Zusammenhang und es ging einfach nur um Geld, das man glaubte, mit mir als Solo-Act verdienen zu können. Doch wer auch immer hier die Fäden zog, hatte keinen Erfolg.

Es war nicht das letzte Mal, dass man mich abwerben wollte. Ein andermal flog ich mit zweien meiner Brüder und einem der größten deutschen Plattenbosse nach Nashville. Dort trafen wir auf eine Handvoll der mächtigsten Musikproduzenten Amerikas. Sie waren nur aus einem Grund zusammengekommen: Uns kennenzulernen. Ziel war ein Album, das ausschließlich für den US-Markt produziert werden sollte.

Wir sangen zwei Songs mit Gitarrenbegleitung, einer davon war „First Time". Offensichtlich waren alle begeistert, denn es gab jede Menge Applaus. Als das Meeting seinem Ende zuging und unser deutscher Plattenboss noch mit drei Leuten gleichzeitig im Gespräch war, während sich ein paar andere um uns geschart hatten, klinkte ich mich aus, um frische Luft zu schnappen.

„Wenn Sie ein Soloalbum machen wollen, rufen Sie mich an", raunte mir eine Stimme zu. Ich drehte mich um und einer der anwesenden Produzenten schob mir unauffällig seine Visitenkarte in die Hand, drehte sich dann ohne ein weiteres Wort um und verschwand. Dasselbe passierte später noch mit zwei anderen Teilnehmern des Meetings. Irgendwann muss unser deutscher Manager etwas davon mitbekommen haben, denn während er noch angeregt diskutierte und verhandelte, schaute er zu mir herüber, zog eine Augenbraue hoch und warf mir einen besorgten Blick zu.

Am nächsten Tag, als wir in einer jener von mir so verhassten Stretchlimousinen zum nächsten Termin fuhren, sprach er mich direkt auf den Zwischenfall an: „Was wollten die gestern von dir?"

„Ach, nichts", antwortete ich mit einem Schulterzucken. „Sie fragten, ob ich ein Soloalbum machen wolle und gaben mir ihre Karten."

Das gefiel ihm offensichtlich gar nicht. „Zeig mal. Wer war denn das?"

„Keine Ahnung. Ich habe die Karten letzte Nacht ungelesen in den Papierkorb geworfen."

Perplexes Staunen seinerseits. „Ab dreißig ist eine Solokarriere unmöglich", behauptete er und fügte in forderndem Ton hinzu: „Und bloß keine Schwangerschaft in den nächsten drei Jahren."

„Ach was?", dachte ich mir. „Jetzt fangen sie schon an, mir vorzuschreiben, wann ich ein Baby haben darf. Junge, Junge!"

Aber ich hatte ihm die Wahrheit gesagt. Am Abend nach unserem großen Meeting hatte ich mir die Visitenkarten nicht einmal angesehen, sondern sie in der Mitte durchgerissen und ohne weiter darüber nachzudenken weggeworfen. Meine Loyalität zu meiner Familie war ein weiteres Mal getestet worden, und ich denke, das ist vielen meiner Brüder und Schwestern auf ganz ähnliche Weise ebenso passiert.

Aber es gab noch eine vermeintliche Versuchung ganz anderer Art für mich.

„Wie? Dein Vater hat dir nie davon erzählt?" Mike konnte es kaum glauben.

Ich schüttelte den Kopf. „Nein. Kein Wort."

Der *Playboy* hatte angefragt, ob ich nicht an einem Shooting interessiert sei, und ein finanziell verlockendes Angebot gemacht. Das war so absurd, dass ich lachen musste. Ich, die allzeit hochgeschlossene und dezent gekleidete Patricia, im *Playboy*!

Überhaupt: In einem Business, in dem „Sex sells" ein großes Credo ist und Musikerinnen ständig von ihren Managern und Plattenfirmen zu hören bekommen, dass es die Verkäufe ankurbelt, wenn sie sich die Kleider vom Leib reißen, bildeten wir Kellys eine echte Ausnahme von der Regel. Und der Witz dabei: Wir waren extrem erfolgreich, ohne uns ausziehen zu müssen.

So ging es also auch.

All you need is love

O h, Entschuldigung!", rufe ich, da ich im betriebsamen Backstagebereich gerade jemanden versehentlich angerempelt habe.

„No problem", sagte eine weibliche Stimme mit amerikanischem Akzent. Als die Frau mich anlächelt, erkenne ich Alanis Morissette. Während ich den Gang hinuntergehe, treffe ich auf Marius Müller-Westernhagen und seine Frau, die uns zu dem *Echo* gratulieren, den wir gerade gewonnen haben. Tina Turner, die die Laudatio auf uns gehalten hat, verabschiedet sich von uns.

Das klingt aufregend und glamourös, aber tatsächlich habe ich nie ein großes Interesse daran gehabt, irgendwelche Stars zu treffen oder mich mit ihnen fotografieren zu lassen. Auch die großen Aftershow-Partys sind so gar nicht mein Ding gewesen. Zu einigen bin ich gegangen, doch ich fühlte mich bei solchen Events immer fehl am Platz. Ich war immer noch einfach Patricia. Außerdem waren auch die ganz großen Künstler im Business ganz normale Menschen, wenn man sie kennenlernte. Manche sehr nett, andere weniger – wie im wahren Leben eben.

Beim Soundcheck für den *Echo* hatte ich backstage einen hässlichen Streit zwischen Alanis Morissette und einem ihrer Musiker mitbekommen. Ich dachte noch: „Oh, oh, das hört sich nicht gut an. Ob sie nachher wohl überhaupt auftritt?"

Aber dann, bei der Show, ließ sie sich absolut nichts anmerken. Sie sang professionell wie immer, als wäre nichts geschehen.

Hmm, dachte ich. *Das kenne ich doch irgendwoher...* Auch bei uns gab es solche Tage, an denen wir Streit hatten oder uns über irgendetwas uneinig waren. Doch die Devise lautete immer: „Bleibt professionell! Das Publikum hat ein Recht auf ein gutes Konzert!" Es war irgendwie erleichternd zu sehen, dass wir nicht die Einzigen waren, die solche Probleme hatten.

Wenn man 250 Tage im Jahr auf Tour ist, so wie wir damals, ist man auch mal müde und reizbar und die Leute um einen herum gehen einem auf die Nerven. Und wenn diese dann auch noch deine Brüder und Schwestern sind... na ja, was soll ich sagen. Jeder, der Geschwister hat, weiß, was ich meine. Man liebt sie, und manchmal möchte man sie gleichzeitig hassen.

Doch zurück zu den Stars und Sternchen. Die meisten Begegnungen sind mir nicht besonders gut in Erinnerung geblieben, aber mit einer werde ich jetzt mal ganz kurz die weiblichen Leser neidisch machen:

Ich habe Robbie Williams getroffen.

Ja, den einzig wahren Robbie Williams, höchstpersönlich.

Damals gehörte er noch zu *Take That*, und während einer Super Bravo Show irgendwo in Deutschland waren sie in demselben Hotel untergebracht wie wir. Wir probten gerade in einem kalten, leeren Konferenzsaal des Hotels für die Live-Performance, wie wir es immer taten. Die Jungs von *Take That* kamen versehentlich hereinspaziert, und einer von ihnen sagte: „Oh, tut uns Leid – wir haben uns wohl in der Tür geirrt. Eigentlich suchen wir den Hinterausgang."

„Kein Problem", sagten wir. „Hallo übrigens, wir sind die Kellys."

Sie kamen zu uns und alle schüttelten uns die Hände, auch Robbie. Allerdings war er gar nicht derjenige, den ich am interessantesten fand. Mark war süß, so dachte ich. Ist es zu fassen? Wie ich Mark süß finden konnte, ist mir total schleierhaft.

Also wirklich. Völlig unverständlich. Aber ich hatte natürlich nie wirklich eine Schwäche für ihn!

Aber jetzt im Ernst, den Hype um Robbie Williams habe ich tatsächlich nie so richtig verstanden. Aber jedem das Seine.

Noch eine Begegnung habe ich nie vergessen: Unser Label war damals die EMI, die zur gleichen Zeit einen der bekanntesten Musiker des Planeten unter Vertrag hatte: Sir Paul McCartney.

Wie es bei Labels so üblich ist, erhielten alle Künstler von EMI eine Einladung zur Präsentation seines damaligen neuen Albums – also auch ich. Mir war zu Ohren gekommen, dass er im Jahr zuvor seine Frau durch Brustkrebs verloren hatte. Zu diesem Zeitpunkt – lange vor meiner eigenen Erkrankung – war ich bereits für einen Brustkrebs-Verein in Köln aktiv. Ich fand, das war ein interessanter Berührungspunkt. Gerne wollte ich ihm unser Projekt vorstellen und schauen, ob er uns vielleicht unterstützen wollte. Also rief ich unseren guten Freund Helmut Fest, den damaligen Chef der EMI, an und bat ihn um ein Backstage-Ticket.

Derart vorbereitet schaffte ich es tatsächlich bis zu Sir Pauls Garderobentür. Ein Manager unseres Labels stellte mich ihm vor. „Wie heißt du?", fragte er überrascht nach.

„Patricia Kelly."

„Das ist ja ein Ding!", gab er fassungslos zurück. „Meine Mutter heißt auch Patricia Kelly!"

„Wirklich?" antwortete ich erfreut, doch die Security begann schon zu drängeln.

„Wir müssen gehen, Mr McCartney."

Doch Mr McCartney wollte unser Gespräch noch nicht beenden. Im Gegenteil, er war höchst interessiert. Ich zeigte ihm zwei Fotoalben meiner Familie und sprach mit ihm über mein Brustkrebs-Projekt.

Als schließlich ein Mitglied seiner Entourage unmissverständlich insistierte: „Paul, wir müssen jetzt wirklich los!", schaute er mich an, ergriff meine Hand und sagte: „Komm mit. Begleite mich ins Hotel, lass und etwas zusammen trinken und weiterreden."

Völlig überrascht von seinem Angebot, war ich nicht in der Lage zu reagieren und folgte ihm einfach. Ich glaube, zum damaligen Zeitpunkt war er Single. Als wir die Stufen der Treppe des Backstage-Bereichs hinuntergingen, hielt er meine Hand, und ich entdeckte eine Reihe von Journalisten, die draußen schon auf ihn warteten. Eine Limousine stand mit laufendem Motor am Hinterausgang. Um uns herum überall Security.

Sir Paul hielt meine Hand fest im Griff und sagte erneut: „Komm mit mir."

Doch ich blieb stehen, befreite meine Hand und schüttelte den Kopf. „Nein."

Er blickte mich ungläubig an, doch statt zu begreifen, zeigte er auf die Wagentür und bedeutete mir, einzusteigen, während die Kameras klickten und surrten und die Security ihn ermahnte: „Steigen Sie ins Auto, Mr McCartney, steigen Sie ein!"

Ich schüttelte erneut den Kopf und blickte ihm fest in die Augen, bis er schließlich in den Wagen sprang und von dannen zog.

Am nächsten Tag war die Presse voll mit Fotos von ihm und mir. Sie zeigten mich, wie ich mit Sir Paul die Treppe hinuntereilte, während er meine Hand hielt. Ein Boulevard-Magazin hatte in großen Lettern getitelt: „Ist das Paul McCartneys neue Flamme?"

Die Antwort war ganz unzweifelhaft: Nein. Denn zu dieser Zeit war ich bereits mit einem russischen Prinzen verlobt. Doch dazu an anderer Stelle mehr.

Von Arzt zu Arzt

eine Rückenprobleme, die für rund 10 Jahre zu einer echten Behinderung für mich werden sollten, waren mit einer unmissverständlichen Schockdiagnose verbunden.

„Wenn sich das so weiterentwickelt, werden Sie mit dreißig von Kopf bis Fuß gelähmt sein und in einem Rollstuhl sitzen", erklärte mir der Neurologe. Seltsamerweise kann ich mich weder an seinen Namen noch an sein Gesicht erinnern, doch ich werde nie vergessen, wie seine Worte in meinen Ohren und den Milliarden Zellen meines Körpers widerhallten.

„Und auf Ihre Frage, ob Sie einmal Kinder haben können, lautet die Antwort leider Nein."

Ich war gerade erst 23 und zum ersten Mal in meinem Leben ernsthaft krank. Als Kind und junges Mädchen hatte außer den üblichen Erkältungen nie etwas meine Gesundheit beeinträchtigt. Ich war immer sehr aktiv gewesen und liebte es zu tanzen, zu singen und zu spielen. Später war ich dann mit unserem Haushalt beschäftigt, Putzen und Aufräumen gehörten zu meiner täglichen Routine. Jahrelang hatte ich Ballett getanzt, zeitweise sogar sehr intensiv. Und jetzt prophezeite mir ein erfahrener Mediziner eine bevorstehende Querschnittlähmung. Wie konnte das sein?

Es war von jetzt auf gleich passiert. Ich stand einfach nur in der Mitte unseres Wohnzimmers auf dem Boot, als mir ein furchtbarer Schmerz in die linke Seite fuhr. Mein Gesicht muss schlagartig blass geworden sein. Vater blickte mich besorgt an. Seit einer Woche war ich bereits krank, doch wir hatten nichts Außergewöhnliches vermutet. Vielleicht eine Grippe.

„Da sitzt der Magen", sagte mein Vater, als ich ihm die Stelle zeigte, von wo der Schmerz ausstrahlte. „Genug, Patricia. Wir gehen mit dir zum Arzt."

Doch damit war es nicht getan. Es begann eine endlose Odyssee von einem Spezialisten zum nächsten. Eine eindeutige Diagnose konnte keiner von ihnen stellen, und das trotz zahlreicher Untersuchungen. Eine der ersten war eine Gastroskopie.

Nur ein einziges Mal hatten wir alle Antibiotika bekommen, aber sonst nahm ich nie irgendwelche Medikamente ein, nicht einmal Aspirin. Wir lebten natürlich, aßen Bio-Lebensmittel. Tabletten oder Medizin an sich gehörten nicht zu unserem Alltag. Also war für mich ganz klar, dass ich auch diese Untersuchung ohne jegliche Form der Betäubung durchstehen würde.

Der Arzt machte große Augen: „Sind Sie sicher? Es wird sehr schmerzhaft, müssen Sie wissen."

„Ich kriege das hin", entgegnete ich ihm selbstbewusst. Dabei hatte ich keine Ahnung, was mich erwarten würde.

Seine Assistentin hatte wenig Feingefühl. Als sie begann, mir die Kamera mit dem dicken Schlauch in die Kehle zu schieben, war sie ruppig und tat mir weh. Ich packte sie am Handgelenk, stoppte sie und schaute den Arzt an. Sprechen konnte ich nicht, also zeigte ich auf seine Assistentin, deutete mit dem Finger ein „Nein" an, zeigte dann auf den Arzt und gab ihm ein „Ja".

„Alles klar, gehen Sie zur Seite, sie will, dass ich das übernehme. Kein Problem, Frau Kelly, ich verstehe das."

Sanft führte er den Schlauch bis in meinen Magen hinab, doch es tat immer noch höllisch weh. Niemals mehr würde ich eine solche Untersuchung ohne Betäubungsmittel über mich ergehen lassen! Ich war jung und dumm, anders kann ich es nicht erklären. Immerhin verschaffte es mir aber die Bewunderung des Arztes und nachdem alles überstanden war, lobte er meinen Mut. Ich hingegen dachte: „Was bist du nur für ein Idiot, Patricia!"

Er fand eine leichte Gastritis, die sich binnen einer Woche in den Griff kriegen ließ, doch die Schmerzen blieben und dehnten sich auf meinen Rücken aus. Es folgten endlose weitere Untersuchungen, aber keine von ihnen half wirklich weiter. Sie ergaben keine zufriedenstellende Diagnose und kein brauchbarer Ansatz, um die permanenten Schmerzen in den Griff zu bekommen. Längst lag ich die meiste Zeit des Tages in meiner Kajüte. Ich konnte nichts tun. Die Schmerzen ließen nicht nach. Sie blieben erst für Tage, dann für Wochen und Monate, schließlich für Jahre. Die Erinnerung allein jagt mir einen Schauer durch den Körper und umso mehr danke ich Gott dafür, dass ich heute fast völlig schmerzfrei bin und trotz allem zwei wunderbare Kinder habe.

Die Wahrheit

Viel zu lange schon starrte ich an die Decke. Mittlerweile kannte ich jeden einzelnen Riss in den Holzplanken meiner kleinen Kajüte auf unserem Boot. Über ein halbes Jahr war ich jetzt bereits krank und wurde langsam depressiv, denn immer noch hatte niemand herausfinden können, was der Grund für mein Rückenproblem war. Tag und Nacht litt ich unter extremen Schmerzen. Irgendwann würde der Punkt gekommen sein, an dem ich aufgab. Es kostete mich enorme Kraft, meine mentale Balance zu behalten. Am Anfang hatte mich nur ein Gedanke beherrscht: „Ich muss zurück zur Arbeit. Dies und das muss getan werden und dazu brauchen sie mich unbedingt", und so weiter.

Zunächst hatte ich die Wahrheit nicht erkennen wollen, doch der Schmerz kann einen so lange durch seine Mühle drehen, bis man auf ihn hört. Als Nächstes hatte ich nur noch den Wunsch, dass die Ärzte endlich herausfanden, was das Problem war, damit sie mich heilen konnten und mein Leben wieder normal weiterging. Monate später setzten Frustration und Depression ein. Ich hatte begriffen, dass ich ernsthaft krank war und dass es mein Leben verändert hatte. Die Krankheit bestimmte meine Tage und Nächte. In mein Tagebuch schrieb ich in dieser Zeit folgende Sätze:

April 1994: Mein Gott, es tut so weh. Wenn ich nur wüsste, was es ist. Wenn ich nur wüsste, warum. Aber ich bin hier in der Wüste alleingelassen und es hört nicht auf wehzutun. Warum können sie nicht wenigstens herausfinden, wo der Schmerz herkommt? Wie kann das sein? Der Schmerz hat mich so sehr zu Boden gehen lassen. Bitte, Mutter, hilf mir.

Dann begann ich zu grübeln, schaute mir den Film an, der mein Leben war, und fragte mich: „Was habe ich nur falsch gemacht? Was habe ich bislang geleistet? Wo geht die Reise hin? Und liebt Gott mich eigentlich?"

Gezwungen durch die Krankheit begann ich einen wahrhaftigen inneren Dialog. Ich verstand langsam aber sicher, dass mein Leben kein Gleichgewicht kannte. In den vergangenen Jahren hatte die Arbeit all mein Tun und Denken beherrscht. Mein Privatleben hatte ich komplett vernachlässigt, und diese Erkenntnis machte mich traurig.

Ich begann, auf mein Herz zu hören, auf die innere Stimme, die ich so lange verdrängt und weggesperrt hatte. Jetzt ließ ich sie wieder frei und tatsächlich, zum ersten Mal begriff ich, wie unerfüllt und unglücklich ich war. Ununterbrochen hatte ich Termin um Termin wahrgenommen und möglicherweise war ich dabei vor der Stimme meines Herzens davongelaufen. Es waren die dunkelsten Momente meines jungen Lebens und ich bat Gott um Hilfe. Ich bat ihn, mir den Sinn meines Daseins aufzuzeigen. Ich war psychisch in die Knie gegangen. Konnte es sein, dass ich der typische Manager war, besessen von der Arbeit und ohne ein Leben jenseits von ihr? War die Arbeit zu meinem einzigen Inhalt geworden? Hatte ich ihr mein Leben geopfert?

„Niemals hatte ich in meinem Leben nur arbeiten wollen", ging es mir durch den Kopf. „Mein Plan war lediglich gewesen, den Rest auf später zu verschieben."

Meine Selbstgespräche gingen endlos hin und her. Regelmäßig schaute meine Familie vorbei, um zu sehen, ob alles in Ordnung war. Die meiste Zeit war ich jedoch allein. Jeden Tag fragte mich mein Vater, wie es mir heute ginge: „Wie sind deine Schmerzen auf einer Skala von eins bis zehn? Ist es besser als gestern?"

Ich wünschte mir damals, er würde sich die Fragerei sparen, denn ich hatte nie gute Neuigkeiten für ihn. Natürlich sorgte er sich um mich und die Krankheit war ganz sicher eine große Belastung für die Familie. Doch so brutal es auch klingen mag: Es ist völlig natürlich, dass die Menschen um einen herum sich irgendwann an die Krankheit gewöhnen, und so wurde ich für alle irgendwann *die immer kranke Patricia*.

Ich schlief ein, hatte Träume von meinem Leben und schreckte aus einem besonders furchtbaren hoch. Als ich im Dunkeln lag und wieder mal an die Decke starrte, dachte ich nur daran, dass es doch irgendwo Antworten auf all meine Fragen geben müsse. „Hilf mir, Herr", betete ich. „Hilf mir."

Dann fiel mir plötzlich ein Buch ein, das Kathy gelesen hatte und von dem sie ganz begeistert war. „Hol es dir einmal", hörte ich mein Herz flüstern. Das tat ich. Ein 1500-seitiges Hardcover im weißem Einband mit dem Titel „Les Œuvres complètes de sainte Thérèse de Lisieux – Die gesammelten Werke der Heiligen Therese von Lisieux". Als ich das Buch aufschlug, sah ich ein Bild von ihr im braunen Gewand der Karmelitinnen. „Eine hübsche Nonne", dachte ich bei mir. „Was für intensive Augen sie hat."

Ohne besondere Erwartungen jeglicher Art begann ich zu lesen und war eigentlich überzeugt davon, dass ich nur verzweifelt nach einer Antwort suchte, die es nicht gab. Zunächst fand ich die Lektüre einfach nur interessant, mir gefielen einzelne Sätze oder Passagen. Doch während ich so dalag mit dem Buch in der Hand, traf es mich plötzlich wie der Blitz. „Das ist die Wahrheit!", brach es unvermittelt aus mir hervor. Ich setzte mich aufrecht hin. „Das ist die Wahrheit!"

Ich war ganz erfüllt von etwas, das ich nur als lodernde Flammen beschreiben kann, als reine Wärme und Liebe von einer

Art, die ich lange so nicht gespürt hatte. Mein Herz hatte Feuer gefangen. Das Leben war in diesen elenden Körper zurückgekehrt und mein Geist konnte gar nicht mehr aufhören zu denken: „Das ist die Wahrheit, die Wahrheit, nach der ich gesucht habe." Meine Augen richteten sich auf das Heilige Herz Jesu, das ich als kleines Kind gefunden hatte und das jetzt an der Wand mir gegenüber hing. „Jetzt erinnere ich mich wieder, Jesus. Ich war verloren und du hast mich gefunden."

Freudentränen rannen meine Wangen herab und ich dankte Jesus dafür, dass er mich nicht vergessen hatte. „Du bist das Licht, du bist der Weg und die Wahrheit, Herr. Wie konnte ich das vergessen? Wie konnte ich mich selbst so verlieren?"

Die folgenden Tage las und las ich wie besessen, bis ich vor Erschöpfung einschlief. Und wenn ich aufwachte, las ich direkt weiter. Ich konnte nicht aufhören. Ich stand in Flammen. Jede noch so kleine Passage verschlang ich und als ich fertig war, las ich auch noch das Buch, das die Heilige Therese selbst so sehr bewunderte: „Die dunkle Nacht" des Heiligen Johannes vom Kreuz – eine mystische Schrift, die auch von Buddhisten und Anhängern anderer Religionen gelesen wird.

Es geschah kein Wunder und ich wurde nicht geheilt, was meine Rückenprobleme betraf. Aber in meinem Inneren änderte sich eine Menge. Plötzlich war da das große Bedürfnis, mein Leben wieder Gott zuzuwenden. Ungekannte Energie floss durch mich hindurch.

Rückblickend will ich nicht behaupten, dass ich mein Leben sofort vom Kopf auf die Füße stellte. Es war vielmehr ein Prozess, der sich über viele Jahre hinziehen sollte, ein langsamer Prozess des Wandels. Doch ohne diesen großen Moment der Wahrheit wäre es dazu vermutlich nie gekommen. Er hinterließ seine Spuren in meiner Erinnerung, die tief genug waren, um auch dann noch sichtbar zu bleiben, wenn ich mich wieder verlor. Heute weiß ich, dass mein tägliches Gebet, das Lesen der

Bibel und der Besuch der Heiligen Messe für mich ein unverzichtbares Muss ist. Dort ist meine Quelle von Kraft und innerem Frieden.

„Mama, warst du heute nicht bei der Messe?", fragte mich Ignatius einmal. „Denn wenn du hingehst, bist du danach viel lieber zu uns."

Ich musste lachen, doch er hatte recht. Wenn ich Zeit habe, zur Messe zu gehen, etwa zwei- bis dreimal die Woche, bin ich zu meinem Umfeld viel freundlicher. Dann fühle ich mich mehr im Einklang mit mir selbst und in meinem Herzen herrscht eine Form des Friedens und der Ruhe, die sich für kein Geld der Welt erkaufen lässt. Dies ist meine Art, glücklich zu bleiben.

Das Versprechen

ör endlich auf mit deinen Rückenproblemen! Du machst die ganze Familie verrückt!", sagte mein Vater in einem ernsten Ton. „Die Ärzte können nichts finden und jetzt vermuten sie, es sei psychosomatisch. Also hör einfach auf damit!"

„Aber ich habe doch wirklich schlimme Schmerzen!", rief ich und verließ sein Wohnzimmer. Ich schloss mich in meiner Kabine ein und begann zu weinen.

Bis jetzt hatte mein Vater immer viel Verständnis und Einfühlsamkeit gezeigt, was meine Rückenprobleme anging. Aber irgendwann war ihm meine Krankheit wohl zu viel geworden und in einem Augenblick der Verzweiflung hatte er vermutlich gedacht: „Wenn ich ihr einfach sage, dass sie aufhören soll, ist vielleicht endlich Schluss." Doch er bewirkte eher das Gegenteil. Die Aussage des Arztes hatte die Sache zum Kippen gebracht. Jetzt musste ich nicht nur die Schmerzen ertragen, sondern auch noch mit der Tatsache klarkommen, dass mein Vater resigniert hatte und meine Familie mir gegenüber völlig hilflos und überfordert war. Ich fühlte mich unendlich einsam und allein gelassen.

Zum Glück rief mich Professor Verreet an, ein hochangesehener Chirurg und der beste Freund meines Vaters: „Ich glaube dem Kollegen nicht, Patricia. Ich kenne dich. Mehrere Tests haben gezeigt, dass du ernst zu nehmende Schmerzen hast. Wir werden die Ursache finden. Halt durch."

Er legte mir nahe, eine Punktion des Rückenmarks durchführen zu lassen und etwas Flüssigkeit zu entnehmen. Angesichts der möglichen Risiken und Gefahren hatte er diese Option bislang zwar immer wieder aufgeschoben, doch jetzt war keine weitere Möglichkeit mehr übrig geblieben. Ich willigte ein und machte einen Termin.

Es war der absolute Horror. Der zuständige Arzt hatte die schlechteste Laune der Welt und stritt sich vor meinen Augen mit der Krankenschwester. Beim ersten Mal traf er daneben und es schoss ein so heftiger elektrischer Schlag durch mein Rückgrat, dass ich fast ohnmächtig wurde. Doch am Ende war die Tortur wenigstens nicht umsonst. Ein paar Tage später erreichte mich die gute Nachricht.

„Wir haben es gefunden!" Professor Verreet war ganz aus dem Häuschen vor Begeisterung.

„Wirklich? Gott sei Dank! Was ist es?"

„Es sind Spuren einer alten Hirnhautentzündung. Sie ist mit hoher Wahrscheinlichkeit die Ursache deiner Schmerzen und das erklärt auch die 50-prozentige Lähmung deiner linken Körperhälfte."

Ich war erleichtert und geschockt zugleich. „Aber wie konnte es dazu kommen?"

„Schwer zu sagen. Es könnte eine Zecke gewesen sein oder ein Virus. Wahrscheinlich werden wir das nie herausfinden."

Aber das war auch eigentlich völlig unwichtig. Endlich wussten wir, woran es lag, und wir hatten den Beweis, dass die Ursache nicht psychosomatisch war.

Die ersten Jahre meiner Rückenschmerzen hindurch hatten mir einige Ärzte geraten, spezielle Schmerzmittel zu nehmen, die ähnlich wirkten wie Morphium. Das lehnte ich kategorisch ab. Doch die Versuchung war da und machte sich immer wieder bemerkbar.

Ich erinnere mich an einen Tag, an dem ich mit besonders starken Schmerzen im Bett lag und ernsthaft darüber nachdachte, meinen Widerstand einfach aufzugeben. Dann malte ich mir aus, was 20 Jahre später aus mir geworden sein würde. Es gab zwei unterschiedliche Wege und ihre Konsequenzen. Der eine war: Ich entschied mich, die Schmerzmittel zu nehmen und als unglücklicher und depressiver Junkie zu enden. Der andere: Ich hielt meinen Widerstand aufrecht und ging einen wesentlich längeren und leidvolleren Weg, doch am Ende war ich gesund und glücklich. Trotz aller Schmerzen und Versuchung kam die erste Variante einfach nicht infrage. Ich würde die Verantwortung nicht aus der Hand geben.

Als Erstes stellte ich meine Ernährung um. Quasi über Nacht wurde ich Vegetarierin und aß mehrere Jahre lang keinerlei Fleisch. Nachdem ich ein Buch mit dem Titel „Sugar Blues" gelesen hatte, nahm ich gänzlich Abstand von weißem Zucker und verzichtete sogar auf meine geliebte Schokolade. Ich begann, mich ernsthaft mit Homöopathie zu beschäftigen und kaufte nur noch im Bioladen ein. Ich trank keinen Tropfen Alkohol und hielt mich fern von Aufputschgetränken wie Kaffee, Tee oder Cola. Rundherum ernährte ich mich sehr gesund. Und tatsächlich: Meine Situation verbesserte sich merklich. Die Schmerzen waren zwar nicht weg, aber ich fühlte mich insgesamt besser und stärker. Und dann kam das Fasten hinzu.

Onkel Jim aus Amerika war auf seine Weise der Auslöser gewesen. Bei einem seiner alljährlichen Besuche hatte er mir einen großen Stapel Bücher mitgebracht, die sich um gesunde Ernährung drehten – sein Steckenpferd. Darunter fand sich auch eine Abhandlung über das Fasten. Sie stammte von einem gewissen Dr. Paul Bragg, seines Zeichens Pionier auf dem Gebiet des gesunden Lebensstils und, soweit ich weiß, Gründer des ersten Biomarktes in den USA. Ein anderes Buch dazu stammte von Arnold Ehret, einem Naturheilkundler aus dem 19. Jahrhundert, der dem Fasten ausdrücklich heilende Kräfte zusprach. Mein Interesse war geweckt.

Nach einem Gespräch mit Professor Verreet hatte sich mein Vater wieder beruhigt. Ich dachte mir, ich frage ihn mal nach seiner Meinung zu dem Thema, denn nach seinem ersten Schlaganfall hatte er selber eine Zeit lang gefastet und dabei 30 Kilo abgenommen.

„Was würdest du davon halten, wenn ich eine Fastenperiode einlege? Meinst du, das würde mir mit den Schmerzen helfen?"

Ich zeigte ihm das Buch von Arnold Ehret und er staunte nicht schlecht, denn er kannte es von seinem Großvater, der in jungen Jahren an Kinderlähmung gelitten hatte. „Genau dieses Buch hat ihn damals davon überzeugt, dass Fasten für ihn der richtige Weg war, um wieder gesund zu werden. Und er hatte recht. Als er zwölf war, konnte er nicht laufen und musste den ganzen Tag im Bett verbringen. Mit achtzehn war er dann bereits Nordamerikameister im irischen Stepptanz Tap 'n' Toe!"

Er hatte vom Bett aus geübt und war mit den Füßen die Wand hochgelaufen, erzählte mein Vater. Irgendwann habe er es seinem Namensvetter Gene Kelly gleichtun können: Mit drei Schritten Anlauf die Wand empor schaffte er einen Rückwärtssalto und landete wieder sicher auf den Füßen. „Später ging er sogar an den Broadway, wo er sang, Geige spielte und um sein Leben tanzte."

Diese Geschichte spornte mich an. Also begann ich mit einer 13-tägigen Fastenperiode, in der ich ausschließlich Wasser trank und sonst nichts zu mir nahm. Die Ergebnisse grenzten an Zauberei: Schon nach dem fünften Tag konnte ich mich besser bewegen und am Ende hatte ich zum ersten Mal seit Jahren keine Schmerzen mehr. Das Ergebnis überraschte uns alle.

Als ich dann langsam wieder mit dem Essen anfing, kamen auch die Schmerzen zurück. Aber immerhin waren sie nicht mehr so stark wie zuvor und ich hatte eine Methode gefunden, um sie einzudämmen.

In den kommenden Jahren entgiftete ich mich immer wieder mit regelmäßigen Fastenperioden, in denen ich nur Fruchtsaft und Wasser trank. Die längste Einheit waren 22 Tage. Ganz geheilt bin ich zwar immer noch nicht, aber die Zeit permanenter Schmerzen habe ich doch weitestgehend hinter mir lassen können. Bis heute versuche ich, zweimal im Jahr jeweils 10 Tage zu fasten, und auch zwischendurch lege ich immer mal wieder einen Tag ein oder auch zwei. Allerdings muss ich hinzufügen, dass man mit dieser Methode trotz allem vorsichtig sein muss und grundsätzlich vorher seinen Arzt befragen sollte. Also bitte nicht einfach nachmachen.

Doch am meisten von allem hatte mir ein Versprechen geholfen. Irgendwann fiel mir eines von Dr. Braggs Büchern über Triathlon in die Hände. Mich beeindruckten vor allem die Fotos, denn ich konnte kaum glauben, dass die abgebildeten Personen nacheinander kilometerweit geschwommen, Rad gefahren und gelaufen waren. Dr. Bragg selber war einer von ihnen gewesen. „Was für eine verrückte Bande", dachte ich mir und war begeistert. So sehr, dass ich unter anderen Umständen am liebsten sofort selbst an einem Triathlon teilgenommen hätte. Doch stattdessen lag ich mit unsäglichen Schmerzen im Bett und hielt dieses Buch in meinen Händen wie einen Rettungsanker. Dann geschah etwas Merkwürdiges.

Ganz spontan setzte ich mich plötzlich in meinem Bett auf und sagte: „Heilige Maria, wenn ich wieder gesund werde, nehme ich dir zu Ehren an einem Triathlon teil."

Hätte mich damals jemand gehört, er wäre wohl ganz sicher überzeugt gewesen, dass ich langsam ins Delirium fiel. Es war absurd, keine Frage. Ich konnte kaum gehen und doch wollte ich schwimmen, Rad fahren und eine Riesenstrecke laufen? Aber ich meinte es ernst und wiederholte mein Versprechen aus tiefster Überzegung noch einmal: „Maria, Mutter Gottes, wenn du mir hilfst, geheilt zu werden, nehme ich dir zu Ehren an einem Triathlon teil."

Ein paar Jahre später: Es ging mir besser, ich konnte mich bewegen und die Schmerzen waren auf ein Minimum heruntergefahren. Mein Versprechen hatte ich nicht vergessen. Zufällig fiel mir ein Sportmagazin ins Auge, dessen Cover einen bekannten Extremsportler zeigte. „Triathlon" stand da in großen Buchstaben und ich wusste, die Zeit war reif. Ich bat meine Sekretärin, die Telefonnummer des Mannes herauszufinden, dessen Bild ich in der Hand hielt.

„Hubert Schwarz", meldete sich eine sympathische Stimme am anderen Ende der Leitung, „was kann ich für Sie tun?"

„Ja, also, mein Name ist Patricia Kelly. Ich würde gerne an einem Triathlon teilnehmen. Können Sie mir da weiterhelfen?"

Er konnte und schon am nächsten Morgen begann ich mit dem Lauftraining. Zum ersten Mal in meinem Leben. Ich hatte mehrere Jahre Ballettunterricht gehabt, aber gelaufen war ich nie und erst recht nicht Rad gefahren oder geschwommen.

„Kraulen? Wie geht das denn?"

Hubert und seine Frau Renate trainierten mich. Es gab Tage, an denen ich morgens vor Öffnung des Büros in unserem sicheren Hafenbecken zwischen Hausboot und gegenüberliegendem Ufer durch den Rhein geschwommen bin. Das Wasser war zwar eiskalt, doch ich trug einen Neopren-Anzug und hatte großen Spaß.

Und ja, ich habe mein Versprechen gehalten. Am 28. Juni 1998 erreichte ich voller Stolz die Ziellinie meines ersten Mitteldistanz-Triathlons mit 1,5 km Schwimmen, 42 km Rad fahren und 10 km Laufen. Der einzige Gedanke, der mir in diesem Moment durch den Kopf ging, war: „Ich habe es geschafft, liebe Mutter Gottes, ich habe es geschafft, ich habe mein Versprechen gehalten. Danke dir, das ist für dich!"

PS: Als ich Joey zum ersten Mal von meinen Triathlon-Plänen erzählte, hat ihn das so begeistert, dass er mit mir eine Wette ein-
gegangen ist: „Ich kann das auch schaffen", beschloss er, und
wie jeder weiß, hat er recht behalten. Es war der Beginn seiner
erfolgreichen sportlichen Karriere.

Panikwellen und erloschenes Feuer

Takatakatakataka ratterte unser Faxgerät. Zeile für Zeile kam der Bericht zum Vorschein, auf den wir so sehnlichst warteten. Wir hatten uns in Vaters Kabine versammelt und starrten ungeduldig auf das Stück Papier, das sich langsam aus dem Gerät herausschraubte. Einige von uns saßen auf den Holzbänken, andere standen um das große Steuerrad herum. Unser Erfolg wuchs beständig. Zum damaligen Zeitpunkt beschäftigten wir über 200 Leute, Festangestellte und Freelancer gleichermaßen.

Es muss Anfang Dezember 1994 gewesen sein. Ich saß auf Vaters Bett und konnte das Eintreffen der wöchentlichen Albumcharts, die wir von unserer Plattenfirma geschickt bekamen, kaum abwarten. Abhängig von den Verkaufszahlen wurde der Report eine Woche vor Veröffentlichung an die aufgelisteten Künstler verschickt.

Takatakatakataka ratterte es unaufhörlich, bis mein Vater genug hatte und mich voller Ungeduld fragte: „Welcher Platz ist es denn nun?"

Ich stand auf, ging zum Faxgerät und wollte meinen Augen nicht trauen. Ich las laut vor, was da stand, begriff es aber im ersten Moment selber nicht. „Ich ... ich weiß nicht. Es ist seltsam. Es ist ... es ist ... Oh mein Gott! Es ist Nummer Eins! Nummer Eins!"

Sofort brachen alle in Jubelrufe aus: „Yeeeeaaaaaah!!"

Wir sprangen umher und umarmten uns gegenseitig. Wahrscheinlich konnte man uns bis zum Kölner Dom hören.

„Wir haben es geschafft, Vater! Nummer Eins in den Albumcharts! Oh mein Gott", sagte ich und versuchte, meine Stimme nicht im allgemeinen Freudentaumel untergehen zu lassen. Wir hatten eines unserer ganz großen Ziele erreicht. Das Fax hängten wir an die Wand und Vater bat mich, sofort bei der Plattenfirma anzurufen, um sicherzustellen, dass die Information wirklich stimmte. Sie stimmte.

Mehrere Wochen lang hielten wir mit unserem Album „Over the Hump" die Nummer Eins der Charts fest in der Hand. Am Ende wurde es das meistverkaufte Album der deutschen Musikgeschichte. Über den Winter hinweg übertrafen unsere Verkaufszahlen sogar die von Michael Jacksons „Thriller". Jahr um Jahr hatten wir geackert wie die Tiere und jetzt war unser Traum endlich wahr geworden. Was konnten wir uns noch mehr wünschen?

Drei Monate später.

„Warum liegt sie denn da auf dem Boden?", fragte einer unserer engen Mitarbeiter meine Schwester, die vor dem Garderobenspiegel saß und sich für die Show zurechtmachte. Ich hatte die Augen geschlossen und versuchte, zur Ruhe zu kommen. Ausnahmsweise gab es hier kein Sofa und so hatte ich ein paar Jacken zusammengesucht und aus ihnen eine provisorische Matratze gebaut.

„Sie hat wieder Rückenschmerzen", hörte ich die Stimme meiner Schwester.

„Aber warum ist sie nach all der Zeit nicht mal zu einem Spezialisten gegangen? Ich kann das nicht mehr mit ansehen. Sie muss zum Arzt!"

„Sie war schon bei Dutzenden von Spezialisten. Sie finden die Ursache einfach nicht."

Nach einer längeren Phase ohne Rückenschmerzen hatte ich einen Rückfall erlitten. Warum, wusste niemand. Die Schmerzen waren auf einmal einfach wieder da.

„Showtime! Noch zehn Minuten!", hörte ich Ingo von draußen rufen.

Ich stand langsam auf und schaute in den Spiegel: blasses Gesicht, dunkle Ringe unter den Augen, müde von den Schmerzen. Aber ich hatte mich entschlossen, das Konzert mitzumachen. Die Alternative war, niedergeschlagen und allein in meiner Kajüte zu liegen. Das wollte ich nicht. Ich wollte kämpfen.

Ich kam als Letzte. Wie immer. Die gesamte Band und einige unserer engsten Securitys warteten im Dunkeln hinter der Bühne. Das Licht in der Halle war bereits ausgegangen. Nur die Taschenlampen der Security leuchteten uns den Weg. Das Kreischen der Fans empfand ich an diesem Tag als besonders laut: „Aaaaah, Kelllllyyyyys!" – *klatsch, klatsch, klatsch* – „Kelllllyyyyys!" – *klatsch, klatsch, klatsch.* Einer unserer Roadies fegte noch die letzten Kuscheltiere von der Bühne, damit wir nicht ausrutschten und uns das Genick brachen. Säckeweise wurden sie eingesammelt, es waren immer so enorm viele.

Als die Scheinwerfer auf der Bühne eingeschaltet wurden, zog das Kreischen schlagartig noch einmal um einige Dezibel an. Wir waren in Hamburg. Über 7500 Leute warteten gespannt darauf, dass wir endlich auftraten, gut drauf waren und energiegeladen loslegten. Wir bildeten einen Kreis und legten Hand um Hand übereinander, bis wir einen großen Knoten aus lauter Fingern geformt hatten. Dann zählten wir „Eins! Zwei! Drei!" und mit einem einstimmigen „Let's rock it!" rissen wir die Arme hoch: „Gebt ihnen alles! Machen wir eine tolle Show!"

Dann lief ein Kelly nach dem anderen auf die Bühne. Nur ich ging in normalem Tempo und zwang mich zu lächeln. Keiner sollte etwas bemerken. Es kostete mich immense Mühe, meinen wirklichen Zustand zu verbergen. Doch ich wollte weder Mitleid haben noch ein Spielverderber sein. Die Leute hatten Geld bezahlt, um uns zu sehen, und waren zum Teil von weit her angereist. „Sie verdienen unser Bestes", dachte ich bei mir. Zwar tanzte ich nicht wie die anderen und bewegte mich auch nicht viel, aber immerhin war ich dabei.

Das begeisterte Kreischen nach jedem Song hielt ich kaum aus. Die Akustik der Halle machte es nur noch schlimmer. Als ich so da stand und einen Refrain sang, beobachtete ich die Menge. Rechts und links befanden sich Tribünen mit Sitzplätzen. In der Mitte mussten alle stehen. Fans aus den unterschiedlichsten Ländern schoben sich vorwärts in Richtung Bühne, um uns möglichst nah zu sehen. Zwischen Bühne und Publikum war ein Sperrbereich mit Schutzgittern von anderthalb Metern Höhe errichtet worden, der dazu diente, die Fans davon abzuhalten, zu uns auf die Bühne zu stürmen. Dort lief die Security hin und her und zog im Bedarfsfall Mädchen heraus, die ohnmächtig zu werden drohten. Zwischen 10 und 15 Securitys befanden sich allein in diesem Bereich, in der gesamten Halle über 70. Es gab klare Regeln, wo sie zu stehen hatten, doch für die Hysterie um uns reichten sie trotzdem nicht aus.

Ich beobachtete, wie ein Mädchen nach dem anderen aus der Menge herausgezogen wurde. Nach dem Konzert erhielten wir immer einen Bericht, wie viele es insgesamt waren. Wenn ich mich richtig erinnere, lag der traurige Rekord bei 210. Hinter der Halle hatte das Rote Kreuz Feldbetten aufgebaut. Dort bekamen die Mädchen Elektrolytlösung, um wieder auf die Beine zu kommen. Einige von ihnen hatten bereits mehrere Nächte vor dem Halleneingang geschlafen, nicht selten nur in dünnen Schlafsäcken. Wir bezahlten eigene Securitys, die auf diese Mädchen aufpassten, Suppe servierten und ihnen warme Decken brachten. Verhindern, dass sie kamen und dort campierten, konnten wir nicht.

Als ich vortrat, um einen Solopart zu singen, ignorierte ich die Schmerzen und versuchte, mich so gut wie möglich durch den Song zu manövrieren. Das Adrenalin half. Doch im Publikum war es so laut, dass ich mich selbst kaum hörte. Von Gefühl im Song konnte keine Rede sein, da ich ununterbrochen gegen eine Geräuschkulisse ankämpfen musste. Warum war es diesmal nur so schrecklich laut?

Während das Publikum den Refrain mitsang, sah ich plötzlich, wie sich in der Menge vor der Bühne etwas Unerwartetes aufbaute. „Was ist das denn?", dachte ich nur, als eine große unkontrollierte Welle am einen Ende startete und sich bis zum anderen fortsetzte. Die Gesichter der vielen jungen Mädchen sahen jetzt nicht gerade glücklich aus. Ich schaute zu Kathy herüber und unsere Blicke trafen sich voller Sorge.

Als wir das nächste Lied anstimmten, hielten wir Augenkontakt mit der Security. Sie waren unübersehbar nervös. In der Mitte des Songs bauten sich die Wellen erneut auf und die Leute wurden unkontrolliert umhergeschoben. Links. Rechts. Links. Von der Bühne aus wirkte es wie ein stürmischer Ozean. Nach dem Song versuchte einer von uns, das Publikum unter Kontrolle zu bekommen: „Ihr müsst wieder nach hinten. Nicht schieben! Geht zurück!", klang es aus den Boxen.

Wir stimmten den nächsten Song an, aber die Wellen waren jetzt so stark, dass die Mädchen Panikschreie ausstießen. Dann bildete sich plötzlich inmitten der Menge ein Loch. Einige fielen hin, landeten aufeinander und brachten die unten Liegenden in große Gefahr. „Sie kriegen keine Luft!", ging es mir durch den Kopf.

Die Schreie hatten nun nichts mehr mit den Kellys zu tun. Die Mädchen kämpften nur noch darum, nicht zu stürzen und verletzt zu werden. Sie standen jetzt alle derartig dicht beieinander, so furchtbar dicht, dass sie nicht mehr vor und zurück konnten. Die Wellen rissen sie mit, ohne dass sie sich hätten wehren können.

Wir schauten uns gegenseitig an und ich konnte die Gedanken meiner Geschwister lesen: „Machen wir weiter?" Es war keine einfache Entscheidung. Aufhören konnte bedeuten, dass wir eine Panik auslösten. Die Security hatte uns immer eingetrichtert, ein Konzert erst dann zu unterbrechen, wenn sie es uns sagte. Doch die Situation war unerträglich und die Anzahl der Hilfeschreie nahm konstant zu.

Die Wellen bauten sich weiter auf, die Panikschreie wurden lauter und lauter. Einige Mädchen waren unter anderen begraben, die ungewollt über sie stolperten oder auf sie traten. Inzwischen waren die Lichter in der Halle eingeschaltet worden. Die Menge verfiel in Panik. Jetzt kletterte die Security auf die Bühne, rief: „Stopp!" und wir brachen den Song ab.

Dann sah ich, wie Tarzan, einer unserer engsten Bodyguards, in die Menge sprang. Andere folgten ihm und kämpften sich durch. Irgendwie schafften sie es, sich über die Köpfe der Leute hinweg zum Loch vorzuarbeiten, die Mädchen herauszuziehen und in Sicherheit zu bringen. Einer der Securitys nahm ein Mikrofon und ermahnte alle, sich zu beruhigen und genau dort zu bleiben, wo sie jetzt waren. Uns hingegen trug er auf, die Bühne zu verlassen, und als ich mich noch einmal umdrehte, sah ich erleichtert, dass die Situation langsam wieder unter Kontrolle kam.

In meiner Garderobe schaute ich mich im Spiegel an und dachte nur: „Das ist Irrsinn da draußen. Irrsinn." War jemand verletzt? Waren alle in Ordnung? Ungeduldig warteten wir auf Neuigkeiten. Dann kam die Entwarnung. Abgesehen von dem einen oder anderen Kreislaufkollaps und ein paar Prellungen war niemandem etwas Ernsthaftes zugestoßen.

Die Konsequenzen lagen auf der Hand: Von nun an würden wir eine zweite, vielleicht sogar eine dritte Reihe von Sperrgittern benötigen, um gefährliche Wellen wie diese abhalten zu können. Das würde ernst zu nehmende Zusatzkosten bedeuten. Sperrgitter waren teuer und mussten in großen LKW transportiert werden. Außerdem würden wir eine gewisse Zahl zusätzlicher Sicherheitskräfte benötigen. Doch nach dieser Erfahrung war jede Alternative indiskutabel.

Als ich später in meinem stillen Hotelzimmer lag, fühlte ich mich traurig, entsetzt und frustriert. Das war nicht mehr das schöne Leben, das ich einst gekannt hatte – ganz abgesehen von den Rückenschmerzen, die mich in den Wahnsinn trieben.

„Was ist nur aus uns geworden?", ging es mir durch den Kopf. „Was haben Ruhm und Erfolg mit uns gemacht? So will ich nicht leben."

Ich war zutiefst unglücklich.

Sommer desselben Jahres in Wien: Ich stand auf der Bühne und blickte auf einen wahren Ozean von Menschen, der sich bis zum Horizont erstreckte. Einmal im Jahr wurde mit dem sogenannten Donauinselfest ein kostenloses Kultur-Event veranstaltet, auf dem unterschiedliche aktuell erfolgreiche Künstler auftraten. Um uns zu sehen, waren offiziellen Angaben zufolge ganze 280 000 Leute gekommen. Man sagte uns später, für Wien sei das die höchste je erreichte Zuschauerzahl bei einem Musik-Act gewesen.

Schon mittags vor dem Konzert waren wir mit unserer Entourage und den Bodyguards angekommen. Tausende von Fans warteten bereits vor der Bühne und man konnte sie laut jubeln hören, als wir ankamen. Wie bei vielen anderen unserer Konzerte hatten einige von ihnen schon tagelang unter freiem Himmel übernachtet, um sich die besten Plätze zu sichern.

Die Lage war leicht angespannt und die Sicherheitsvorkehrungen hatten es in sich. Bis zu drei Reihen Schutzgitter wurden aufgestellt. Die Anzahl von Security, Polizei und Rettungskräften vom Roten Kreuz ging in die Hunderte. Überall waren Journalisten, die einen flüchtigen Blick auf uns erhaschen wollten. Der Backstage-Bereich wurde streng überwacht.

Für den Nachmittag waren Interviews mit einigen wenigen ausgewählten Redaktionen geplant. Ich hatte wieder einmal

Rückenschmerzen, aber es gab keine Zeit, sich zu beklagen, denn wir mussten zum Soundcheck. Dort gab es einige Probleme, und Ajim, unser Tontechniker, tat alles, um eine Lösung zu finden. Er trug eine große Verantwortung auf seinen Schultern. Überall um uns herum waren Filmkameras, die jeden Schritt, jede Bewegung von uns aufzeichneten, und das gefiel mir überhaupt nicht. Ich hatte Schmerzen und konnte es kaum verbergen. Ich leistete meinen Part ab und verließ dann die Bühne.

Ungefähr zwei Stunden vor dem Konzert gab es ein Interview mit einem sehr wichtigen Boulevardjournalisten. Von Anfang an verlief das Gespräch kritisch. Die Sache schraubte sich hoch, bis die Situation eskalierte und das Interview mittendrin abgebrochen wurde. Auf der Bühne schließlich sang ich im Angesicht blendender Scheinwerfer und mit erzwungenem Lächeln, auch wenn meine Stimmung so gar nicht dazu passte. Wir spielten vor dieser riesigen Menge von Menschen, die extra wegen uns gekommen waren, aber für mich wurde es eines der bedrückendsten Konzerte überhaupt.

Blitz! Blitz! Blitz! So viele Journalisten, die ihre Fotos machten. Ich hörte die Schreie der Menge in den vorderen Reihen: „Aahh! Kellys! Aaah!" Und während ich auf Autopilot funktionierte, gingen mir Gedanken durch den Kopf wie: „Was mache ich eigentlich hier? Warum ist das Leben so unerträglich geworden?" Ich fühlte mich so gestresst, so traurig und leer.

In der Metro damals, als niemand stehengeblieben war, um uns zuzuhören, hatte trotz allem ein Feuer in meinem Herzen gebrannt. Es hatte mir Hoffnung, Kraft und das Gefühl gegeben, einen Schatz in meinem Inneren zu hüten. Wie war es möglich, dass ich in jenen Tagen in Paris, als wir weniger als nichts hatten, doch eigentlich glücklich war? Und wieso war ich in Gegenwart dieser unfassbaren Menschenmengen, auf dem Gipfel unseres Erfolgs, so unglücklich? Da war kein Feuer, keine Hoffnung, nichts. Nur bittere Traurigkeit und Schmerz.

All der Ruhm, die Anerkennung und natürlich das viele Geld, das wir verdienten, konnte mich nicht erfüllen. Ich wollte dieses Feuer zurück, das ich als junges Mädchen gespürt hatte. Ein Feuer, das mit keinem Geld der Welt zu kaufen ist. Eines, das einmal lichterloh gebrannt hatte. Einst war es durch einen Funken entfacht worden, den meine Mutter auf ihrem Sterbebett in meinem Herzen entzündet hatte. Was war mit ihm geschehen?

In den Jahren danach begriff ich, dass ich das Feuer nicht vollkommen verloren hatte. Ich hatte es nur unter einer Menge Last begraben und dabei vergessen, neues Holz aufzulegen. Doch ganz tief in mir, irgendwo in einem versteckten Winkel meines Herzens, fand ich unter all der Asche immer noch ein zaghaftes Glimmen, das nur darauf wartete, wieder entfacht zu werden. Und als die Zeit verging, blies ich die Asche weg und es gelang mir mit viel Mühe, den kleinen Funken erneut zu entzünden.

„First Time"

T oday for the first time, for the first time..."
„Cut!", unterbrach mich die Stimme des Regisseurs aus der Dunkelheit und ich brach meinen Gesang zum Playback ab.

„Cut, cut!", rief er noch einmal, als ich in eine bequemere Haltung überging und mich umschaute. Es war wie im Film. Ich trug eine erdbeerblonde Perücke und hielt den Arm meines Schauspielpartners fest. Wir standen inmitten historischer Bauten und blickten auf eine schöne altmodische Straße aus Kopfsteinpflaster. Zwischen den Häusern waren Wäscheleinen gespannt, auf denen reihenweise feuchte Kleidung zum Trocknen hing. Überall sah man Statisten im Look des späten 19. Jahrhunderts. Ein paar Kinder liefen mit einem kleinen Hund fröhlich um die eigens aufgebauten Marktstände. An einem von diesen stand Paddy und spielte einen Händler, der Obst verkauft, während ein anderer Schauspieler Hühner und Eier anpries. Wir befanden uns am Set des Musikvideos für meinen Song „First Time".

Die Kamerakräne senkten sich und die Lichter wurden gedimmt. Zwei junge Regisseure, die immer als Team arbeiteten, waren für den Clip verantwortlich. Einer von ihnen kam zu mir herüber.

„Das war super, Patricia, ganz fantastisch! Perfekt beim ersten Mal! Du bist eine geborene Schauspielerin."

Ich war erst am Abend zuvor angekommen und von Schauspielerei hatte ich keine Ahnung. Das Drehbuch hatte zwar eine ganze Zeit lang auf meinem Schreibtisch gelegen, aber ich war mit dem täglichen Business in unserem Familienbetrieb so beschäftigt, dass einfach keine Zeit gewesen war, um mich auf den Dreh vorzubereiten. Umso erleichterter war ich, ein solches Lob zu bekommen.

„Perfekt beim ersten Mal!", sagte er noch einmal mit breitem Grinsen. „Lass uns direkt mit der nächsten Szene weitermachen."

Als Drehort hatten wir uns für Prag entschieden. 500.000 DM standen als Budget für unser kleines Meisterwerk zur Verfügung, was zum damaligen Zeitpunkt die höchste Summe war, die jemals auf dem deutschen Markt für einen Musikclip ausgegeben worden war. Es wurde ein richtiger kleiner Film.

Den Song hatte ich eines Nachts während einer Studiosession am Klavier komponiert, während die anderen gerade ihre Sachen für die Heimreise zusammenpackten. Ich litt damals unter heftigem Liebeskummer, doch das war nur ein Teil der Inspiration für den Song. Wo genau die Idee herkam, weiß ich nicht mehr, aber bereits als ich zu komponieren begann, hatte ich die Vorstellung einer Prostituierten vor Augen, einer Frau, die ganz unten angekommen ist.

Wir waren in all den Jahren auf der Straße oft gesellschaftlichen Außenseitern begegnet. Immer wieder geschah es, dass Trinker, Landstreicher, Junkies, Punks und eben auch Prostituierte kamen, um uns singen zu hören. In der Pause sprachen sie uns an und es ergaben sich ungewöhnliche Gespräche, in denen wir viel von ihrem Leben erfuhren. Oftmals gingen sie auch speziell direkt auf mich zu. Denn obwohl ich sehr behütet aufgewachsen war, machte ich mir keine falsche Vorstellung von der Welt um uns herum, und irgendwie konnte ich die Situation der Schwachen, Mittellosen und Ausgestoßenen schon immer gut nachvollziehen. Kein Wunder also, dass eine meiner Lieblings-stellen in der Bibel diejenige ist, in der Jesus die Ehebrecherin beschützt.

Eine Weile bevor wir mit dem Videodreh anfingen, besuchte uns das Regieduo in unserem Kölner Büro. „Ich weiß, du bist sehr beschäftigt", hatte mich Mike Ungefehr auf das Treffen einge-stimmt, „aber bitte nimm dir doch einmal ein bisschen Zeit, um über das Video für ‚First Time' nachzudenken. Immerhin ist es ja dein Song."

Als wir dann alle rund um unseren Konferenztisch saßen und mit dem Brainstorming begannen, sprachen mich die beiden netten Regisseure ganz direkt an: „Also, Patricia! Wie stellst du dir den Clip zu deinem Song vor? Worum soll es gehen? Irgend-welche Ideen?"

Meine Antwort kam ohne zu zögern: „Ich sehe da eine Prosti-tuierte in dem Video."

Sie waren baff. „Eine was?"

„Eine Prostituierte. Ich möchte gerne eine Prostituierte im Paris einer früheren Epoche spielen", erklärte ich ihnen. „Etwa so: Das Jahrhundert geht zu Ende und sie leidet. Sie bekommt nicht die Liebe, die sie verdient, wird missbraucht und am Ende nimmt sie sich aus Verzweiflung das Leben."

Ich sah, wie ihnen die Kinnlade herunterfiel. Mike Ungefehr, der direkt neben ihnen saß, machte große Augen und konnte kaum glauben, was er da hörte. Patricia war doch sonst so de-zent, worüber redete sie denn da auf einmal?

„Ich möchte über Außenseiter sprechen", führte ich meine Idee weiter aus. „Ich will, dass die Leute über sie nachdenken und begreifen, dass diese Menschen von der Gesellschaft nicht genug Liebe erfahren. Wenn ich singe: *Open your heart and give it to me and don't tell that you don't love me*, dann geht es dabei um mehr als eine romantische Liebesbeziehung."

Es war ein Wagnis, aber nach dem ersten Schock waren alle von der Idee begeistert. Natürlich war klar, dass ich moderat gekleidet sein würde und die Figur nur auf eine solche Weise verkörpern würde, mit der ich auch einverstanden sein konnte. Aber darüber waren wir uns ohnehin einig. Die Regisseure gingen heim und begannen mit dem Drehbuch.

Bei allen Begegnungen mit Prostituierten hatte ich sie oft als sehr warmherzige und liebevolle Menschen erlebt. Einmal sangen wir in einer Bar in Paris und da saßen sie überall in ihren Miniröcken, hörten uns andächtig zu und weinten vor Rührung.

Eine andere Gelegenheit ist mir besonders in Erinnerung geblieben. Wir hatten damals zusammen mit unserem guten Freund Bernhard Paul ein Projekt mit Circus Roncalli auf die Beine gestellt. Am 24. Dezember war Spielpause und mir kam eine Idee. Ich bat unseren Sicherheitsmann, der sich gut auskannte, einen Auftritt vor Prostituierten zu organisieren. Er stutzte zunächst angesichts der ungewöhnlichen Bitte, machte sich aber sofort an die Arbeit und suchte uns ein passendes Etablissement.

Am Nachmittag des 24. dann, als der Betrieb noch geschlossen war, gaben Kathy und ich den Frauen ein kleines Weihnachtskonzert. Sie sangen mit uns und es war sehr bewegend. Eine von den Jüngeren unter ihnen kannte alle Texte und konnte ihre Tränen nicht zurückhalten. Sie begegneten uns mit großer Dankbarkeit. Als wir ihnen später noch Autogramme gaben, fragten mich einige, ob ich ihren Kindern eine Widmung schreiben könne. Das kam sehr unerwartet und selbst jetzt noch, während ich dies schreibe, spüre ich Gänsehaut. Am nächsten Tag kamen sie dann alle in den Zirkus, um uns noch einmal zu sehen. Ich gab ihnen VIP-Tickets für die erste Reihe. Sie freuten sich wie kleine Kinder und kamen nach der Show noch einmal zu uns hinter die Bühne. Es war ein schönes Erlebnis, das ich gerne in Erinnerung behalte.

„First Time" wurde nicht nur ein großer Erfolg, sondern löste auch einige Kontroversen aus. In Irland wurde das Video sogar verboten, weil meine Figur am Ende aus dem Fenster springt und sich das Leben nimmt. Dazu muss man wissen, dass Irland eine hohe Selbstmordrate unter jungen Leuten hat und damit einen traurigen vierten Platz in der EU belegt.

In Deutschland hingegen lief der Clip bei den großen Musiksendern *Viva* und MTV auf höchster Rotationsstufe. In den *Bravo* TV-Charts war er lange Zeit auf Nummer 1. Das *Hit*-Magazin erklärte mich zur Sängerin des Jahres und der Song selber wurde zu einem unserer größten Erfolge – angesichts seines ungewöhnlichen Themas ein Grund mehr, auch heute noch stolz auf ihn zu sein.

Außer Gefecht gesetzt

ommer 1996: Es geschah an einem ganz normalen Arbeitstag. Ich hätte nichts Harmloseres vorhaben können, als mir einen Tee in unserer Büroküche zu machen. Die Sorte, die ich suchte, musste in einem der Hängeschränke zu finden sein, also öffnete ich eine Schranktür und blickte nach oben, um den Tee zu suchen, doch bevor ich reagieren konnte, stürzte bereits ein schwerer Karton auf mich herab, traf mich an der Stirn und krachte auf den Boden.

„Autsch!", hörte ich mich selbst ausrufen.

Meine Sekretärin eilte herbei. „Was ist passiert?"

„Ach, nichts", wiegelte ich ab.

„Lass mal sehen." Sie betrachtete meine Stirn und fragte, ob ich mir wehgetan hätte.

„Tja, mir ist halt gerade ein Karton auf den Kopf gefallen", sagte ich und zeigte auf die Stelle, wo er mich getroffen hatte, genau zwischen Nasenwurzel und Stirn. Aber zu sehen war nichts, noch nicht einmal ein winziger Kratzer oder roter Fleck. Von außen schien alles in Ordnung zu sein.

„Das war eine Kaffeemaschine", erklärte meine Sekretärin. „Eine ganz neue, noch verpackte Kaffeemaschine."

„Na toll", dachte ich mir, „ich hasse Kaffee."

Ich ignorierte die Angelegenheit und machte mit meiner Arbeit weiter, als sei nichts passiert. Leichte Kopfschmerzen stellten sich ein, aber ich schenkte ihnen keine Aufmerksamkeit.

„Das geht wieder weg", beschloss ich. Doch stattdessen wurden die Schmerzen in den nächsten Stunden schlimmer und schlimmer. Und obwohl mich mehrere Leute im Büro warnten und mir rieten, von einem Arzt untersuchen zu lassen, ob ich eine Gehirnerschütterung hatte, unternahm ich nichts. Es wäre am besten, sich flach hinzulegen, empfahl mir ein Mitarbeiter ganz konkret, andernfalls könnte es sein, dass ich die Schmerzen monatelang mit mir herumschleppen würde. „Was für ein Unsinn!", dachte ich nur.

Ich war eben ein irischer Sturkopf, doch das Leben belehrte mich eines Besseren.

Ganze drei Tage lang arbeitete ich mit extremen Kopfschmerzen. Dann ging ich schließlich doch zum Arzt. Der Scan zeigte tatsächlich eine schwere Gehirnerschütterung.

„Bettruhe!", verordnete der Arzt. „Ohne Kopfkissen und ohne Licht."

Ich hatte nicht hören wollen, jetzt bekam ich die Quittung und endete in meiner vollständig abgedunkelten Kajüte. Tag um Tag lag ich da, doch es wurde nicht besser. Erst nach ganzen sechs Monaten durfte ich wieder regelmäßig aufstehen, auch wenn die Kopfschmerzen noch weitere vier Monate anhielten. Von einem Tag zum anderen war ich gezwungen, den gesamten Geschäftsbereich, den ich bislang betreut hatte, an unsere Berater und andere Familienmitglieder abzugeben. Ich machte sozusagen eine Vollbremsung. Aus 250 km/h wurde Klostergeschwindigkeit. Im Büro hingegen gaben unsere Mitarbeiter, Anwälte, Masseure, Fotografen, Maskenbildner und überhaupt alle weiterhin mächtig Gas, denn schon in wenigen Wochen sollte unsere erste Stadiontour beginnen, zu der wir bis zu 300 000 Leute erwarteten. Die Tickets waren bereits in den Vorverkauf gegangen und ich war krank! Schon wieder.

Der Schlag auf den Kopf hatte meine gesamte Wirbelsäule aus dem Gleichgewicht gebracht, sodass auch mein Rücken wieder wehtat. Derart von Schmerzen beeinträchtigt war Beten und Meditieren das Einzige, was ich tun konnte. Nicht einmal den Klang von Musik ertrug ich. Alles war zu laut und zu viel und erschöpfte mich. Lesen oder fernsehen konnte ich auch nicht. Ich lag einfach nur da und tat nichts, überhaupt rein gar nichts. Aber ich gewöhnte mich daran und ließ die Gedanken durch meinen Kopf kreisen.

Während ich da also mit unglaublichen Schmerzen in meinem dunklen Zimmer lag, versuchte mein Vater, mich behutsam darauf vorzubereiten, dass ich vermutlich nicht bei unserem ersten Stadionkonzert dabei sein würde. Ich wollte es nicht glauben und war furchtbar wütend auf meinen schmerzenden Dickschädel, der mir hier im Weg stand. Ich erinnerte mich daran, wie wir einander damals in der Metro geschworen hatten, eines Tages ein Stadion zu füllen. Dieser Tag war jetzt gekommen und ich konnte nicht dabei sein.

Die Medien würden natürlich fragen: „Warum ist Patricia nicht auf der Bühne? Steigt sie aus? Bricht die Kelly Family auseinander wie *Take That*?"

„Was erzählen wir denn der Presse?", fragte einer unserer Berater.

„Die Wahrheit", gab ich ihm zurück, „immer die Wahrheit."

Auf dem Gipfel unseres Erfolgs wurde jede noch so kleine Nuance wahrgenommen. Gerüchte waren schnell gestreut und wir konnten ihnen nur bedingt Einhalt gebieten. Internet oder gar Facebook gab es damals noch nicht. Die einzige Möglichkeit, der Öffentlichkeit etwas mitzuteilen, war von der Bühne, in Interviews oder mithilfe unserer über zwei Millionen Fanpostadressen.

Die offizielle Aussage lautete: „Patricia hat eine Gehirnerschütterung. Eine Kaffeemaschine ist ihr auf den Kopf gefallen." Doch die Fans kauften uns die Geschichte nicht ab. Vermutlich hätte ich das an ihrer Stelle auch nicht getan. Wie in aller Welt konnte mir eine Kaffeemaschine auf den Kopf fallen? Kaffeemaschinen stehen brav auf dem Küchentisch! Die *Bravo* schrieb einen Artikel dazu und das heizte die Spekulationen noch mehr an. Sogar heute noch passiert es, dass mich Leute ansprechen und mit einem Augenzwinkern sagen: „Das mit der Kaffeemaschine damals, das war doch gelogen, oder?"

Tja, von jetzt an kann ich ihnen antworten: „Lest mein Buch."

Am ersten Abend der Tour rief mich Kathy während des Konzertes an. Sie war furchtbar aufgeregt. „Patricia, wir haben es geschafft! Wir haben ein Stadion gefüllt! So wie wir es uns damals in der Metro geschworen hatten!"

Im Hintergrund schrie und jubelte die Menge und ich brach in Tränen aus. Es war überwältigend und ich konnte nicht mehr aufhören zu weinen. Einem Song hörte ich übers Telefon zu. Die Security hielt den Hörer von der Seite in Richtung Bühne, während ich stumm in meinem Bett lag und vor mich hin schluchzte. Folgende Notiz fand ich dazu in meinem Tagebuch:

Ich glaube, heute war einer der schwersten Tage meines Lebens. Alles in mir zittert. Ich friere, obwohl es draußen warm ist. Wenn ich aufstehe und zu gehen versuche, sehe ich Sterne. Mein Gott, es ist verrückt, wie schwach ich bin. Ihr (meine Familie) seid jetzt mitten im Konzert. Gott, ich wünschte ich wäre dabei! Ich vermisse euch alle so sehr! Meine Familie und den ganzen Irrsinn da draußen. Und ich vermisse meine Arbeit.

Dass ich angesichts der starken Schmerzen überhaupt in mein Tagebuch schreiben konnte, überrascht mich heute, aber vermutlich brauchte ich einfach ein Ventil. Jetzt bin ich sehr dankbar dafür, denn diese Notizen helfen enorm, meine Erinnerungen aufzufrischen. Zum ersten Mal beim Verfassen dieses Buches hatte ich eine Blockade. Die Jahre 1996 bis 1998 waren ein sehr verwirrender Abschnitt für mich und ich machte mir ernsthaft Sorgen, ob ich alles richtig zusammen bekommen würde. Einen Tag lang schrieb ich und zerriss die Seiten direkt wieder. Schließlich fielen mir meine alten Aufzeichnungen ein und ich holte sie aus dem Safe.

Als ich begann, in ihnen herumzublättern, konnte ich nicht fassen, dass ich nicht früher daran gedacht hatte, mir diese wertvolle Hilfe zu holen. Dabei habe ich Tagebücher bis ins Jahr 1986 und Terminkalender der letzten zwei Jahrzehnte. Was hatte ich nicht alles vergessen! Jetzt setzte sich das Puzzle langsam zusammen.

Meine Geschwister führten unsere Stadiontour ohne mich fort. Letztlich war ich nur bei einem einzigen Konzert anwesend, am 25. Juni in Hannover, weil dort unter anderem der Videoclip für „I can't help myself" produziert wurde. Ich ging mit Sonnenbrille auf die Bühne, weil ich die Helligkeit nicht ertragen konnte, und nahm sie nur während des Drehs ab. Ich gab mein Bestes und sang lediglich bei zwei oder drei Liedern mit, aber danach ging es mir schlechter als jemals zuvor.

Als die Schmerzen nach ein paar Wochen nicht besser wurden, brachte man mich für mehrere Monate in eine bayrische Spezialklinik. Danach wurde ich nach Irland geflogen und blieb bis Februar des nächsten Jahres in unserem traumhaft schönen Haus *East Grove* an der Küste.

Nach diesen sehr langen Monaten änderte ich mein Leben. Ich hatte unendlich viel Zeit gehabt nachzudenken und begann zu begreifen, dass ich nicht auf meine inneren Bedürfnisse und den Rhythmus meines Körpers gehört hatte. Ich beschloss, eine eigene Familie zu gründen und meine Interessen neu zu ordnen: Freunde, Glauben, Bücher, Sport. Bis dato war die Arbeit mein Leben gewesen, alles andere hatte ich lange Zeit vernachlässigt. Jetzt hatte mich Gott mit einem harten linken Haken getroffen und das war gut so, denn andernfalls hätte ich nie aufgehört.

Zu unserem Geschäftsleben bin ich nie mehr ganz zurückgekehrt. Ich half so weit wie möglich, aber ich hatte das exzessive Arbeiten endgültig hinter mir gelassen.

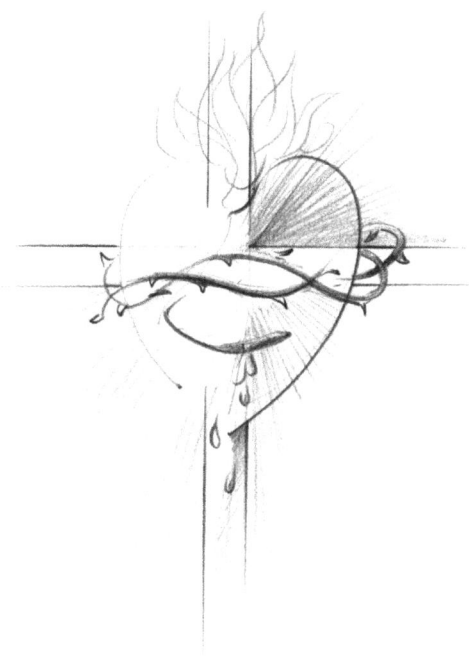

4. Aufbruch
1997–1998

Doch gebt Acht, dass diese eure Freiheit nicht den Schwachen zum Anstoß wird.

1. Korinther 8,9

Aus dem Haus raus

Ich rannte und rannte und rannte. Zwei meiner Brüder versuchten mich einzuholen. „Patricia! Warte! Bleib stehen!" Mein Vater stand an der Türschwelle unseres irischen Zuhauses und rief ihnen hinterher: „Haltet sie auf! Bringt sie mir zurück!"

Als ich das große Eisentor erreichte, schauten mich unsere Bodyguards fragend an.

„Schnell, holt mir ein Taxi", trug ich ihnen auf. „Und sagt ihnen, der Fahrer soll sich beeilen."

Nie zuvor in meinem Leben war ich so schnell gelaufen. Nichts hatte ich bei mir, keine Handtasche, keinen Koffer, nicht einmal einen Mantel. Nur ein paar Banknoten, die ich mir eilig aus der kleinen Bargeldkasse in unserem Büro genommen hatte. Ich rannte an der Security vorbei, ließ das große Eisentor hinter mir und war ... frei! Endlich frei!

Einer unserer Bodyguards lief hinter mir her. „Weg von mir!", herrschte ich ihn an. „Lass mich in Ruhe oder ich rufe die Polizei!"

Als ich die offene Straße erreichte, tauchte das Taxi neben mir auf und der Sicherheitsmitarbeiter bestand darauf, mich zu begleiten.

„Hau ab!", gab ich ihm zur Antwort.

„Nein, Frau Kelly, ich komme mit Ihnen und lasse Sie erst allein, wenn Sie in Sicherheit sind."

Weil meine Brüder immer näher kamen, sprang ich eilig in den Wagen, ließ ihn mit einsteigen, knallte die Tür zu und sagte zum Fahrer: „Fahren Sie, und zwar schnell!"

„Wohin soll es denn gehen, junge Dame?"

„Zum nächsten Nonnenkloster, bitte."

Ich war endlich aus dem Haus und wurde selbstständig – mit 27.

Ich hatte eine gewaltige Auseinandersetzung mit meinem Vater gehabt. Er war extrem wütend, denn ihm passte meine Beziehung mit meinem damaligen Freund nicht, den ich heiraten wollte. Wochenlang hatte er auf jede erdenkliche Weise versucht, mich umzustimmen und uns auseinanderzubringen. Doch ich war ernsthaft verliebt und das gab mir die Kraft, Nein zu meinem Vater zu sagen. Zum ersten Mal in meinem Leben.

Eine Nonne öffnete die Tür. „Was kann ich für Sie tun, junge Dame?"

Ich war völlig aufgelöst und sah sicher furchtbar aus. „Ich brauche eine Bleibe, Schwester." Sie sah mich verwundert an, also fügte ich hinzu: „Ich hatte eine große Auseinandersetzung mit meinem Vater und will nicht zurück nach Hause."

„In Ordnung", sagte sie. „Direkt nebenan haben wir ein Heim für junge Frauen. Dort können Sie erst mal bleiben, wenn Sie wollen."

Eine Erinnerung schoss mir durch den Kopf. Einige Jahre zuvor hatte mich mein Vater an einem ruhigen Tag einmal gefragt: „Wer, glaubst du, ist in der Familie derjenige, der mir am gefährlichsten werden kann?"

„Hmm", dachte ich damals, „was für eine seltsame Frage." Aber ich verstand, was er meinte. Er wollte wissen, welches seiner Kinder ihm am ehesten die Stirn bieten konnte. „Tja, also, wenn du mich so fragst, würde ich vielleicht sagen ... Joey?"

„Nein", er schüttelte den Kopf. „Du."

„Ich?" Niemals im Leben hätte ich diese Antwort erwartet. Mein Vater konnte zwar immer für eine Überraschung gut sein, aber ich war nun einmal die Tochter, die immer „Ja" zu Papa sagte. Wie sollte ich ihm gefährlich werden und warum?

Mein Vater blieb ruhig und betrachtete meinen verwirrten Gesichtsausdruck. „Ja, du", wiederholte er. „Denn du hast von allen in der Familie den stärksten Willen."

Jetzt, einige Jahre später, schien seine Aussage plötzlich Sinn zu machen.

Im benachbarten Frauenheim hieß mich eine weitere Nonne willkommen. Sie bot mir eine Tasse Tee an und fragte mich, was denn passiert sei. Erst weinte ich nur. Ich weinte und weinte. Dann erzählte ich ihr von unserem Streit und sie hörte zu. Später drückte sie mir den Schlüssel zu meinem Zimmer in die Hand und ich schloss die Tür hinter mir. Ich fand mich in einem kargen Raum wieder. Ein Bett, eine Toilette, ein Waschbecken, mehr gab es nicht.

Es war der Beginn einer zweijährigen Phase, in der ich allein leben würde, getrennt von meiner Familie, getrennt von meinem Vater. Ich wusste, dass es die richtige Entscheidung gewesen war.

Wut

Es begann im Jahr 1997 als sich ungeahnte Wut ihren Weg bahnte. Normalerweise bin ich ein wirklich friedlicher und umgänglicher Mensch. In dieser Zeit aber mussten all mein Frust und Zorn einfach raus. Genug für ein ganzes Leben, und das will ich nicht verschweigen. Natürlich könnte ich in diesem Buch ausschließlich meine Schokoladenseite zeigen, aber das wäre nicht ehrlich. Stattdessen will ich auch über andere Seiten von mir reden, unbekannte Seiten, die vielleicht manchen überraschen werden und die ich rückwirkend gerne ändern würde. Heute wünsche ich mir ab und an, all die Wut hätte sich auf etwas weniger radikale Weise entladen. Doch manchmal muss das Pendel eben erst in extreme Richtungen ausschlagen, bevor es wieder zu seiner Balance zurückfindet. So war es auch bei mir.

Wut ist eine kraftvolle und manchmal gefährliche Emotion, vor allem, wenn sie unkontrolliert ausbricht. Glücklicherweise hat sie in meinem Fall nie dazu geführt, dass ich mich oder gar andere verletzt hätte, und dafür bin ich Gott dankbar. Wenn ich zurückblicke, jagen mir all die Gefühle, die damals aus mir hervorbrachen, echten Respekt ein. Nie zuvor hatte ich derartige Wut verspürt wie zu jener Zeit, oder auch nur Wut im Allgemeinen. Ich war immer die gute Tochter gewesen, die „Ja, Papa, Ja, Mama"-Tochter, die Nummer 6 in der Familie, das mittlere Kind, das Sandwichkind.

Heute bin ich darüber recht froh, denn einerseits fühle ich mich nicht wie die Älteste, auf der die größte Verantwortung lastet, und andererseits konnte ich für die jüngeren Geschwister immer als Bezugsperson da sein. Das finde ich eigentlich ganz schön. Doch man sagt über Sandwichkinder auch, dass sie es immer allen recht machen wollen, und das traf auf mich wahrscheinlich zu. Für meine Eltern und meine Geschwister war dieser Umstand natürlich sehr angenehm. Für mich bedeutete er allerdings, dass ich alles unzerkaut herunterschluckte, all die negativen Dinge, die zum Leben eines normalen Menschen mit einer normalen Entwicklung dazu gehören. Es hatte sich also eine Menge aufgestaut.

In jenem Jahr brach es dann aus. Eine Menge Anlässe kamen zusammen. Ich war wütend darüber, dass meine Beziehung zerbrochen war. Sie hatte mir viel bedeutet und wir hatten sogar schon über unsere Hochzeit nachgedacht. Damals gab ich meinem Vater die Schuld an der Trennung. Heute sehe ich das etwas anders. Ganz sicher hat er eine wichtige Rolle dabei gespielt, doch es wäre falsch, ihm die alleinige Verantwortung zuzuschreiben. Im Grundsatz war ich einfach noch nicht reif genug für eine Beziehung. Bestimmte Seiten meines Lebens waren von mir viel zu lange vernachlässigt worden. Stattdessen hatte ich gearbeitet und gearbeitet und mich um all die Dinge gekümmert, die zu Hause getan werden mussten. Als ich dann mit meinem Freund zusammenkam, war ich völlig fixiert auf ihn. Das konnte nicht gut gehen.

Aber es gab noch jede Menge andere Dinge, die Wut und Frust in mir auslösten. Da war der Irrsinn des Erfolgs. Immer wieder gab es Fans, die uns verrückt machten, weil sie uns überallhin folgten. Ein permanentes Zerren von allen Seiten. Ständig waren wir von Bodyguards umgeben, nie in der Lage, mal ganz spontan einen Spaziergang zu machen oder uns sonst irgendwie frei zu bewegen. Bei allem mussten wir vorsichtig sein. Selbst harmlose Geschenke konnten eine tödliche Gefahr bergen. In Stofftieren, von denen wir reichlich bekamen, wurden sogar schon mal Rasierklingen gefunden! Und dann die langen Jahre meiner Rückenschmerzen. Langsam, aber sicher besserte sich mein Zustand und ich konnte der Wut über diese Phase meines Lebens endlich Luft machen. Krankheit und Schmerz bringen eine Menge Emotionen mit sich. Sie kommen niemals alleine.

Gründe für großen Zorn gab es also reichlich. Und er hatte seine Berechtigung. Er musste raus. Meistens war es wie bei einem Vulkan, der plötzlich ausbricht. Es bedurfte nur eines kleinen Auslösers und schon kochte ich über. Ein Fall ist mir besonders in Erinnerung geblieben:

22. November 1997. Danzig. Wir gaben ein Konzert in einer großen ausverkauften Konzerthalle. Draußen war es extrem kalt, etwa -15 Grad. Ich kochte schon zu Beginn der Show, denn ich hatte von einer unfassbaren Sache gehört, die jemanden betraf, der mir sehr nahestand, und die mich sehr, sehr wütend machte. Ich riss mich jedoch zusammen und zog den ersten Teil der Show professionell durch.

In der Pause betrachtete ich mich dann selbst im Spiegel und empfand nichts als Wut. Ich war nicht in der Lage, das Konzert fortzuführen. Kurz entschlossen stand ich auf und lief durch die Hintertür in die Eiseskälte, ohne Jacke und nur mit meinem Bühnenoutfit bekleidet. Im Bruchteil einer Sekunde kletterte ich wie eine Katze über das drei Meter hohe Tor, das mich von der Außenwelt trennte. Wie ich das gemacht habe? Keine Ahnung. Ich erinnere mich nur daran, wie ich auf der anderen Seite landete, ohne eine Schramme oder einen Riss im Kleid. Ich stand auf und lief los. Frei! Endlich frei!

Die Security hatte noch versucht, mich aufzuhalten, war aber chancenlos. „Halt, Patricia, warte!"

Tarzan, unser persönlicher Bodyguard, war von der Security alarmiert worden und nach draußen geeilt, um mich zu bremsen, doch ich war bereits außer Sichtweite und lief unbeirrt in die Nacht hinein. „Warte! Halt!", konnte ich hinter mir hören. Ich schaute mich um und sah, wie die Security das große Tor zu öffnen versuchte. Tarzan war im Gegensatz zu mir nicht in der Lage, einfach drüberzuklettern. Wie sollte er auch? Drinnen ahnte noch keiner, was passiert war. Meine Geschwister waren in der Garderobe und machten sich für den zweiten Teil der Show fertig. Sie würden ihn ohne mich durchziehen müssen.

„Halt!", rief Tarzan mir immer wieder hinterher. Ausnahmsweise war draußen kein einziger Fan zu sehen. Alle warteten sie drinnen ganz brav in der Halle auf das Ende der Pause. Viele verließen ihren Platz gar nicht erst, weil sie Angst hatten, ein anderer könnte sich ihn unter den Nagel reißen.

Ich lief und lief. Es war erstaunlich: Ich kann mich nicht daran erinnern, auch nur für eine Sekunde etwas von der Kälte mitbekommen zu haben, die mich sonst zum Zittern gebracht hätte – schließlich trug ich nur ein dünnes hellgrünes Kleid. Doch dafür kochte ich innerlich viel zu sehr und vermutlich konnte man schon sehen, wie der Dampf aus meinem Kopf emporstieg.

Unbeirrt lief ich ohne Pause, die ganze Nacht hindurch von der einen Stadt zur nächsten, bis am nächsten Morgen die Sonne aufging. Ich mit meinem hellgrünen Kleid und den Ballerinas an den Füßen und Tarzan hinter mir, bemüht darum, mit meinem Tempo mitzuhalten. Zum Rest der Security hatte er keinen Kontakt. Er hatte ihnen schnell noch den Auftrag gegeben, vor Ort zu bleiben und die Show am Laufen zu halten. Dann war er direkt hinter mir hergeeilt, ohne vorher noch ein Handy oder ein Funkgerät greifen zu können. Er hatte wohl geglaubt, mich aufhalten und zurückbringen zu können. Aber das gelang ihm nicht, denn ich war ein irischer Dickkopf und lief einfach immer weiter. Und so hetzten wir durch die Nacht, ich vorneweg, Tarzan hinterher. Ein Mann, der aussieht wie ein amerikanischer

Footballspieler, aber sanft ist wie ein Teddybär, und eine wilde Furie, die nicht aufzuhalten war. Was für ein Bild das gewesen sein muss!

Der Himmel war pechschwarz und auf der Straße zeigte sich niemand. Die Fenster waren geschlossen, die Rollläden heruntergelassen und Laternen gab es kaum. Irgendwann gegen Mitternacht tauchten dann aus dem Nichts zwei Hooligans auf. Harte Jungs im Skinhead-Look, die mir entgegenkamen. Eigentlich hätte mich das beunruhigen sollen, doch meine Wut war stärker als meine Vernunft und ich lief unbeeindruckt weiter.

„Hey Mädel, was machst du denn hier so allein?" Das oder etwas Ähnliches müssen sie mir wohl auf Polnisch zugerufen haben. Verstehen konnte ich sie natürlich nicht. „Hi hi hi, ho ho ho!", lachten sie finster. Das verhieß nichts Gutes. Sie waren wohl auf Beutezug.

Ich reagierte nicht und strafte sie nur mit einem bösen Blick.

„Ooh, sie glaubt, sie kann uns ignorieren!", stachelten sie sich gegenseitig an.

Tarzan hatten sie noch nicht entdeckt. Dazu war es zu dunkel und er wegen meines irren Tempos zu weit hinter mir.

„Warte, Patricia, warte auf mich", rief er, wie so oft in dieser Nacht. Dann entdeckte er die beiden Skinheads und bekam innerlich wahrscheinlich einen heftigen Adrenalinstoß. „Lasst sie bloß in Ruhe", fauchte er sie auf Deutsch an. „Rührt sie nicht an oder ihr bekommt es mit mir zu tun!" Er hatte mich jetzt eingeholt und war bereit, um mein Leben zu kämpfen.

„Oh Mann", schoss es mir in einem klaren Moment durch den Kopf, „das ist gar nicht gut." Die Lage war ernst. Doch dann geschah etwas Seltsames: In dem Moment, als Tarzan auf der Bildfläche erschien, zogen sich die Hooligans zurück wie kleine Hundewelpen. Wir gingen an ihnen vorbei, als ob nichts geschehen sei. Dabei hätten sie uns eigentlich eine Menge Ärger bereiten können. Tarzan hatte später eine ganz interessante Theorie dazu.

Er vermutete, sie dachten, wir hätten eine Beziehungskrise, und bedauerten ihn für den Stress, den er mit dieser Wahnsinnigen hatte – also mit mir. Was den letzten Punkt angeht, hatten sie sogar recht. Uff, was für ein Glück!

Tarzan nutzte die Gelegenheit und legte mir seinen Mantel um. Für ihn bedeutete das, den Rest der Nacht obenrum nur noch mit einem Poloshirt bekleidet laufen zu müssen. Aber auch das hielt mich nicht auf und trotz des Zwischenfalls lief ich weiter wie bisher.

Dann endlich ging die Sonne auf. Die Kälte hatte Tarzans kahlen Kopf und seinen ganzen Körper praktisch eingefroren. Ich hingegen war von meiner Wut warm gehalten worden.

Schließlich trafen wir auf die anderen. Nach dem Ende der Show war die Security die ganze Nacht hindurch mit dem Auto umhergefahren, um uns zu suchen. Irgendwann waren sie auf uns gestoßen und brachten uns zurück ins Hotel. Selbst ich spürte jetzt Müdigkeit und Kälte. Die Wut war weg. Die körperliche Anstrengung hatte sie ausgetrieben.

Jedes Mal, wenn Tarzan und ich heute aufeinandertreffen – das letzte Mal im Dezember 2012 in der Essener Grugahalle bei einem unserer „Stille Nacht"-Konzerte –, muss er mich einfach an die Geschichte erinnern.

„Weißt du noch? Polen?", fragt er immer und seine Augen leuchten.

„Polen! Na klar!" Wie könnte ich das vergessen?

„Ich wollte dich umbringen!", scherzt er dann. „Was habe ich mir den Hintern abgefroren!"

Und schon lachen wir uns kaputt. Armer Tarzan! Du warst damals mein Schutzengel.

So. Wenn ich jetzt einmal dabei bin, warum nicht noch ein zweites Highlight gestehen? Dänemark, im selben Jahr. Wir waren wieder auf Tour, diesmal in einer großen Sportarena. An den

Auslöser für meinen Wutanfall kann ich mich nicht mehr erinnern. Aber ich habe ein Bild vor Augen, das mich ganz allein in den Turnhallen hinter der Bühne zeigt. Hunderte von Holzbänken standen da, wie man sie aus dem Sportunterricht kennt. Sie mussten dran glauben. Ich packte eine Bank nach der anderen und schleuderte sie mit Schwung durch die Halle. Wo ich die immense Kraft dazu hernahm, weiß ich selbst nicht, aber es fühlte sich großartig an. Die Bänke flogen überall hin und krachten auseinander. Aber das war mir egal. Ich machte einfach weiter. Zu viel Wut war in mir, und die wollte ich lieber an den Bänken als an mir oder sonst jemandem auslassen.

Irgendwann kam Ingo dazu, ein weiterer enger Bodyguard von uns, und staunte nicht schlecht. „Patricia! Was läuft denn hier?"

Ich nahm ihn gar nicht wahr und warf stattdessen weiter mit Bänken um mich.

„Komm runter", sagte er und versuchte, mich zu greifen.

Ich stieß ihn zur Seite. „Lass mich in Ruhe!"

Er kam wohl zu dem Schluss, dass es besser war, mich machen zu lassen. Innerhalb von 10 Minuten hatte ich die gesamte Einrichtung der Turnhalle zertrümmert, während Ingo nur dastehen und mir zusehen konnte.

„Das macht mich so wütend!", rief ich immer wieder und schon flog die nächste Bank. „Du machst mich so wütend! Und du und du und du", und so weiter.

Am nächsten Tag bestand mein ganzer Körper nur aus Muskelkater. Eigentlich hatte ich auf diese ganze Wut keine Lust mehr, aber ich musste sie auf körperliche Weise loswerden, und die Bänke waren ein willkommenes Ventil gewesen.

Als drittes Highlight demolierte ich ein Auto – zumindest Dach und Motorhaube. Ein Foto davon wurde sogar in der BILD-Zeitung abgedruckt: „Patricia Kelly rastet aus – Es ist das Auto eines Fans."

Genau genommen war es eine ganze Gruppe von vier oder fünf Leuten, denen der Wagen gehörte. Ich würde sie nicht einmal wirklich als Fans bezeichnen. Eigentlich waren es Paparazzi. Kids, die uns wie besessen überallhin folgten und uns belagerten. Es gab zwar immer mal wieder welche dieser Art, aber das hier waren mit Abstand die aggressivsten. Sie hatten den Maßstab gesetzt. Jedes Mal, wenn wir auf Tour gingen, waren sie da, klebten an unserem Nightliner, folgten jedem unserer Schritte. Aber auch sonst tauchten sie permanent auf und observierten uns mit ihren großen Kameras. Sie verkauften die Fotos und finanzierten damit ihre Verfolgungsjagden. Je mehr Privatfotos sie hatten, desto mehr Geld bekamen sie dafür. So lauerten sie auch vor meinem Apartment in Köln und fotografierten mich, wenn ich rein oder raus ging, und kamen mir dabei extrem nah.

Ich sprach mit der Polizei, aber die konnte uns aufgrund der damaligen Gesetzeslage nur sehr bedingt helfen. Eine Weile blieben sie weg, kamen dann aber wieder zurück und nervten uns erneut. Irgendwann setzten sie noch eins obendrauf und fingen an, Überholspiele auf der Autobahn zu betreiben. Ich fuhr also zum Beispiel auf der rechten Spur. Plötzlich überholte mich dann ihr Wagen und bremste mich aus, während einer von ihnen durch die Heckscheibe Fotos von mir schoss. Setzte ich dann den Blinker nach links, um sie zu überholen, zogen sie ebenfalls rüber und bremsten mich auf der Überholspur erneut aus. Diese Spiele waren lebensgefährlich und kehrten immer wieder. Als ich irgendwann hörte, dass sie dasselbe mit einem meiner Brüder gemacht hatten, während seine kleinen Kinder mit im Auto saßen, platzte mir endgültig der Kragen. Ich beschloss, dass es Zeit sei, unseren Stalkern Angst einzujagen, und da kamen mir meine früheren Wutausbrüche plötzlich zugute.

Eines Tages folgten sie uns wieder einmal zum Tonstudio. Als wir nach einer langen Session herauskamen, schossen sie ihre üblichen Fotos, sprangen in ihr Auto und wollten verschwinden.

Diesmal jedoch sollte es anders laufen. Bevor sie nämlich losfahren konnten, stellte ich mich vor den Wagen und blockierte sie. Und als ob sie das nicht schon genug befremdet hätte, stieg ich auf die Motorhaube und hämmerte ordentliche Dellen in das Blech.

Von drinnen konnte ich einen entsetzten Aufschrei hören. „Aaaaaah!", ertönte es aus dem Wagen.

„Jawohl!", dachte ich triumphierend. „Es funktioniert."

Ich hatte den Spieß umgedreht. Dann nahm ich mir das Dach des Wagens vor und hüpfte mit meinem gesamten Gewicht auf und ab.

Einer nach dem anderen flüchtete in Panik aus dem Auto. „Die ist irre! Die ist total irre geworden!", schrien sie und: „Oh Mann, seht euch unser Auto an! Seht unser Auto an!"

Der Wagen war völlig ramponiert. Es war eine echte Genugtuung und zugleich ein großer Spaß. Meine Geschwister hielten sich die Bäuche vor Lachen. Irgendwann war ich fertig, sprang vom Wagendach herunter und zischte unseren geschockten Stalkern entgegen: „Da seht ihr, was passiert, wenn man uns verfolgt. Und das ist nur der Anfang. Legt euch nicht mit Patricia an!" Das saß.

Am Ende zahlten wir ihnen zwar 3000 DM für einen neuen Gebrauchtwagen, aber es hatte funktioniert. Sie verfolgten uns nie wieder. Von einem Tag zum anderen waren sie verschwunden. Was für eine Erleichterung! Meine Wut hatte zum ersten Mal mehr geleistet, als mir Luft zu verschaffen. Vielleicht hatte sie sogar jemandem das Leben gerettet. Manchmal muss man eben einfach mal ein bisschen verrückt sein.

P.S.: Damit erst gar kein falscher Eindruck entsteht, will ich an dieser Stelle auch all die Fans erwähnen, die unser Privatleben immer respektiert haben. Gruppen wie diese waren zum Glück nur die unschöne Ausnahme von der Regel.

Killarney, hohe Berge und neue Erfahrungen

Es ist sicher ein bisschen spät, wenn man mit 27 seine Jugend nachholt, aber es hat auch seine Vorteile. Die Gefahren von Drogen, der Einfluss der falschen Leute, das Scheitern von Liebesbeziehungen – all die Dinge, die einem jungen Menschen zu schaffen machen, waren mir damals schon bekannt. Vielleicht konnte ich so mit einigen Versuchungen besser umgehen. Von einigen Beispielen erzähle ich gleich.

Nachdem ich von zu Hause weggegangen war, brauchte ich einen Platz, an dem ich bleiben konnte. Killarney war weit genug weg, um Abstand zu gewinnen, und ich beschloss, mir dort ein Ferienhaus zu mieten. Ich suchte Stille und Frieden an einem Ort, wo die Leute mich ganz normal leben lassen würden. Das taten sie, auch wenn ich zunächst skeptisch war. Die lange Zeit in der Öffentlichkeit hatte mich wohl ein bisschen paranoid gemacht.

Als ich an einem der ersten Tage im örtlichen Supermarkt einkaufen ging und über die Lautsprecher im Hintergrund plötzlich „First Time" zu hören war, schoss mir sofort durch den Kopf: „Ob mich wohl jemand erkennen wird?" Heimlich sah ich mich um und wartete auf Reaktionen. Doch nichts geschah, die Leute kauften weiter unbehelligt ein und bemerkten mich nicht. Ich war erleichtert. Killarney und seine Bewohner gaben mir den Frieden und den Freiraum, den ich damals brauchte.

Ich liebte es dort vom ersten Moment an. Mit dem *Ring of Kerry* und den *Macgillycuddy's Reeks* ist die Gegend von Killarney vielleicht der schönste Teil Irlands. Doch es war auch das erste Mal, dass ich ganz für mich allein war. Ich war inmitten meiner Familie aufgewachsen und daran gewöhnt, dass immer etwas um mich herum passierte. Ohne konstanten Geräuschpegel ging es nicht. Ich vermisste meine Brüder und Schwestern, ihre Stimmen, die in der Küche plapperten, das Klimpern eines Songs, den gerade jemand auf dem Klavier im Wohnzimmer komponierte, oder auch einfach nur das Bellen der Hunde. Sogar die Auseinandersetzungen und Streitereien fehlten mir. Aber ich hatte beschlossen, ganz für mich allein zu leben, und ich wollte, dass mir das auch gelang. Ich hatte meine Verpflichtungen und meine Rolle im Familienbetrieb Ende 1996 abgelegt. Ich wollte und musste mich um mein eigenes Leben kümmern und alleine zurechtkommen.

Die Situation war völlig neu für mich und psychisch nicht leicht zu verkraften. Immer noch nagte der Liebeskummer an mir und ich erinnere mich daran, wie ich an einem betrübten Abend den Song „Please don't go" schrieb. Und dann eben das Fehlen von Menschen um mich herum. Keine Familie, keine Bodyguards, niemand außer mir selbst.

Vor allem die Nächte machten mir zu schaffen. Albträume verfolgten mich. Immer wieder schreckte ich schweißgebadet auf. Doch es gab auch tröstende Ausnahmen. Einmal etwa hatte ich einen Traum von meiner Mutter. Ich träumte, dass sie bei mir war. Das war mir lange nicht passiert. Wir kochten zusammen und sie sprach liebevolle Worte. Ich war so glücklich, es war wie im Himmel. Doch als sie meinen Kopf in ihre Hände nahm und mich dreimal auf die Stirn küsste, wachte ich plötzlich auf.

„Mutter! Mutter!", hörte ich mich selbst rufen. Ich saß aufrecht im Bett, allein und umgeben von der Stille und Dunkelheit der Nacht. „Ach, Mutter, ich vermisse dich so sehr", schluchzte ich unter Tränen und fand lange nicht zur Ruhe.

Es war an der Zeit, dass ich etwas gegen die Einsamkeit unternahm.

„Nun denn, junge Frau, Sie brauchen ein gutes Paar Bergstiefel und eine vernünftige Jacke. Diese hier am besten."

Der freundliche Verkäufer im Trekkingladen versorgte mich mit der notwendigen Ausrüstung für meine erste Bergtour. Ich hatte eine Anzeige des örtlichen Bergsteigerclubs gelesen und mich angesprochen gefühlt: *„Mach mit bei einer professionell geführten Tour zu den höchsten Gipfeln Irlands."*

„Das kriege ich hin", dachte ich enthusiastisch und meldete mich gleich an.

Wenig später fand ich mich in einer Gruppe mit amerikanischen Touristen und einigen Einheimischen wieder. Zusammen wollten wir den 1041 Meter hohen Carrantuo Hill besteigen.

Meine Begeisterung war ungebrochen, auch wenn ich zunächst einige Mühe hatte. Mein Rücken machte sich bemerkbar und ich war eine der Letzten in der Gruppe. Irgendwann jedoch hatten sich meine Muskeln aufgewärmt und ich machte Plätze gut. Nach einer Weile war ich dann direkt hinter unserem Bergführer Dave angekommen und hatte die anderen hinter mir gelassen. Es fühlte sich gut an, die frische Luft hier oben zu atmen, und ich bewunderte die hell gleißende Landschaft vor mir. Was für ein Anblick! Gott hatte mit Irland wirklich sein Meisterstück vollbracht.

Einige Stunden später erreichten wir den Gipfel. Ich war erschöpft, aber glücklich. Ein majestätisches Kreuz begrüßte uns und ich umarmte und küsste es. Von Endorphinen trunken, bat ich jemanden aus der Gruppe, ein Foto von mir zu machen. Was für eine Freude! Ich hatte etwas gefunden, das meiner Seele guttat.

Nach ein paar Tagen löste ich mich von den Gruppenführungen und zog mit Dave allein los. Wir wurden gute Freunde.

Bemerkenswerterweise war er sehr introvertiert und sprach nicht viel. Also wanderten wir meistens in Stille, er vorneweg, ich hinterher. Ich mochte seine verschwiegene Art und sein unerschöpfliches Wissen über das Bergsteigen. Stunde um Stunde stiegen wir durch Natur und Felsen und ich war nicht aufzuhalten.

Schon nach kurzer Zeit legte ich bereits ein solches Tempo vor, dass Dave mir anerkennend bestätigte: „Jetzt bist du definitiv der schnellste weibliche Bergsteiger in ganz Irland!"

Was für ein Kontrast das war zu dem ständigen Stress des Tourlebens mit klingelnden Handys, Interviews, Meetings und dem ganzen anderen Wahnsinn! Mein Leben war immer voller Action gewesen. Überall war Lärm. Und jetzt, hier, inmitten der traumhaft schönen Berge Irlands: Stille. Nur das Singen der Vögel und weiter oben das Pfeifen des Windes. Ich war glücklich.

Bis zu drei Berge schaffte ich an einem Tag, darunter die *Macgillycuddy Reeks* – und wie Dave mir sagte, bedurfte es dafür selbst bei den erfahrensten Bergsteigern ganz besonderer Disziplin. Ich war froh, dass mir mein Rückenproblem nicht im Weg stand. Die frische Luft tat mir und meinem Allgemeinzustand gut. Selbst das Essen schmeckte besser dort oben. Wenn wir den Gipfel erreicht hatten, saßen wir immer am Fuß des Kreuzes und aßen still unsere Brote. Kein Luxusrestaurant in New York, Tokio oder Hong Kong hatte mir je einen derartigen Genuss bereiten können.

Etwas später machte ich einen kleinen Abstecher nach Schottland, um den *Ben Nevis* zu erklimmen, der mit 1344 Metern der höchste Berg Großbritanniens ist. Dave war erneut dabei, aber auch mein Bruder Joey begleitete mich. Wir hatten eine tolle Zeit und ich erinnere mich noch, wie ich auf dem Gipfel in einer kleinen Hütte saß und meine nassen Socken auswrang. Ich war klatschnass und happy. Das Leben nahm langsam wieder Besitz von mir.

An einigen Wochenenden flog ich vom *Shannon Airport* aus zu den unterschiedlichsten Stationen in Europa, um an unseren Konzerten teilzunehmen.

„Komm wieder nach Hause", baten mich meine Geschwister. Sie machten sich Sorgen, denn so kannten sie mich nicht. Doch ich wusste, dass meine Entscheidung richtig gewesen war. Die Zeit war gekommen, in der ich mich auf mein eigenes Leben konzentrieren musste, und so flog ich nach jedem Auftritt rasch wieder zurück zu meiner kleinen Oase in Killarney.

Wenn ich nicht mit Dave unterwegs war, wurden die Tage schnell lang. Die Arbeit hatte in den vergangenen Jahren jeden Tag meines Lebens in Anspruch genommen, und nun hatte ich auf einmal rein gar nichts mehr zu tun. Anfangs war das geradezu unheimlich. Ich saß in meinem blitzblanken Ferienhaus und drehte Däumchen, ohne irgendeine Aufgabe zu haben. Wie viele Telefonanrufe hatte ich früher beantworten müssen! Jetzt rief niemand mehr an. Mit meiner Familie und meinen Freunden konnte ich nur abends sprechen. Tagsüber waren sie beschäftigt mit ihrer Arbeit, ihren Kindern und allen möglichen anderen Dingen. Also saß ich schon am Morgen ganz allein für mich da und wusste nicht, was ich machen sollte.

„Das reicht", sagte ich irgendwann zu mir selbst und beschloss: „Ich muss mich mit etwas beschäftigen."

Also verschaffte ich mir ein Wochenprogramm, in dem jeder Tag mit Aktivitäten ausgefüllt war. Manche davon waren völlig absurd, aber zumindest tat ich etwas. Das sah in etwa so aus: 10 Uhr Schwimmen, 11:30 Uhr Physiotherapie, 16 Uhr Fahrschule und so weiter. Weil ich in meiner Arbeitszeit gelernt hatte, meinen Tag zu organisieren, kam mir das auch hier zugute.

Manche Aktivitäten setzte ich spontan in Gang und probierte Dinge aus. Unter den Aushängen im Rathaus hatte ich zum Beispiel eine Anzeige für einen Schauspielkurs entdeckt.

„Hm, interessant. Das wäre doch was für mich", dachte ich mir und trat einer kleinen Gruppe von Leuten bei, die von einer jungen Frau namens Aine geleitet wurde. Sie hatte eine Schauspielschule in Dublin besucht, war dann aber unerwartet schwanger geworden und musste ihr Studium abbrechen. Und weil ihr Freund sie verlassen hatte, war sie zu ihrer Mutter nach Killarney gezogen. Mit diesen kleinen Gruppen versuchte sie jetzt, ein paar Pfund für sich und ihr Kind zu verdienen. Wir verstanden uns gut und es war sehr nett in der Gruppe.

„Kommst du heute Abend mit mir in den Pub?", fragte sie mich eines Abends nach der Schauspielstunde.

„Warum eigentlich nicht?", dachte ich mir. Zu Hause wartete nichts und niemand auf mich. Da konnte ich ruhig mal ein bisschen ausgehen. Wir zogen also los und besuchten Aines Lieblingspub. Zunächst kam ich mir etwas seltsam vor, denn jeder dort war jünger als ich, doch das störte niemanden. Wir waren willkommen. Aine trank und rauchte und hatte Spaß dabei.

„Trinkst du nichts?", fragte sie mich.

Alkohol war eigentlich nicht mein Ding, aber ihr zuliebe versuchte ich ein Kilkenny – keine gute Idee. Ich war nichts gewöhnt und so bekam ich am nächsten Morgen die Quittung: hämmernde Kopfschmerzen.

Anders beim Rauchen. Aine bot mir eine Zigarette an. „Na gut", dachte ich mir, „versuche ich mal eine." Ich hatte noch nie zuvor geraucht und es gefiel mir auf Anhieb. Es hatte eine beruhigende Wirkung und erinnerte mich zudem an meinen Ex-Freund, der Raucher gewesen war. Die ideale Kombination also, um mich allzu wohl dabei zu fühlen.

Aber ich hatte Glück. Eines Tages kam eine meiner besten Freundinnen zu Besuch und als sie sich eine Zigarette ansteckte, bat ich sie ebenfalls um eine.

„Was denn, Patricia, du rauchst?", fragte sie baff.

„Ach was, nur ab und zu", wiegelte ich ab.

Sie war alles andere als erfreut. „Wenn du damit nicht sofort aufhörst, ist es bald schon zur Gewohnheit geworden und du zündest dir eine Zigarette nach der anderen an", ermahnte sie mich. „Mach das nicht. Ich weiß, wovon ich rede", fügte sie mit ernstem Ton hinzu. „Denk an deine Stimme. Sie wird ihren kristallklaren Klang verlieren."

Sie hatte recht. Ein paar Tage später verspürte ich einen plötzlichen Drang, mir Zigaretten zu kaufen, erinnerte mich aber an ihre Worte und widerstand der Versuchung. Daran hat sich nichts geändert. Bis heute vermeide ich es, Zigaretten auch nur anzurühren. Denn das Bedürfnis zu rauchen verspüre ich immer mal wieder. Gott sei Dank habe ich frühzeitig aufgehört.

Eine andere Aktivität war eher esoterischer Natur. Durch mein Rückenproblem hatte ich erstmals wieder zu Gott zurückgefunden, aber mein Glauben war noch nicht im richtigen Hafen verankert. Also experimentierte ich kurz ein bisschen mit unterschiedlichen Dingen. Zum Beispiel schloss ich mich einer sogenannten „spirituellen Gruppe" an.

„*Offen für alle, die glauben*", hieß es in der Anzeige. Das klang vielversprechend. Schon bald saß ich also in einem Kreis von etwa 10 Frauen mit einem weiblichen „Guru", der die Gruppe leitete. Alle trugen sie lilafarbene Schals, weite Hosen, Ökoschuhe und hatten hennagefärbtes rotes Haar. Die Guru-Frau bat einen unbenannten Geist darum, auf uns herabzukommen. Dann sollten wir die Augen schließen und etwas sagen oder beten.

Die erste Frau begann, dann kam die nächste und so weiter. Alle schienen irgendwie dasselbe zu sagen. Niemand nannte Gott je beim Namen. Stattdessen sprachen sie nur ganz abstrakt von einer „geistigen Wesenheit".

„Das ist in Ordnung", dachte ich mir, „hier sind alle offen." Aber mein Gott war nun einmal Christus und als die Reihe an mich kam, öffnete ich die Augen und sprach mit klarer und fester Stimme etwas im Sinne von: „Ich bete zu dir, Herr Jesus, dass du mich auf meinem Weg führen mögest und alle deine Kinder hier jetzt und in Zukunft behütest."

Ich war zufrieden mit meinen Worten, atmete aus und lächelte glücklich. Doch dann sah ich mich um und blickte in entsetzte Gesichter. Alle Frauen im Kreis hatten ihre Augen weit aufgerissen und starrten mich an. Die Guru-Frau wandte sich mir mit vorwurfsvollem Blick zu und erklärte nachdrücklich, dass man Gott hier keinen Namen gebe, sondern eben „offen" sein wollte.

„Offen?", erwiderte ich verwundert. „Mein Gott heißt Christus. Ist das nicht in Ordnung?"

Sie wurde wütend. Meine Haltung passte offenbar nicht in ihr „offenes" Denken. Also stand ich auf und sagte in die Runde: „Es tut mir leid, wenn ich euch mit meinen Worten verärgert habe. Ich bin hierhergekommen in der Hoffnung, auf tolerante Menschen zu treffen, die jeden Glauben akzeptieren. Das war anscheinend ein Irrtum. Es ist wohl besser, wenn ich gehe und euch auf eure Art beten lasse. Danke und noch einen schönen Abend."

Und damit verließ ich die Sitzung. Niemand sagte ein einziges Wort. Ich denke, sie waren froh, dass ich ging. Und das war ich ebenfalls.

Noch mehr Esoterik? Kommt sofort.

Im Zentrum von Killarney war ein Bioladen, in dem ich regelmäßig einkaufen ging. Eines Tages traf ich dort auf Aine mit ihrer Gruppe.

„Hey Patricia, wie läuft's?", rief sie zu mir herüber.

Wir unterhielten uns und sie erzählte mir davon, dass der Ladenbesitzer einem für ein paar Pfund die Karten legte – vermutlich in erster Linie für amerikanische Touristen, die ein bisschen exotischen Nervenkitzel suchten.

„Lass dir doch von ihm einmal die Zukunft voraussagen", versuchte sie mich zu überreden, und ich muss zugeben, dass ich das irgendwie reizvoll fand. Zu diesem Zeitpunkt hoffte ich immer noch, dass mein Ex-Freund seine Meinung ändern und zu mir zurückkommen würde. Vielleicht konnten die Karten mir das bestätigen. So jedenfalls dachte ich damals.

Der Ladenbesitzer begann also mit seiner Tarotnummer, hielt aber plötzlich inne. Die letzte Karte, die er gezogen hatte, war anscheinend nicht so gut. Er hielt sie vor mir zurück und sagte: „Machen wir das noch einmal, mir muss da ein Fehler unterlaufen sein."

„Nein, nein, keine Trickserei! Zeigen Sie mir die Karte", forderte ich ihn auf.

Er zögerte, aber ich gab nicht nach. Als er die fragliche Karte dann schließlich doch aufdeckte, zeigte sie ein grinsendes Skelett.

„Tja, das scheint mir kein gutes Zeichen zu sein", sagte ich und verließ den Laden etwas beunruhigt. Das Thema Kartenlegen war damit für mich erledigt.

In dem einen oder anderen Artikel hieß es einmal, dass ich esoterische Bücher lese und mich mit Mystizismus beschäftige. Diese irrigen Gerüchte will ich jetzt ein für alle Mal von mir weisen und klarstellen, dass sie nicht der Wahrheit entsprechen und es auch nie taten. Ich besitze eine Menge Bücher zu den unterschiedlichsten Themen und bin vielen Dingen gegenüber offen. Und ja, ich habe auch einige esoterische Bücher gelesen, aber im Herzen bin ich immer Christ gewesen, auch und gerade in den dunkelsten Phasen meines Lebens. Ich stehe esoterischen Praktiken skeptisch gegenüber und bin der Auffassung, dass manche von ihnen sogar gefährlich sein können. Ich bin zur damaligen Zeit einigen Esoterikern begegnet, aber meine Erfahrungen mit ihnen haben mich nur darin bestärkt, dass mein christlicher Glaube die richtige Entscheidung für mein Glück und Seelenheil war. Wir alle machen die unterschiedlichsten Erfahrungen und haben einen freien Willen, unsere Religion zu wählen. Am Ende muss schließlich jeder für sich selbst entscheiden, woran er glaubt. Das Einzige, wovon ich erzählen kann, sind meine eigenen Erfahrungen.

Ich hatte es meinem alten Freund Pater Renaud-Marie zu verdanken, dass ich in Killarney wieder zur Messe gegangen bin – etwas, das ich 10 Jahre lang nicht getan hatte. Als Kind in Spanien war es ganz normal für mich gewesen und auch später im Alter zwischen 15 und 17 in Frankreich, als ich mich intensiv für Religion interessierte, betete ich regelmäßig den Rosenkranz und ging zur Beichte. Doch als mich dann Arbeit, Ruhm und Erfolg im Griff hielten, gerieten die Sakramente ins Hintertreffen. Umso mehr fühlte es sich wie ein Stück Heimat an, als ich nach all der Zeit wieder eine Kirche betrat und die Messe feierte. Gnade erfüllte mich. Es war, als hätte ich etwas lang Verlorenes wiedergefunden und ich wusste, ich würde es von nun an nicht wieder loslassen.

Als ich Killarney verließ und nach Deutschland zurückkehrte, hatte ich eine Menge aufgearbeitet. Ich war gereift und hatte Dinge über mich erfahren, die mir bis dahin unbekannt gewesen waren. Ganz sicher war ich unabhängiger geworden und einfach ein Stück erwachsener.

Leider war es mein Rückenproblem, das mich drängte, Irland zu verlassen, um für den Notfall in der Nähe meiner Familie zu sein, die mittlerweile im Schloss Gymnich bei Köln lebte. Unter anderen Umständen wäre ich länger geblieben, aber das Leben wählt nun einmal seine eigenen Wege, und das ist auch gut so. Hätte ich sonst Denis getroffen? Wahrscheinlich nicht.

Der Frieden von Gymnich

Ich war mit Liam zusammen! Ja und?"
Mit fester und selbstsicherer Stimme skandierte ich diese
Worte, während ich auf unserem Schlosshof auf und ab
lief. Mit einer Hand hielt ich ein großformatiges Plakat hoch,
auf dem dieselbe Formulierung noch einmal zu lesen war, und
mit der anderen hämmerte ich im Rhythmus meiner Worte mit
einem Löffel auf einen Kochtopf ein, den ich mir unter den Arm
geklemmt hatte. Niemand sollte sagen können, er hätte meinen
Auftritt nicht mitbekommen. Als zusätzliches provokantes Highlight hatte ich mich auf eine Weise zurechtgemacht, die niemand
von mir kannte. Zum ersten Mal in meinem Leben trug ich einen
Minirock und High Heels. Es sollte ein unmissverständliches
Statement werden, denn dies war ein Manifest für meinen Vater.

Er schaute aus seiner Suite durch das geschlossene Fenster zu
mir herab und trotz der Entfernung konnte ich das Erstaunen in
seinen Augen und die Verwirrung in seinem Gesicht erkennen.
Zum ersten Mal nach über anderthalb Jahren völliger Funkstille
und Distanz trafen sich unsere Blicke wieder.

Etwa 10 Minuten lang muss ich wohl in der Kälte auf und ab
gelaufen sein und meinen Protest zelebriert haben, doch trotz
Minirock konnte mir das Wetter nichts anhaben. Es fühlte sich
großartig und befreiend an, Vaters volle Aufmerksamkeit auf
das zu lenken, was ich ihm zu sagen hatte. Ignorieren konnte er
das Spektakel jedenfalls nicht, das ich für ihn veranstaltete. Ich

denke, dass mein Anblick ihm Sorgen machte. Möglicherweise dachte er, ich hätte den Verstand verloren. Doch das hatte ich nicht. Ganz im Gegenteil. Ich wollte einfach nur meine Wut auf ihn loswerden. „Du musst es rauslassen, Patricia, oder es frisst dich auf", hatte ich mir selbst gesagt. Also schmiedete ich einen Plan, wie ich es ihm so wirkungsvoll wie möglich an den Kopf werfen konnte, und legte dabei ausgiebig Kreativität an den Tag: machte das Plakat, malte die Worte mit einem schwarzen Edding darauf, kaufte einen Besenstiel, der als Stange diente, griff mir den Topf und den Löffel, zog den Minirock an und schmierte mir jede Menge Lippenstift auf den Mund. Es machte Spaß und fühlte sich gut an. Doch irgendwie wusste ich auch, dass es meinem Vater auf skurrile Weise gefallen würde. Er hatte großen Respekt vor Mut und Charakterstärke und liebte alles, was originell und authentisch war. Ich hatte genug davon, dass wir nicht mehr miteinander sprachen, und auch wenn es mir nicht bewusst war, glaube ich doch, dass ich ihn tief in mir drin ganz furchtbar vermisste.

Die Worte meines Ex-Freundes hallten in meinem Kopf wider: „Du bist nicht in der Lage, deinem Vater einfach *Du kannst mich mal* zu sagen. Das ist dein Problem."

Er hatte recht. Eine normale und gesunde Pubertät mit dem üblichen Aufbegehren hatte ich nie gehabt. Ich hatte sie mir einfach nicht leisten können, denn in meinen Teenagerjahren waren die Zeiten hart gewesen und meine jüngeren Geschwister hatten mich gebraucht. Überhaupt hatten wir uns alle gegenseitig zum Überleben gebraucht und so musste ausnahmslos jeder Teile seines eigenen Wohlbefindens zugunsten der Gemeinschaft opfern. Jetzt, mit 29 Jahren, war es zwar arg spät, um gegen mein einziges verbliebenes Elternteil zu rebellieren. Doch hier galt einfach: Besser spät als nie.

Nachdem mein Vater mir eine Weile stumm und ernst zugesehen hatte, verschwand er vom Fenster. Ein paar Minuten später kam Jay, sein asiatischer Bodyguard, heraus und fragte mich, ob ich nicht reinkommen wolle, um mich mit Vater zu treffen. Ich zögerte zunächst, stieg aber schließlich doch mit gemischten Gefühlen die pompösen Eingangsstufen des Schlosses hinauf und betrat die noch pompösere Empfangshalle mit ihrem riesigen Kronleuchter und allerlei sonstigem Prunk.

Mein Vater lud mich in seine Suite ein, um dort mit ihm zu sitzen. Er war freundlich und es wurden einige wenige Worte gewechselt. Danach saßen wir uns für etwa eine halbe Stunde in völliger Stille gegenüber. Er sagte kein Wort, ich sagte kein Wort. Nur ein guter Freund von ihm, der bei uns war, versuchte, das Eis zu brechen, blieb jedoch erfolglos.

Die Szene war zwar absurd, aber immerhin saßen wir uns nach langer Zeit wieder gegenüber und waren nur durch einen Marmortisch aus dem Bestand der vielen antiken Möbel des Schlosses voneinander getrennt. Wir fixierten uns gegenseitig. Vaters Freund hatte die Versuche, uns in ein belangloses Gespräch zu verwickeln, mittlerweile drangegeben. Ohnehin hatte ihm keiner von uns zugehört, also schwieg er jetzt auch, lehnte sich zurück und schaute den beiden Sturköpfen beim Stursein zu.

Langsam begann das Eis zu schmelzen und unsere Blicke wurden sanfter. Als die große Uhr in der Eingangshalle zur halben Stunde schlug, stand ich auf und sagte: „Ich muss gehen."

Mein Vater erhob sich ebenfalls und fragte: „Wann kann ich dich wiedersehen?"

Das hatte ich nicht erwartet. Ich war bewegt und mein Herz antwortete, ohne dass sich mein Verstand vorher dazwischenschalten konnte: „Nächste Woche, wenn du willst."

„Schön", sagte er und ich glaube, es machte ihn sehr glücklich.

Es muss irgendwann Ende Oktober, Anfang November 1998 gewesen sein. Die erste Eintragung in meinem Terminkalender stammt vom 7. November: „Spaziergang mit Vater, 15 Uhr." Von da an fragte er mich gegen Ende eines jeden gemeinsamen Spaziergangs nach einem Zeitpunkt für die kommende Woche. Und so spazierten wir wöchentlich eine Stunde lang schweigend im eisigen Winter durch die Gärten des Schlosses. Immer trug er dabei seine künstliche Leopardenfellmütze, die er auf dem Flohmarkt gefunden hatte, zog sein rechtes Bein hinter sich her und hielt die rechte Hand mit der linken fest. Seit seinem ersten Schlaganfall war er halbseitig gelähmt und konnte sich nur noch eingeschränkt bewegen.

In der Stille unserer Spaziergänge begriff ich einmal mehr, wie wichtig es für mich war, mit ihm Frieden geschlossen zu haben. Er wurde unübersehbar älter, und das schneller als erwartet. Wie gut, dass ich diesen Schritt gegangen war, und wie gut, dass mein Vater mich mit Liebe empfangen hatte.

Es war eine neue Erfahrung für mich, in völliger Stille neben jemandem spazieren zu gehen. Eine schöne, heilsame und sehr tiefgehende Erfahrung und einige der wertvollsten Momente, die ich mit meinem Vater erlebt habe.

Irgendwann bemerkte ich, dass er keinen Schal hatte und ich beschloss, ihm einen zu stricken. Einen schönen grauen Wollschal. Bei unserem nächsten Treffen gab ich ihn ihm einfach. „Hier, Vater, den habe ich für dich gemacht. Er ist ein Geschenk."

Er war tief bewegt und seine Augen wurden feucht. Von diesem Tag an trug er den Schal jedes Mal, wenn wir uns trafen. Es war ein Symbol unserer Versöhnung.

Knappe drei Jahre danach bekam er seinen zweiten Schlaganfall und starb im Jahr darauf. Es ist schön zu wissen, dass wir seine letzten Jahre gemeinsam und in Liebe verbringen konnten. Diese Chance rechtzeitig ergriffen zu haben erfüllt mich auch heute noch mit großer Dankbarkeit.

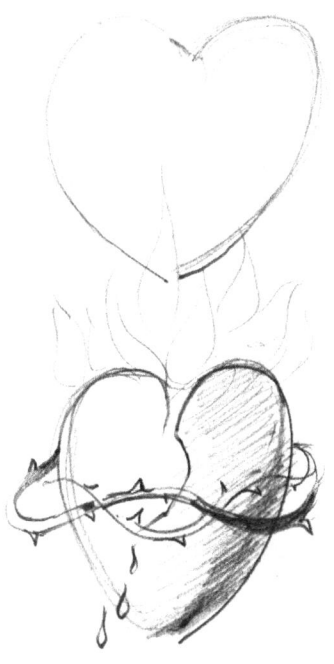

5. Von Leben und Tod
1998–2009

Eine Generation geht, eine andere kommt.
Die Erde steht in Ewigkeit.

Prediger 1,4

Eine Entscheidung, ein russischer Prinz und Schmetterlinge über den Wolken

Als ich die Entscheidung traf, lag ich in Krefeld in der Klinik und schaute aus dem großen Fenster des stillen und sterilen Krankenzimmers – eine Entscheidung, deren Für und Wider mir schon mindestens 10 Jahre durch den Kopf gespukt war. Auf dem Nachttisch neben mir stand eine Mineralwasserflasche, daran gelehnt ein Bild der Heiligen Therese von Lisieux, daneben eine Postkarte mit Jesus darauf und der Gottesmutter. Das war meine kleine Oase.

Überall, wo ich hingehe, habe ich eine solche Oase mit dabei, einen Altar für meine Gebete und den weißen Rosenkranz, den mir einst Papst Johannes Paul II geschenkt hat. Wieder einmal konnte ich nicht laufen. Ein Bein war gelähmt und dieses Mal war es sehr ernst. Selbst für den Gang zur Toilette musste ich einen Rollstuhl benutzen. Mein Bein wollte mir nicht gehorchen. Es hörte einfach nicht mehr auf meine Anweisungen. Die Kommunikationsverbindung vom Großhirn über den Rücken herunter zum Bein war wie eine Vollsperrung auf der Autobahn – unbefahrbar.

Professor Verreet saß spätabends noch an meinem Bett. Alle seine anderen Patienten hatten sich längst schlafen gelegt. „Bist du sicher, Patricia?", fragte er mich.

„Ja", antwortete ich ihm, „dieses Mal ist es eine Sache des Herzens. Ich habe meine Entscheidung getroffen."

Bilder meines Lebens

**Mit meinem
lieben Vater**

1984

Joey und ich beim Zirkus Roncalli, 2007

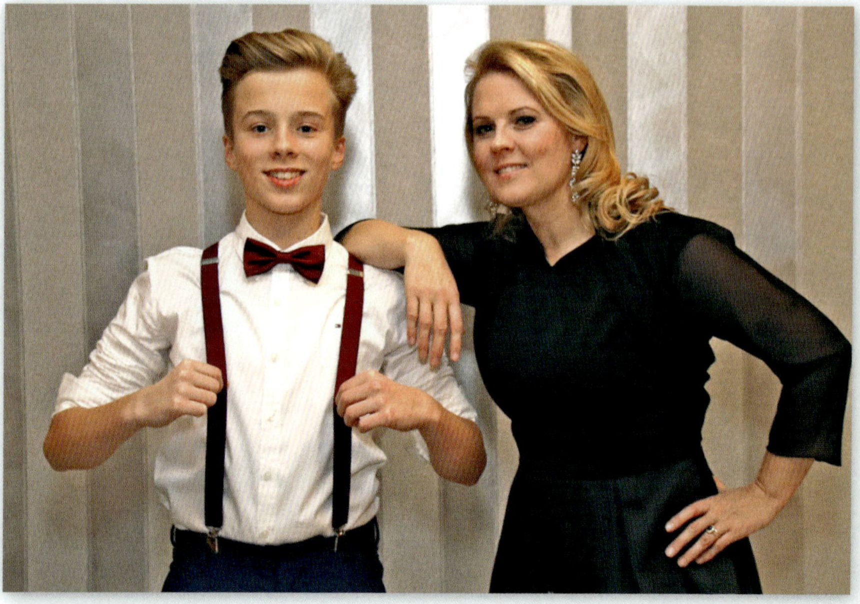

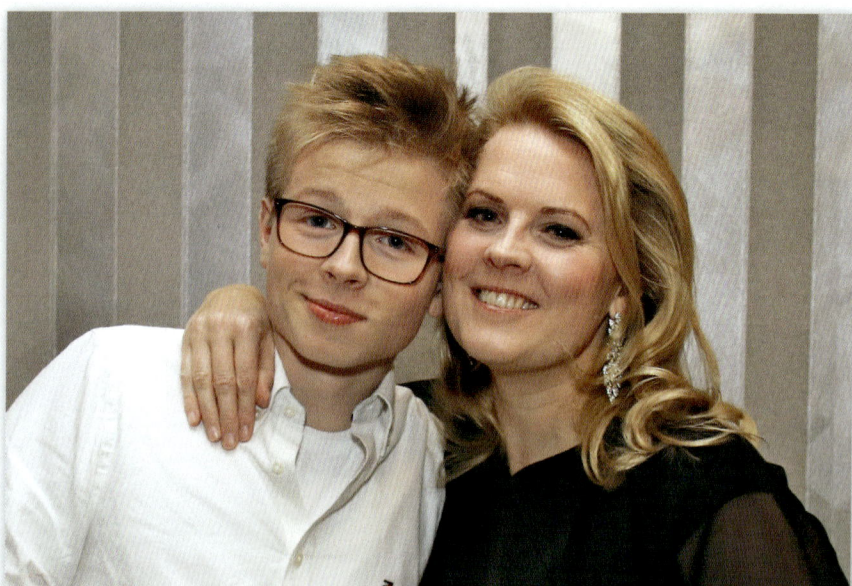

Meine Familie, 2017 66

Meine kleine Familie ist das Wichtigste im Leben für mich 67

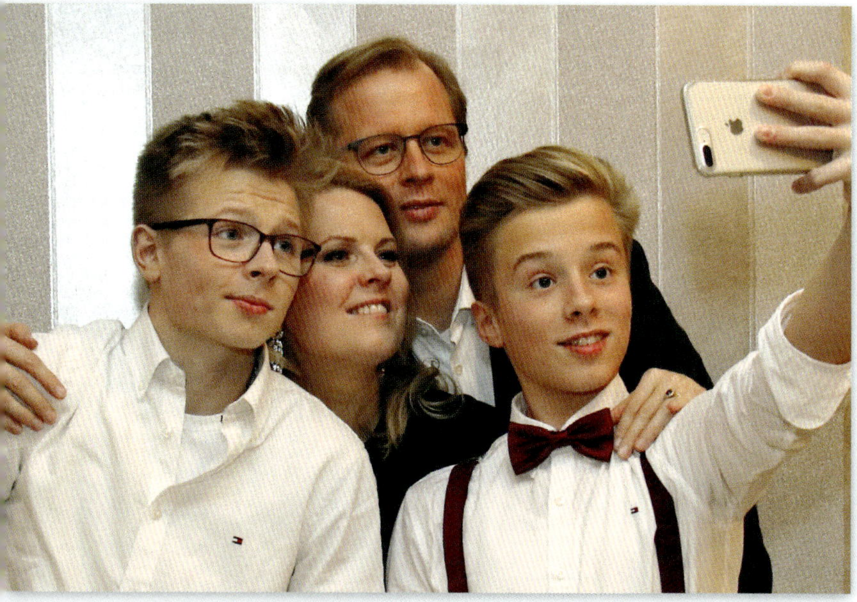

Alexander, ich, Denis & Iggi

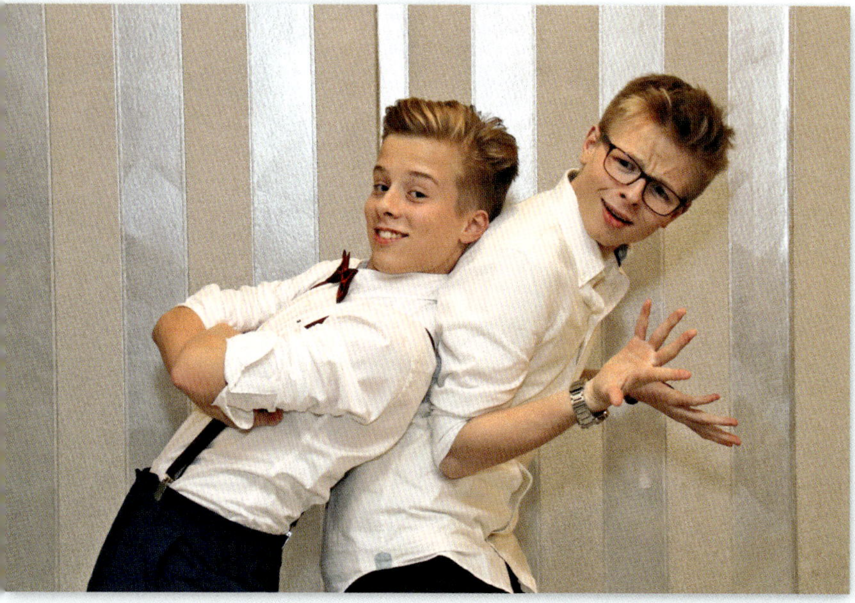

„Denk noch einmal darüber nach", sagte er, „und versprich mir, dass du nicht aufgibst und um deine Gesundheit kämpfen wirst."

„Das verspreche ich."

Einige Monate später saß ich einer Karmelitin gegenüber. Wie alle ihre Ordensschwestern befand sie sich hinter Gittern.

„Ich möchte beitreten", sagte ich ihr. „Ich will mein Leben Gott widmen. Es gehört ihm sowieso schon."

Sie blickte mich skeptisch an. „Bist du sicher?", fragte sie mich ebenfalls. „Du willst eine Karmelitin werden? Du musst wissen, das ist nicht immer einfach."

Sie schlug mir erst einmal eine Besinnungswoche im Gästehaus des alten Karmeliterklosters vor. Dort gab es 16 Schwestern. Die Mehrzahl über 65 Jahre alt. Ich willigte ein.

„Patricia, ich würde dich gerne jemandem vorstellen", hörte ich die Stimme eines engen Freundes am Telefon.

„Oh nein", dachte ich. „Noch so ein Versuch, mich mit jemandem zu verkuppeln, bevor ich ins Kloster gehe!" „Vergiss es, meine Entscheidung steht fest. Nächsten April trete ich ein."

„Dann tu es einfach mir zuliebe. Bitte, komm vorbei und triff dich mit ihm. Tu es für mich."

Ich konnte ihm seine Bitte nicht abschlagen und schon war ich auf dem Weg zu ihm. Als ich seinen sehr netten Freund traf, einen Filmproduzenten, beobachtete ich, wie mein Freund mein Gesicht in der Hoffnung fixierte, einen Funken Begeisterung zu entdecken. Ich lächelte und träumte vom Kloster.

Es sollte nicht der letzte Fall dieser Art sein. „Patricia, ich möchte, dass du jemanden kennenlernst", frohlockte Joey. Wir waren in der Frankfurter Jahrhunderthalle. Er zerrte mich rüber zum Catering, wo, umschwärmt von einer Traube Menschen, ein junger, gut aussehender Mann saß; groß, stark, sportlich. Typ *California Dream Man*.

„Hi", begrüßte er mich und stand auf, um mir die Hand zu reichen.

„Hi", erwiderte ich nervös und wurde zugegebenermaßen rot.

Er starrte mich an, als hätte er gerade eine Erscheinung gehabt. „Würdest du dich gern zu uns setzen und einen Drink mit uns nehmen?", fragte er mich, während uns alle anderen aufmerksam beobachteten.

Ich bekam mich wieder in den Griff, erwiderte: „Ach nein, danke, aber ich muss mich wirklich für die Show fertig machen", und verließ den Raum.

Doch Joey ließ nicht locker. Nach der Show startete er den nächsten Versuch: „Patricia, komm, wir gehen mit meinem Freund etwas trinken. Er hat nach dir gefragt. Er sagte, als du vorhin den Raum betreten hast, sei das gewesen, als wäre die Sonne aufgegangen und hätte alles erleuchtet."

„Klar", sagte ich, und verdrehte innerlich die Augen, „aber ich werde nicht gehen, Joey."

„Aber weißt du, dass er einer der weltbesten Spitzenathleten ist und obendrein sehr nett? Außerdem hat er gerade keine Freundin."

„Weiß ich alles. Aber ich will nirgendwo hingehen, und ich werde nirgendwo hingehen. Ich bleibe hier." Und das tat ich auch.

Ein paar Tage später drückte mir Joey ein Hochglanzsportmagazin in die Hand. Auf dem Cover: mein *California Dream Man*. „Nicht schon wieder", dachte ich und schob das Heft zur Seite.

Das sollten nicht die einzigen Kuppelattacken bleiben. Zur selben Zeit erhielt ich vom Lieblingskandidaten meines Vaters – Typ nett und gut gestellt – einen Heiratsantrag. Ein Millionär erzählte mir, wie glücklich er mich machen würde, wenn ich ihn heirate. Ein prominenter Kollege wollte einfach nicht lockerlassen. Und so weiter. Es war zum Haareraufen. Warum tauchten die alle auf einmal auf, jetzt, da ich mich entschlossen hatte, den Karmeliterinnen beizutreten? Ich war höchst amüsiert von der Situation, denn mein Herz war ja bereits vergeben. An Gott.

Dann kam Silvester. Zusammen mit zwei meiner Geschwister hatte ich gerade einen Duathlon in Nürnberg begleitet. Als ich völlig erschöpft am frühen Abend in meinem kleinen Apartment ankam, gab es für mich nur einen Plan: ausruhen und bald ins Bett. „Keine Silvesterparty", dachte ich mir. „Heute bin ich dafür zu müde." Doch ich hatte die Rechnung ohne mein Telefon gemacht: *Ring! Ring!* – Kathy.

„Patricia, komm sofort rüber! Du musst hier jemanden kennenlernen."

„Oh nein", schoss es mir durch den Kopf, „nicht schon wieder!" „Kathy, ich bin echt müde. Mir ist heute nicht nach Feiern und außerdem bin ich bereits im Schlafanzug."

„Du kommst jetzt sofort hierher!" Kathy schrie es nahezu. „Hier ist ein russischer Prinz für dich", orakelte sie aufgeregt.

Ein was? Ein russischer Prinz? „Oh Mann", dachte ich so bei mir, „die müssen inzwischen ganz schön verzweifelt sein." „Nein", sagte ich, „nein, lass mich in Ruhe", und legte auf.

Eine Dreiviertelstunde später: *Ring! Ring!* Diesmal war es die Türklingel. Ich lebte zum damaligen Zeitpunkt in einem einfachen Ein-Zimmer-Apartment etwa 45 Minuten von Schloss Gymnich entfernt, von wo aus Kathy mich eben angerufen hatte. An der Tür stand eine Freundin.

„Sarah, was machst du denn hier?", fragte ich sie, als ich aufmachte.

„Kathy hat mich geschickt", erklärte sie, „und mir gesagt, wenn ich ohne dich zurückkomme, gibt es Ärger."

„Kann doch nicht wahr sein", dachte ich angesichts dieser Erpressung, beschloss aber, eine Dusche zu nehmen und mich für die Silvesterparty auf Schloss Gymnich schick zu machen. Ich würde es für meine Familie tun, dachte ich. „Verbringe ich eben ein bisschen Zeit mit ihnen, schließlich trete ich in ein paar Monaten für immer ins Kloster ein."

Als ich den braunen Salon des Schlosses betrat, sah ich einen langen Tisch, eingedeckt für meine Familie, Freunde und ein paar Gäste, die links und rechts an der festlich dekorierten Tafel Platz genommen hatten. An deren Spitze saß mein Vater wie ein Patriarch. Er war der Erste, zu dem ich ging. Ich gab ihm einen Kuss. „Er wird älter", schoss es mir durch den Kopf. Dann begrüßte ich meine Geschwister und guten Freunde.

Schließlich kam ich zu den neuen Gästen, die mir völlig unbekannt waren. Eine elegante Dame um die 50 und ein junger, gut aussehender Mann Mitte 20. Auf den ersten Blick schien er mir arrogant, doch immerhin war er der Einzige, der aufstand, als ich an seinen Platz herantrat.

Ich gab ihm die Hand und sagte: „Hallo, mein Name ist Patricia."

„Ist das ein irischer Name?"

„Was für eine dumme Frage", dachte ich bei mir, antwortete aber korrekterweise: „Ja, das ist er." Und weil ich keinerlei Interesse hatte, das Gespräch fortzuführen, widmete ich mich direkt der Begrüßung seiner Mutter, die neben ihm saß und sich als Natascha vorstellte.

„Hast du diesen russischen Prinzen gesehen?"

Kathy und Maite schienen ganz aus dem Häuschen zu sein. Sie waren mir in die Küche gefolgt. Dabei wollte ich eigentlich nur schnell weg von allen, die mich beobachteten, um zu sehen, ob ich Interesse an diesem neuen jungen Mann hätte.

„Oh bitte, hört auf", sagte ich energisch. „Ihr macht mich irre! Er ist so ein arroganter Idiot! Sieht aus wie ein Baby. Viel zu jung, und davon abgesehen werde ich sowieso nicht heiraten! Muss ich mich denn permanent wiederholen? Er ist ein Muttersöhnchen! Und jetzt verschwindet aus der Küche!"

Nach dem Abendessen spazierten wir alle ein bisschen durch den Park von Schloss Gymnich. „Frische Luft", sagte mein Vater, „um die Zeit zu vertreiben." Denn bis Mitternacht war noch eine Weile. Als wir so vor uns hin spazierten und uns unterhielten, sprang plötzlich eine meiner Schwestern aus den Büschen und erschreckte uns mit einem lauten „Waaa!" Der junge Russe nahm automatisch eine Karate-Haltung ein und stürzte sich auf sie.

„Ich bin's nur!", sagte sie entsetzt. „Das war doch nur ein Scherz."

„Interessant", dachte ich mir, „offenbar kann er Karate."

„Kommt zusammen", rief Vater später, denn alle hatten sich in unterschiedliche Räume verteilt. „Lasst uns etwas singen. Kathy, hol das Akkordeon."

Wenig später saßen wir allesamt vor dem offenen Kamin im Blauen Salon, dem schönsten Raum im ganzen Schloss. Seine Wände und Decke waren verziert mit handgemalten Porträts von Adligen aus früheren Jahrhunderten, die einmal in diesen Räumen gelebt hatten. Die Stimmung war entspannt und alle betrachteten das knisternde Feuer, während Kathy auf dem Akkordeon spielte und wir ein paar Lieder sangen.

Völlig unerwartet hörte ich hinter mir plötzlich eine Stimme, die mich fragte: „Möchten Sie gern tanzen?"

Sitzend drehte ich mich um und blickte in das Gesicht des jungen Russen. „Oh, bitte nicht", dachte ich, während einige meiner Geschwister ihr Lachen nicht unterdrücken konnten. Sie kicherten unaufhörlich. Mir war klar, dass ich nicht ablehnen konnte, denn damit würde ich ihn vor allen anderen bloßstellen. Also stand ich auf und nahm sein Angebot an. Aus dem Augenwinkel sah ich meinen überraschten Vater, der versuchte, sich einen Reim auf die Situation zu machen.

Keiner tanzte außer uns. Der völlig Fremde legte seinen Arm eng um meine Hüfte, zog mich an sich und fragte: „Wissen Sie, wie man Cha-cha-cha tanzt?" Und schon bewegte er seine Hüften im Rhythmus – Cha-cha-cha, Cha-cha-cha.

Ich hörte lautstarke Fröhlichkeit. Einige meiner Geschwister hielten sich die Bäuche und kugelten sich auf dem Boden vor Lachen. Mein Vater war rot wie eine Peperoni. Ich konnte praktisch seine Gedanken lesen. Etwas im Sinne von: „Was denkt dieser junge Spund denn, wer er ist? Da wird er zufällig eingeladen, packt sich meine Tochter, tanzt mit ihr vor meinen Augen Cha-cha-cha und fragt mich nicht mal um meine Erlaubnis?"

Und während der junge Russe mich immer noch eng an sich gedrückt hielt, dachte ich so bei mir: „Irgendwie hat er ja Mut, mich vor der ganzen Gesellschaft zum Tanzen aufzufordern. Das muss man ihm lassen." Ihn als Muttersöhnchen zu bezeichnen, war jedenfalls definitiv ein Irrtum gewesen.

Ein paar Wochen später:

„Liebe Grüße von Denis", richtete mir eine gute Freundin meines Vaters aus.

„Denis? Wer ist Denis?" Ich kannte keinen Denis.

„Na, der junge Russe von Silvester." Kathy, die das Gespräch verfolgte, merkte auf.

„Er will mit dir ausgehen. Kann er dich anrufen?"

„Bitte, ich gehe mit niemandem mehr aus. Ich trete in wenigen Wochen den Karmeliterinnen bei."

„Ruf ihn an", insistierte Kathy. „Du gehst mit ihm aus."

„Nein, tu ich nicht!"

„Bitte, nur einmal. Nur ein Date. Bitte, Patricia."

Ich ließ mich breitschlagen und schon klingelte mein Handy: „Hallo, ich bin Denis", klang es mit russischem Akzent von der anderen Seite der Leitung. „Ich soll Sie wegen eines Dates anrufen. Wo sollen wir uns treffen? Würden Sie mich gern in meinem Apartment besuchen?"

„Was bitte?", brach es lautstark aus mir hervor.

„Na ja", antwortete er unbeeindruckt, „ich dachte, ich könnte Ihnen zeigen, wie man den Cha-cha-cha tanzt. Ich erinnere mich daran, dass Sie an Silvester gesagt hatten, Sie würden es gerne richtig lernen. Welcher Ort könnte dazu besser geeignet sein als mein Apartment? Es ist klein, aber gemütlich."

Schweigen in der Leitung. Mir fehlten die Worte.

„Hallo?", sagte Denis. „Jemand zu Hause?"

Dann fand ich meine Stimme wieder und fauchte eiskalt zurück: „Wenn Sie ernsthaft glauben, ich würde Sie in Ihrem Apartment besuchen, dann haben Sie eindeutig Ihren Verstand verloren. Ich bin eine wohlerzogene irische Frau und ich besuche fremde Männer nicht in ihren Apartments!" Ich war vermutlich längst knallrot angelaufen und kochte. Eigentlich wollte ich einfach auflegen, doch aus reiner Höflichkeit hielt ich das Telefon weiter an mein rechtes Ohr. Erneut herrschte Stille in der Leitung.

„Oh, ich glaube, Sie haben mich missverstanden", sagte Denis kleinlaut, „bitte verzeihen Sie mir, es ist nur so, dass ich, also, ich … also" – Pause. Er kam nicht weiter.

Ich sagte nichts und hielt mir nur den Gedanken vor Augen, dass ich meiner Schwester ein Date versprochen hatte, nur ein einziges blödes Date.

„Ich … also, wie kann ich Sie einladen?"

Denis war jetzt vollkommen verlegen und fand weder die richtigen Worte noch wusste er genau, was er eigentlich falsch gemacht hatte. Was mir damals nicht klar war: In Russland ist es völlig normal, jemanden zu sich nach Hause einzuladen, denn Geld für Dates in Restaurants haben dort nur die Superreichen. Wir hatten es also mit einem echten *Clash of Cultures* zu tun. Denis kam jedenfalls nicht weiter und wurde nur noch verwirrter.

Damit ich die Sache endlich hinter mich bringen konnte, sagte ich zu ihm: „Wissen Sie was? Laden Sie mich zu einer Tasse Tee ein, nur einer einzigen Tasse Tee in einem Café."

„Okay", antwortete er umgehend mit erleichterter Stimme. „Ich rufe Sie an, sobald ich einen Treffpunkt gefunden habe."

„Also nein, Patricia, diesen langen Rock ziehst du aber nicht an", ermahnte mich Maite empört. „So siehst du ja aus wie eine Nonne."

Wir waren jetzt wieder auf Schloss Gymnich. Meine gesamte Garderobe war über Bett, Boden und Stühle verteilt, während meine Schwester immer noch rastlos nach etwas Passendem für mich suchte.

„Ich hab's gefunden! Das ist die richtige Kombination", sagte sie hocherfreut. „Nicht zu sexy, aber auch nicht zu hochge-schlossen. Das ist es. Das ist, was du anziehen wirst."

Kathy kam rein. „Hast du ihn angerufen, um euer Date zu be-stätigen?"

„Ja, habe ich."

Ich ließ es über mich ergehen, zwei gegen einen, das war ein-fach nicht fair. Ich hatte das Handtuch geworfen und hoffte nur, dass dieser Tag bald vorbei sein würde.

„Patricia, er hat dich zum Abendessen eingeladen. Du darfst dich nicht verspäten", ermahnte mich Kathy.

Mein Handy klingelte. „Hallo?"

Am anderen Ende war der Sportler, Joeys Freund. Er rief aus Kalifornien an. Bald sei er wieder zurück und wolle mich schon vorab nach einem Date fragen. „Oh, das tut mir leid", sagte ich, „aber ich glaube, das ist nicht möglich."

Die Sache lief jetzt wirklich aus dem Ruder. Meine Schwes-ter hielt mir das Kleid unter die Nase, das ich zu meinem ersten Date mit dem russischen Prinzen Denis anziehen sollte. Ich leis-tete keinen Widerstand.

Vroom. Ein Porsche hielt bei den Taxis am Kölner Neumarkt. Joey schwang sich aus dem Fahrersitz von Vaters Gebrauchtwagen. Ich stieg ebenfalls aus. Mein Bruder musterte Denis, der da in der Kälte wartete. Er gab ihm nicht einmal die Hand, sondern ließ ihn nur mit eiskaltem Blick wissen: „Ich hole sie hier in exakt zwei Stunden wieder ab. Komm nicht zu spät." Er ließ mich zurück und brauste davon. *Vrooom.*

Im Restaurant betrachtete ich Denis über den Rand meiner Speisekarte hinweg, während er sein Menü auswählte. Es war das erste Mal, dass ich ihn in Ruhe ansehen konnte. Er war gebildet, höflich, nett und lustig. Das arrogante Bild, das ich von ihm gehabt hatte, zerbröckelte langsam. „Da ist irgendetwas Besonderes an diesem jungen Mann", dachte ich so bei mir. Sofort riss ich mich wieder zusammen und sagte mir: „Auf geht's, bringen wir diese Sache schnell hinter uns." Doch dann sprach er über seine Heimat, sein Studium, seine Welt, und ich fand ihn ganz furchtbar intelligent. Und was für eine positive Einstellung er immer hatte!

Als wir unser erstes gemeinsames Essen schließlich hinter uns gebracht hatten, war ich schon schwach geworden. Ich verstand nicht, was da in mir vorging, versuchte es sogar zu ignorieren, und doch genoss ich seine Gegenwart. Irgendwas an ihm ließ mich dahinschmelzen. Ich fühlte mich bei ihm einfach wohl.

Dann holte er einige Bilder von sich und seiner Familie in Russland hervor. Die Fotos zeigten ihn mit seinen Großeltern vor einem alten Bauernhof, bei der Feldarbeit mit seinem Vater, bei der Kartoffelernte, beim Holzhacken... und ich muss zugeben, er sah richtig gut aus. Dann Bilder von ihm an der Uni in Moskau, wo er Wirtschaftswissenschaften studierte. Ich war wirklich fasziniert von diesem jungen Mann, der anscheinend überhaupt keine Hemmungen gegenüber mir oder meinem Bekanntheitsgrad oder gar meiner verrückten irischen Familie hatte. So wie im Märchen, wo der Prinz fest daran glaubt, alle Widrigkeiten und Gefahren überwinden zu können und am Ende auch tatsächlich den Sieg davonträgt. Genauso war Denis: jung und voller Selbstvertrauen.

Ein paar Tage später saß ich im Flugzeug Richtung Irland zu unserem wunderschönen Zuhause *East Groove* direkt an der Küste. Als das Flugzeug deutschen Boden verließ, spürte ich etwas Seltsames in meinem Bauch. Eine freundliche Stewardess brachte mir Lunch, aber ich bekam nichts runter. Bemerkenswert.

Als ich über die Wolken flog und darüber nachdachte, was ich mir eingefangen haben könnte, verspürte ich zum ersten Mal Schmetterlinge im Bauch, die Denis galten. Ich versuchte, sie beiseitezuschieben. „Nein", sagte ich zu mir selbst, „ich werde mich nicht verlieben." Doch die Schmetterlinge gingen nicht mehr weg. Schlimmer noch: Von jetzt an wurden es tagtäglich mehr.

Ein Kuss und kein Zurück

S eine Lippen berührten die meinen und er küsste mich. Tausend Lichter gingen an.

Zoom-zoom! Rattatatatatata! Zoooom! Feuerwerkskörper überall! *Zoom-zoom! Zisch! Krach! Booom-Bäng!* – So würde es wohl in einem Comic aussehen. Aber, tja, ich meine, wie sollte ich es anders beschreiben? Ich war zwar früher schon geküsst worden, aber noch nie war es so gewesen wie jetzt. In Denis' Armen schmolz ich dahin wie eine Wachskerze im Kaminfeuer. Und das mit nur einem einzigen Kuss!

Ich reiste durch Raum und Zeit, hüpfte von einem Stern zum anderen und sauste durch den Orbit. Als ich wieder auf der Erde gelandet war, öffnete ich die Augen und sah ihn an, meinen russischen Prinzen. Von diesem Moment an gab es kein Zurück mehr. Mächte jenseits meines Verstandes hatten ihre Arbeit getan und nahmen nun Besitz von jeder einzelnen Zelle meines Körpers. Der erste Kuss zwischen Denis und mir war auch zugleich der Anfang vom Ende meines Karmeliterinnenprojekts.

Kurz darauf lag ich selig an seine Schultern gelehnt und genoss seine Nähe. Aus dem Fenster des Wagens konnte ich den Vollmond sehen, wie er den sternenklaren Nachthimmel über der Autobahn zwischen Frankfurt und Köln erhellte. Es war der 6. März 1999 und mein Schicksal war besiegelt.

Früher am selben Tag: Denis hatte mich zu einem Konzert eines bekannten Liedermachers und Schauspielers aus Moskau eingeladen, mit dem er befreundet war. Gegen 16 Uhr hatten wir uns auf dem Parkplatz von Schloss Gymnich verabredet, um gemeinsam nach Frankfurt zu fahren. Anette und Eberhard, beides gute Freunde von Denis und seiner Familie, waren ebenfalls eingeladen und fuhren mit uns. Unser Wagen: ein Mini Austin Kombi ohne Rücksitze!

„Die jungen Leute bitte nach hinten", ordnete Anette an und dirigierte Eberhard auf den Fahrersitz.

Widerspruch war zwecklos, also kletterte ich in den Wagen und fand mich liegend neben Denis wieder. Daran würde sich auch die nächsten zwei Stunden auf dem Weg nach Frankfurt nichts mehr ändern. Zugegebenermaßen eine sehr romantische Konstellation. Ich weiß, wie ein gutes Vorbild muss ich jetzt gerade nicht erscheinen, denn von Sicherheitsgurten konnte da hinten keine Rede sein. Ich hoffe nur, unter meinen Lesern ist kein Verkehrspolizist.

„Patricia, versteck dich, leg dir eine Decke über oder so", warnte mich Anette, als wir das Gelände verließen. „Wir fahren gleich durch das Eingangstor und da warten jede Menge Fans."

Als die Security das elektronische Eisentor öffnete, verdeckte mich Denis mit seiner Jacke und beim Vorbeifahren hörte ich das unvermeidliche „Aaaah! Kellys! Kelllllyyyyyys! Aaaaah!" Wir ließen das Schloss hinter uns und fädelten uns in den allgemeinen Verkehr ein.

Nach einer kurzen Weile waren Denis und ich bereits in ein lebhaftes Gespräch verstrickt. „Echt? Du fastest auch?", fragte ich ihn überrascht. „Aus welchem Grund?"

„Aus religiösen und spirituellen Gründen", antwortete er mir und verblüffte mich damit umso mehr. Dann erzählte er mir von seinem Glauben. Er sei russisch-orthodox und nehme jedes Jahr an der 40-tägigen christlichen Fastenzeit teil. Währenddessen seien kein Fleisch, keine Milchprodukte und keine Süßigkeiten erlaubt.

Ich war beeindruckt von seinem starken Willen, dieser Tradition mit voller Überzeugung zu folgen. Was für ein Mann! „Freust du dich dann auf den Tag, wo du wieder Fleisch essen kannst?", fragte ich ihn.

„Oh, und wie!", gab er mir lachend zurück.

„Am schwersten fällt mir immer der Verzicht auf Schokolade, denn die esse ich am liebsten", ließ ich ihn wissen.

Die zwei Stunden auf der Autobahn vergingen wie im Flug. Denis gab alles, um mich zu beeindrucken. Er erzählte mir von seinem Volleyballteam in Moskau, dessen Kapitän er war. Berichtete mir von der Siegermedaille, die er an seiner Schule im Krafttraining gewonnen hatte, und seinem Studium der Geografie und Wirtschaftswissenschaft. Doch was mich wirklich berührte, war sein Weg zum Glauben und wie er als Erwachsener zusammen mit zwei kleinen Babys getauft worden war. Ursprünglich war er als Atheist aufgewachsen, hatte dann aber mit 12 Jahren eine einschneidende Erfahrung gemacht, die alles ändern sollte. Er begann, sich mit der Bibel und religiösen Schriften vertraut zu machen und hatte sogar zeitweise den Plan, Mönch zu werden.

Ich war tief bewegt. Über mehrere Wochen hinweg waren wir jetzt miteinander ausgegangen, doch das war eine neue Seite an ihm. Wir hatten viel miteinander unternommen, waren ins Kino gegangen und den Rhein entlangspaziert, hatten in der Altstadt zusammen Tee getrunken und anderes mehr.

Einmal hatte ich ihn sogar zu meinem morgendlichen Training ins Schwimmbad eingeladen. Vermutlich sah Denis darin die einmalige Gelegenheit, mir endlich zu zeigen, was er sportlich so alles drauf hatte. Doch zum damaligen Zeitpunkt absolvierte ich bereits drei- bis viermal die Woche 50-minütige Übungseinheiten im Kraulen und war ziemlich fit.

Als ich das Schwimmbad betrat und mit Sportbadeanzug, Plastikkappe und Taucherbrille einem Außerirdischen wahrscheinlich ähnlicher sah als mir selbst, kam Denis gut gelaunt zu mir herüber und strahlte selbstbewusste Siegessicherheit aus. „Tja, Junge, mal sehen, wer hier auf der Strecke bleibt", dachte ich amüsiert und begann in aller Ruhe meine Kraulsession. Demonstrativ überholte mich Denis auf der parallelen Bahn und lächelte zu mir herüber. Gedanklich hatte er schon gewonnen. Dann allerdings zog ich das Tempo an und ging in meine normale Trainingsgeschwindigkeit über. Ein paar Bahnen lang konnte er mithalten, doch schon nach wenigen Minuten musste er sich geschlagen geben und mir vom Beckenrand aus zusehen. 50 Minuten lang kraulte ich von einer Seite zur anderen, dann kletterte ich aus dem Becken und baute mich vor ihm auf.

„Okay, ich bin geschlagen. Du hast mich fertiggemacht", gab er kleinlaut zu.

Ich schenkte ihm ein Lächeln, sagte kein Wort und verschwand in der Umkleidekabine. *Girl Power*, meine Herren, *Girl Power*.

Weniger *Girl Power* bewies ich dann später am Abend des Konzertes, als wir Denis' Freund backstage besuchten, um seinen Erfolg zu feiern und mit Wodka anzustoßen.

„Du musst etwas trinken", erklärte mir Anette. „Wenn du nichts trinkst, beleidigst du sie. So ist das in Russland nun mal."

„Aber", versuchte ich zu protestieren. Doch ich war ihr gegenüber chancenlos.

„Jetzt kipp es einfach mit einem Mal runter. Sieh mal, so", sagte sie ermutigend, hob ein Glas Wodka, setzte es sich an den halb geöffneten Mund, ließ den Kopf in den Nacken fallen und stürzte den hochprozentigen Alkohol einfach ihre Kehle hinab. Dann zwinkerte sie vielsagend und drehte sich zu Denis und seinem Freund um. Sie unterhielten sich auf Russisch und ich verstand kein Wort.

Wodka, purer Wodka. Ich starrte das durchsichtige kleine Schnapsglas mit seinem farblosen Inhalt an. „Oh je", dachte ich. „So was habe ich noch nie getrunken."

Die Ausgangslage erwies sich als denkbar ungünstig. Ich war praktisch keinerlei Alkohol gewöhnt und hatte zudem gerade wieder meinen gewohnten Fastentag eingelegt. Doch was blieb mir übrig? Ich kniff die Augen zusammen und – *glucks* – runter damit! Es brannte im Rachen und fühlte sich an, als ob eine lodernde Fackel meine Speiseröhre hinabstürzen würde.

„Wow", entfuhr es mir spontan, „das ist scharf!"

Bei den anderen brach allgemeine Heiterkeit aus, als sie sahen, wie mein Gesicht zur Tomate wurde. Ich versuchte zu begreifen, was mit mir vorging, doch bevor ich reagieren konnte, machten meine Arme und Beine bereits was sie wollten. Ein seltsamer Zustand. Mein Verstand war völlig klar, doch über meinen Körper hatte ich keinerlei Kontrolle.

„Ich ... ich ... glaube, mir geht's gar nicht gut", stammelte ich.

Sie gaben mir etwas zu essen in der Hoffnung, das würde mir vielleicht helfen. Doch dadurch wurde es nur noch schlimmer.

Schließlich sagte Anette: „Wir sollten besser fahren und sie nach Hause bringen."

Weil ich unmöglich in der Lage war zu gehen, hob Denis mich ohne weiter zu fragen einfach hoch und trug mich zum Auto: Ich Tarzan, du Jane. Und obwohl ich nicht so ganz bei der Sache war, fühlte es sich durchaus romantisch an. Kurz darauf waren wir auf der Autobahn. Langsam kam ich wieder zu mir. Denis' Arme dienten mir als Kissen, in die ich mich kuscheln konnte. Vor mir drehte sich alles und ich stand völlig neben mir. Doch das war erst der Anfang, denn dann kam der Kuss! Mamma mia!

Nächster Morgen.

„Hallo?", antwortete Denis am anderen Ende der Leitung.

Ich wartete nicht lange, sondern feuerte direkt mit voller Lautstärke in mein Handy: „Denkst du allen Ernstes, dass du einfach mit mir tun kannst, was du willst? Wie konntest du es wagen, mich zu küssen, als ich halb betrunken war?" Ich stampfte im Innenhof von Schloss Gymnich in ungebremster Wut hektisch hin und her. „Du solltest dich schämen! Eine Frau zu küssen, wenn es ihr schlecht geht!"

Denis versuchte etwas zu sagen: „Beruhige dich, Patricia", aber ich ließ ihn gar nicht erst zu Wort kommen.

„Sag mir nicht, was ich zu tun habe!", keifte ich ihn an. „Ich bin eine gut erzogene irische Frau. Und ich küsse nicht einfach den nächstbesten Mann!"

„Wow, wow, warte mal einen Moment", sagte Denis. „Du warst es doch, die mich mit ihren Augen zu einem Kuss eingeladen hat."

„WAAAS?" Meine Stimme überschlug sich fast. Mittlerweile schrie ich so laut, dass wahrscheinlich selbst die Fische im Schlossteich Angst bekamen und sicherheitshalber zum anderen Ufer schwammen. „Wie kannst du es nur wagen! Ruf mich bloß nicht mehr an!"

Damit war das Gespräch beendet.

In der Woche darauf geschah dann Folgendes: Mein Vater hatte zu einer Party eingeladen. Wahrscheinlich als erneuten Versuch, mich zu verkuppeln, denn mein Karmeliterinnenprojekt jagte ihm mächtig Angst ein. Natürlich war auch Denis wieder da. Als ich ihn entdeckte, verließ ich die Feiergesellschaft und flüchtete in die gut ausgestattete Schlossküche.

Er kam hinterher. „Patricia, bitte, lass uns drüber reden. Ich will-", doch er kam nicht weit.

Denn während er noch sprach, warf ich bereits meine Arme um seinen Hals und küsste ihn. Dort inmitten all der Kochtöpfe und Pfannen, in der unromantischsten Umgebung der Welt, küsste ich ihn. Ich hatte ihn wie verrückt vermisst und war ihm gegenüber jetzt völlig machtlos.

„Was für ein netter Schock", sagte er nach dem ersten Ansturm.

Das Gegenteil von dem, was er erwartet hatte, besiegelte unsere Gefühle füreinander. Jetzt gab es kein Zurück mehr.

Eine Weile danach, als meine Geschwister und ich mit unserem Nightliner spät in der Nacht von einer Tour zurückkamen, konnte ich es nicht länger aushalten. Ich hatte versucht, die Tatsache zu verdrängen, dass meine Gefühle für Denis außer Kontrolle geraten waren, doch ich war nicht in der Lage, an irgendetwas anderes zu denken als an ihn. Um 3 Uhr morgens griff ich nach meinem Handy und rief ihn an.

Es klingelte eine ganze Weile, bis Denis in seinem Kölner Ein-Zimmer-Apartment endlich ans Telefon ging. „Hallo?", hörte ich seine völlig verschlafene Stimme.

„Denis, ich bin's. Ich muss dir etwas sagen!", rief ich ihm aufgeregt entgegen.

„Patricia? Was denn? Es ist doch mitten in der Nacht."

„Ich liebe dich! Jetzt weiß ich es mit Sicherheit. Ich habe versucht, es zur Seite zu schieben, aber es geht nicht mehr. Du hast mein Herz erobert. Ich liebe dich!"

Stille am anderen Ende der Leitung.

„Denis? Bist du noch dran?"

Dann begann er zu lachen: „Hahahahaha!", und sagte: „Das ist ja nett. Schön. Ich bin glücklich, das zu hören."

So einfach war das.

Drei Wochen später: Mit seiner künstlichen Leopardenfellmütze schlenderte mein Vater vor dem Schloss auf und ab. Denis hatte einen Termin mit ihm gemacht. Vom Fenster aus konnte ich ihn den langen Weg vom Eingangstor her kommen sehen. Ein Auto besaß er nicht, also war er mit dem Bus gekommen. Er trug einen furchtbar altmodischen russischen Anzug – seinen einzigen, wie er mir später verriet, doch in dem Moment gefiel mir das. „Sieht ganz schick aus", dachte ich so bei mir. „Hmm, mein Mann."

Ich sah, wie er meinen Vater, der deutlich kleiner war als er, mit Handschlag begrüßte. Dann verschwanden sie zusammen im Schloss. Ich wartete. Und wartete. Und wartete. Insgesamt wartete ich geschlagene 10 Stunden. So lange dauerte ihr Gespräch, in dessen Verlauf sie argumentierten, diskutierten, sich gegenseitig anschrien, sich wieder versöhnten, sich in den Arm nahmen, dann erneut miteinander kämpften und so weiter. Zwischendurch kamen sie immer wieder heraus, um einen Spaziergang zu machen. Ich konnte beobachten, wie Vater ihn anbrüllte, doch Denis blieb ruhig und behielt die Nerven.

„Sie wollen ihre Hand?", hörte ich meinen Vater aufbrausen. „Sind Sie wahnsinnig? Sie kennen sie erst seit drei Monaten! Haben Sie überhaupt einen Job? Wie wollen Sie denn bitteschön für meine Tochter sorgen?"

Weiter und weiter gingen die Kontroversen. Ich blieb in meinem Zimmer. Rauszugehen traute ich mich nicht. Zu gefährlich. Als es draußen dunkel wurde, spürte ich, wie der Ärger über meinen Vater erneut hochkochte. Ich beschloss, meine Koffer zu packen und zu einer meiner Freundinnen zu ziehen. Plötzlich öffnete sich die Tür. Denis.

„Wohin gehst du?", fragte er mich beim Anblick des Gepäcks erstaunt.

„Ich verschwinde. Das hier halte ich nicht länger aus."

„Ach was, sorg dich nicht, mein Schatz", sagte er beruhigend, nahm mich in die Arme und küsste mich. „Dein Vater macht mir keine Angst. Ich habe ihn durchschaut. Er bellt laut, aber er beißt nicht."

„Nein, ich muss hier weg. Ich gehe", bekräftigte ich meine Entscheidung.

„Tja, warum kommst du dann nicht mit mir in mein Apartment?"

Die Idee verblüffte mich, aber bevor ich weiter darüber nachdenken konnte, formten meine Lippen bereits die richtigen Worte: „Gut, ich komme mit dir."

Noch einmal zog Denis los, um mit meinem Vater zu sprechen. „Herr Kelly, ich nehme Ihre Tochter mit mir", sagte er zu ihm.

„Was?", war die entsetzte Reaktion.

„Sie haben es gehört, Herr Kelly, ich nehme Ihre Tochter mit mir. Und zwar jetzt."

„Oh, ein Held! Ein Held!", spottete mein Vater laut. Und als er erneut anfangen wollte zu debattieren, sagte Denis einfach nur zum dritten und letzten Mal: „Ich nehme Ihre Tochter mit mir, Herr Kelly. Gute Nacht."

Weg war er und ignorierte die Schimpftirade einfach, die hinter ihm losbrach.

Maite, die währenddessen dabei gewesen war, erzählte mir später, dass mein Vater in dem Moment, da Denis den Raum verlassen hatte, aufgestanden und zum großen Fenster mit den samtenen Vorhängen hinübergegangen war. Hinter ihnen versteckt konnte er Denis dabei beobachten, wie er zuerst meine Koffer hinaustrug und in den Transporter der Security packte, der zwischenzeitlich im Hof vorgefahren war, mich dann herausgeleitete, mit mir in den Wagen stieg und von dannen fuhr.

Das war der Moment, in dem mein Vater sich vom Fenster abwandte, sich mit einem breiten Lächeln umdrehte und mit großer Zufriedenheit sagte: „Sehr gut. – Maite, hol mir bitte einen Kaffee."

Und so tauschte die katholische Patricia nur drei Monate, nachdem sie ihren russischen Prinzen kennengelernt hatte, das prunkvolle Schloss Gymnich gegen ein winziges Studentenapartment im Souterrain. Liebe lag in der Luft… *and they lived happily ever after.*

Ja, ich will

enn ihr eure Hochzeit bei uns im Schloss feiert", versprach mein Vater, „dann schmeiße ich euch eine Riesenparty, wie sie noch keiner gesehen hat!"

Oh je, das gefiel mir gar nicht und schon der Gedanke machte mir Angst. Von anderer Seite hieß es sogar: „Wenn ihr wollt, gibt euch die Kirche die Erlaubnis, im Kölner Dom zu heiraten."

Und damit nicht genug. Die Medien scharrten mit den Hufen: „Wir könnten eure Hochzeit im öffentlich-rechtlichen Fernsehen übertragen! Wie wäre das?"

„Au weia, das läuft ganz schön aus dem Ruder", dachte ich und begann zu verzweifeln. Das war mir alles zu viel. Ich wollte, dass im Zentrum unserer Hochzeit nichts anderes stand als die Liebe zwischen Denis und mir und das Sakrament der Ehe. Kein Schloss, keine Fotografen, keine Öffentlichkeit und ganz bestimmt kein Fernsehen. Protz und Glamour hatte ich in meinem Leben mehr als genug gehabt. Gott sollte unsere Hochzeit segnen, denn unsere Liebe war etwas Reines, etwas Unverfälschtes, und so gab es für mich auch keinen Zweifel, dass ich nur ein einziges Mal heiraten würde. Unsere Liebe sollte nie zu Ende gehen.

Ich musste mich dem Trubel entziehen und flüchtete in ein kleines Dorf in Frankreich. Hier konnte ich zur Ruhe kommen. In der Nähe entdeckte ich eine einfache Kirche aus dem 10. Jahrhundert, gebaut aus Stein, ohne Heizung und mit Platz für etwa

80 Personen, nur wenige Kilometer von jenem schönen Kloster entfernt, in dem mein geistlicher Vater mit den anderen Mönchen lebte und betete. Mir war sofort klar: Das ist unsere Hochzeitskirche! Hier würden wir so heiraten können, wie wir es uns vorstellten.

Der richtige Ort war gefunden, doch die Vorbereitungen gestalteten sich schwieriger als erwartet. Das Kleid wurde zum echten Problem. Ich zog von einem Brautmodenladen zum nächsten. Die Verkäuferinnen zeigten mir ihre teuersten Kleider, doch ich schüttelte bei allen nur kompromisslos den Kopf. Nach einer Weile wurde ich nervös, denn unser Trauungstermin rückte merklich näher und ich hatte immer noch kein Kleid. Dabei wusste ich genau, was ich wollte. Feminin sollte es sein und gefertigt aus edlem Stoff, elegant, aber nicht zu aufwendig. Und keinesfalls glamourös! Kein Cinderella-Kleid eben.

Eines Tages war ich dann in Köln unterwegs. Ich hatte eine Verabredung und war viel zu spät. Sehr in Eile kam ich zufällig an einem kleinen Hochzeitsladen vorbei, und obwohl die Zeit drängte, blieb ich neugierig am Schaufenster stehen und staunte. „Die haben wirklich hübsche Kleider hier", ging es mir durch den Kopf. „Ich glaube, die schaue ich mir einmal genauer an."

Aller Eile zum Trotz betrat ich also den Laden und begutachtete ein Kleid nach dem anderen. Als ich bereits eine ganze Reihe durchgesehen hatte, hielt ich plötzlich inne. „Das ist es!", hörte ich mich selber laut ausrufen. Die Inhaberin drehte sich zu mir um und schaute mich verdutzt an.

„Oh, Verzeihung", entschuldigte ich meine lautstarke Begeisterung. „Ich suche schon seit Wochen nach dem richtigen Kleid und das hier, das ist es einfach. Könnten Sie es bitte für mich zurücklegen?"

„Sind Sie da sicher?", fragte sie ein bisschen verwundert. „Wir haben ein großes Sortiment. Schauen Sie sich in Ruhe um."

„Nicht nötig", versicherte ich ihr, „das hier ist das Richtige."
Das Kleid war von schlichter Eleganz, gefertigt aus Seide und
versehen mit einer hübschen, aber zurückhaltenden Schleppe.
Ein Schleier aus edlem Material machte es perfekt.

Einige Tage später kam ich wieder vorbei, um das Kleid an-
zuprobieren. Ich betrachtete mich in einem großen Spiegel und
war glücklich.

„Oh mein Gott!", entfuhr es Maite, die mit mir gekommen
war. Sie sah mich zum ersten Mal in meinem Hochzeitskleid
und konnte ihre Rührung nicht verbergen und vergoss ein paar
Tränen. „Das Kleid ist wie für dich gemacht! Ich kann es kaum
glauben. Du heiratest wirklich!"

Eine Hochzeit zu organisieren ist ein echtes Abenteuer, aber ich
wusste genau, was ich wollte. Denis war froh, dass ich mich um
alles kümmerte. Er hatte keine großen Ansprüche. Manchmal
kann er ganz schön cool sein. Zusammen mit zwei befreundeten Mönchen machten wir uns am Abend vor der Hochzeit daran, die kleine Kirche auf den kommenden Tag vorzubereiten.
Wir fegten den Boden und richteten alles her. Im Wald hatten
wir Efeu gepflückt und schmückten damit die Eingangspforte.
Blumen und Blütenblätter verbreiteten den süßen Duft von
Feld und Wiese. Alles sollte schön anzusehen sein, aber stets
auf ganz zurückhaltende Art und Weise. Schließlich stellten wir
zwei Stühle vor den Altar am Kopfende des Mittelschiffs und waren fertig. Hier würden Denis und ich sitzen und uns das Ja-Wort
geben.

Für die anschließende Feier hatten wir uns in einem benachbarten, einfachen Landhaus mit großer Stube und einer ebenso
großen Küche eingemietet. Die Vorbereitungen liefen auf Hoch-
touren. Jahre später noch erinnerte sich einer meiner Freunde
an den Anblick: „Als ich diese Unmengen von Speisen überall
in der Küche verteilt sah und die riesigen Edelstahltöpfe mit

den Hähnchen drin, deren Beine aus dem kochenden Wasser herausragten und zur Decke zeigten, dachte ich einfach nur: ‚Das ist jetzt echtes Kelly-Chaos'. Stimmt, das war es und ich liebte es."

Catering wollte ich nicht. Nach all den Jahren hinter der Bühne, auf Empfängen, in Sterne-Restaurants und Luxushotels konnte ich es einfach nicht mehr ertragen. Es war eine Art emotionale Allergie. Ich wollte unser eigenes Essen. Maite hatte sich bereit erklärt, mit Caroline als Assistentin den Chefkoch abzugeben – und meine Güte! Wie gut es schmeckte! Maite, wenn du das hier liest, mir kam da gerade so eine Idee: Warum eröffnest du nicht deinen eigenen Cateringservice? Das wäre der Hit.

Dann kam der große Tag. Es war Januar und draußen herrschte echte Eiseskälte, doch davon spürte ich nichts. Als ich mir schließlich den Schleier aufsetzte, betrachtete ich mich im Spiegel und war glücklich. „Wow!", dachte ich. „Denis wird begeistert sein."

Ich war alles andere als pünktlich. Mein Fahrer hatte die falsche Route erwischt und es regnete in Strömen. Doch ich liebte den Regen und als wir endlich an der Kirche ankamen und ich aus dem Wagen stieg, wartete unser Priester bereits und führte mich zum Eingang. Dort sah ich meinen Vater, der mich in Empfang nehmen würde. Er war gesundheitlich angeschlagen und gerade erst aus dem Krankenhaus entlassen worden. Alleine stehen konnte er nicht. Onkel Jim, der extra aus den USA gekommen war, stützte ihn und hielt seine Hand, während Vater wiederum die meine hielt. Zu dritt schritten wir entlang der Sitzreihen links und rechts von uns auf den Altar zu. Es war ein tief bewegender Moment. Bis heute schauen wir uns an jedem Jahrestag immer das kleine, ganz einfach gedrehte Hochzeitsvideo an und es macht mich jedes Mal glücklich zu sehen, wie mein Vater mich zum Altar führte, obwohl er kaum laufen konnte. Das bedeutete mir sehr viel, und ich bin ihm unendlich dankbar dafür.

In dieser kleinen Kirche waren sie nun alle versammelt, die Menschen, die ich liebte. Meine Familie, meine besten Freunde, Denis' Familie und seine besten Freunde, viele Mönche und Nonnen und sonst niemand. Nur die Menschen, die uns nahestanden, gerade einmal 60 Personen. Keine Geschäftspartner, keine Berühmtheiten, keine Fotografen, keine Verpflichtungen. Ich wollte, dass es wahrhaftig und rein war. Im Hintergrund sang eine wunderschöne Stimme ein uraltes Lied. Ich schritt auf den Altar zu und sah Denis. Er war der Mann, den ich liebte, und es fühlte sich ganz und gar richtig an. Das wusste ich in diesem Moment mehr als alles andere.

„… in guten wie in schlechten Tagen, bis dass der Tod euch scheidet."

„Ja, ich will."

„Ja, ich will."

Unser Priester legte die Stola um unsere Hände, besiegelte damit unsere Heirat, wandte sich Denis zu und sprach: „Du darfst die Braut jetzt küssen."

Denis strahlte über das ganze Gesicht, hob meinen Schleier an und küsste seine frischgebackene Ehefrau. Unmittelbar brach die gesamte Hochzeitsgesellschaft in Jubel aus und spendete uns stürmischen Beifall. Dann Musik! Paddy spielte die Gitarre und meine Geschwister begannen zu singen. Ihre Stimmen erfüllten die Kirche mit Klängen der Freude.

Ich legte meinen Kopf an Denis' Schulter und nahm den Moment in inniger Umarmung ganz in mich auf. Die Zeit blieb stehen. Es war magisch und ich spürte einen Hauch von Ewigkeit. Endlich war ich wirklich zu Hause. Denis gab mir die Liebe, nach der ich so lange gesucht hatte und wir gehörten nun für alle Zeit zueinander. Nichts würde daran jemals etwas ändern können.

Meine beiden Wunder, Vol. 1

„Hilfe! Oh, mir geht es gar nicht gut."

Meine Schwägerin hatte meine geschwächte Stimme kaum gehört. Als ich wieder zu mir kam, war sie bei mir und hatte bereits den Notarzt gerufen. Ich war aufgrund der Schmerzen zusammengebrochen und hatte nur noch kurz um Hilfe rufen können, bevor mir die Sinne schwanden. Wir befanden uns in meinem Kölner Apartment direkt am Rhein. Von dort aus brachte man mich sofort in das nächstgelegene Krankenhaus. Wenn ich meine Tage bekam, hatte ich zwar immer starke Schmerzen, doch dieses eine Mal stellte alles in den Schatten. Im Krankenhaus wurde sofort ein Ultraschall vorgenommen.

Es war im Frühsommer 2000. Denis war gerade in Moskau, wo er sein Diplom für seinen Universitätsabschluss als *Master of Science* in BWL/VWL bekam. Professor Verreet empfahl mir einmal mehr einen exzellenten Arzt. Professor Baltzer nahm eine Bauchspiegelung vor, aufgrund derer er eine klare Diagnose erstellte: Ich hatte eine ausgeprägte Endometriose in beiden Eileitern und Eierstöcken, die bereits ernsthafte Schäden verursacht hatte. Ich konnte nicht glauben, dass schon wieder ein gesundheitliches Problem auftrat, nachdem ich meine Rückenprobleme gerade einigermaßen hinter mir gelassen hatte.

„Wie konnte es dazu kommen?", fragte ich ihn.

„Das ist schwer zu sagen", gab er mir zurück. „Es gibt für diese Erkrankung mehrere Ursachen. Aber es ist nicht ungewöhnlich und passiert vielen Frauen. Nichtsdestotrotz haben Sie eine besonders hochgradige Endometriose."

Mehr sagte er nicht. Er schlug eine Hormonbehandlung mit monatlichen Injektionen vor, die meinen Zyklus vollständig unterbinden würde. Eine Art Menopause, die es dem Körper ermöglichte, sich selbst zu heilen. Ein halbes Jahr lang hatte ich während der Behandlung keinen Eisprung.

Im Januar 2001 hatte ich eine zweite Bauchspiegelung und die Resultate sahen bereits erheblich besser aus. Der Heilungsprozess hatte eingesetzt. Meine Schwiegermutter Natascha hatte mich gefragt, ob sie die Aufnahmen, die während der Operation gemacht worden waren, ihrem Bruder schicken dürfe, der in Moskau als Arzt arbeitete und sie gern einem befreundeten Gynäkologen zeigen würde. Ich hatte nichts dagegen.

„Sie wird niemals Kinder haben können", hatte Natascha zu hören bekommen. „Unter keinen Umständen." Sie behielt diese Information für sich.

Wenige Tage nach unserer Hochzeit wurde ich unmittelbar schwanger. „Ich bin schwanger, ich bin schwanger! Juchhuuuuuu!" Meine Freude war grenzenlos.

Als ich Denis die Testergebnisse zeigte, war er überglücklich. Wir wollten mehrere Kinder haben. Am liebsten wären mir 10, hatte ich einmal gesagt.

„Okay", hatte er zurückhaltend geantwortet. „Aber lass uns erst einmal eins nach dem anderen bekommen." Eine weise Antwort.

„Also gut, dann aber wenigstens fünf oder sechs!", ließ ich nicht locker. „Eine Zahl darunter werde ich nicht akzeptieren."

Ich war bei vielen Dingen jung und naiv und das war letztlich auch gut so. Der Wahnwitz der Jugend kann Wunder bewirken.

Wie bei vielen anderen Frauen blieb auch bei mir die Übelkeit während der Schwangerschaft nicht aus. Vier Monate lang bekam ich Infusionen, die mir helfen sollten, alles gut zu überstehen. Zwischendurch ging ich ein bisschen auf Tour, um mich abzulenken. Auf der Bühne machte ich nur das Allernötigste und überließ den anderen die schwierigen Parts. Das Singen half mir und das Baby in meinem Bauch bewegte sich während der Konzerte ausgiebig und zeigte so schon einmal seine Musikalität. Im fünften Monat ging es mir erstaunlich gut und ich begann wieder aufzublühen.

Rückblickend war ich zwar sehr dankbar für meine Schwangerschaft, doch aufgrund mangelnder Lebenserfahrung konnte ich den Grad des Glücks, das ich hatte, ein Kind in mir zu tragen, nicht wirklich einschätzen.

Wie die meisten Frauen bereitete ich mich auf eine natürliche Geburt vor und ging all die notwendigen Vorbereitungen durch. Ich war voller Vorfreude und Aufregung. Zu meinen Babyeinkäufen gehörte eine hübsche weiße Serie mit Kindermöbeln und eine romantische Wiege, alles aus Holz.

Als der prognostizierte Geburtstermin näher rückte, stand mein gepackter Koffer mit einer detaillierten Liste aller wichtigen Inhalte jederzeit bereit. Natürlich hatte ich Angst vor den Geburtsschmerzen. Aber ich denke, das gilt für jede werdende Mutter, auch wenn ich vorher einer Frau begegnet war, die behauptete, sie hätte bei der Geburt ihres Kindes praktisch überhaupt nichts gespürt. „Tja", dachte ich mir, „das wäre ein Traum für mich."

Meine Rückenprobleme hatten sich während der Schwangerschaft wieder verstärkt und ich hatte auch schon mit meinem Arzt darüber gesprochen. Natürlich bewegte sich mein Becken und dehnte sich aus und am Ende bekam ich wieder Physiotherapie, um die verbleibenden Wochen bis zur Geburt durchzustehen.

Als die Wehen einsetzten, hatte ich 30 Kilo zugelegt. Meine Güte! Von meinen regulären 55 kg war ich auf satte 85 kg angewachsen, aber ich muss auch zugeben, dass ich alles aß, was mir in die Finger kam. Von Chicken Wings über Burger zu Pommes, gefolgt von Kuchen, Eis und Schokolade. Ich hatte permanent Hunger und sehnte mich nach all dem Junkfood, um das ich sonst einen großen Bogen machte. Ich wachte mitten in der Nacht auf, um alles in mich reinzustopfen, was ich im Kühlschrank finden konnte. Denis kaufte mir all mein Lieblingsessen, und es war das erste Mal, dass ich mehr aß als er.

Eines Morgens geschah es dann endlich. „Denis, wach auf! Wach auf! Die Wehen beginnen."

„Was ist? Was?", reagierte er im Halbschlaf.

Sechs Stunden lang hatte ich starke Wehen, gefolgt von zwei Stunden sogenannter Geburtswehen. Doch während der gesamten Zeit wollte sich das Baby einfach nicht umdrehen. Professor Baltzer war besorgt: „Irgendetwas stimmt da nicht."

Die Schmerzen waren eine reine Qual. Die Ärzte versuchten alles, doch das Baby bewegte sich keinen Millimeter. Die Wehen traten jetzt im Minutentakt auf. Dann platzte meine Fruchtblase.

„Bereitet den Operationssaal vor. Wir müssen das Baby jetzt rausholen."

Wir hatten uns bereits darauf geeinigt, dass im Notfall ein Kaiserschnitt vorgenommen würde. Dazu musste ich wegen meines Rückens unter Vollnarkose. Es war ein ziemliches Risiko, mich durch eine Spinalanästhesie zu betäuben und ich erinnere mich, wie ich an den OP-Tisch gebunden war und den Anästhesisten anflehte: „Bitte machen Sie die Injektion, bevor die nächste Wehe kommt!"

Keine Reaktion.

„Bitte!"

Ich bemerkte, wie der Narkosearzt die Spritze bereithielt. Neben ihm Professor Baltzer mit Maske und weißen Operationshandschuhen, der gerade die Vorbereitungen für den Schnitt abschloss und dann dem Narkosearzt ein Zeichen gab. Dann fiel ich in ein schwarzes Loch.

„Das Erste, was Sie nach dem Aufwachen gesagt haben, war: *Keine Wehen mehr, keine Wehen mehr.* Die Schmerzen hatten Sie wirklich traumatisiert." So berichtete man mir nach der Operation.

Meine Güte, was für Schmerzen Frauen durchstehen müssen, um Leben zu geben. Wenn die Männer das nur wüssten! Hätte man mich damals direkt gefragt, ob ich immer noch 10 Kinder haben wollte, wäre ich nicht mehr so sicher gewesen, was die Antwort anging.

Als ich wieder zu mir kam, erkannte ich eine ziemlich verschwommene Version von Denis, der mir überglücklich mitteilte: „Schatz, du hast es geschafft! Du hast es geschafft!"

Ich versuchte, ein klares Bild von ihm zu bekommen, aber die weiße Wolke, die ihn einhüllte, wollte einfach nicht verschwinden. Dann legte eine Schwester unser Baby an meine Seite: „Sie haben einen gesunden Jungen."

„Ein Engel ... er ist ein Engel ...", hörte ich mich sagen, als ich ihn betrachtete.

Ich konnte es nicht glauben und meine Augen ließen nicht ab von dem kleinen Wesen, während meine Stimme beständig dieselben Worte wiederholten: „Ein Engel ... ein Engel ..." – und um Missverständnissen vorzubeugen: Dabei hatte ich keinen Kelly-Song im Kopf!

In den nächsten Tagen gelang es mir, ihm die Brust zu geben, und er war bei bester Gesundheit. Professor Baltzer hatte ihn untersucht und mit großer Erleichterung festgestellt, dass alles in Ordnung war.

„Zunächst einmal sollten Sie wissen, dass ich spezielles Sicherheitspersonal vor Ihre Tür habe stellen lassen, damit Sie weder von der Presse noch von Fans belästigt werden. Gestern kam nämlich bereits der erste Journalist, der sich nach Ihnen erkundigte. Zweitens: Es war gut, dass wir das Baby rechtzeitig herausgeholt haben. Ihr Becken ist viel zu klein für eine normale Geburt. Wir konnten es während der OP ausmessen. Deshalb konnte das Köpfchen nicht tiefer treten. Vor hundert Jahren wären Frauen wie Sie zu Schaden gekommen. Und schließlich möchte ich Ihnen noch etwas Persönliches sagen. Dieses Kind", und dabei schaute er Alexander an, der friedlich an meiner Seite schlief, „ist ein Wunder. Denn wissen Sie, als Sie vor über einem Jahr zu mir gekommen sind und ich die Endometriose fand und wir die Hormonbehandlung begannen etc., da war es für mich glasklar, dass Sie niemals Kinder haben konnten. Und jetzt liegt Ihr kleiner Sohn neben Ihnen. Dieses Kind ist ein echtes Wunder."

Dann verschwand er einfach. Das hatte er mir vorher nie gesagt. Dafür möge Gott ihn segnen. Auch Natascha erzählte mir schließlich von der Aussage des Arztes aus Moskau, der eine Mutterschaft ebenfalls kategorisch ausgeschlossen hatte.

Zwei Ärzte aus unterschiedlichen Ländern, die nie miteinander in Kontakt gestanden hatten, waren zum gleichen Ergebnis gekommen. Und keiner von ihnen hatte recht behalten. Jetzt konnte ich Gottes Geschenk an uns mit großer Freude bewundern: Das Geheimnis und das Wunder, Mutter zu sein.

Den Himmel berühren

E s war im Sommer 2002, als unser geliebter Vater uns verließ.

Plötzlich war Leere eingekehrt. Wenn ich in das Zimmer ging, in dem er gestorben war, gab es dort niemanden mehr. Selbst das Krankenbett war nicht mehr da. Als ich da so stand, stellten sich die Erinnerungen ein.

Es war noch früh am Tag und wie jeden Morgen ging ich direkt nach dem Aufstehen als Erstes zu ihm, um zu sehen, wie es ihm ging. Der Anblick erwischte mich eiskalt: Seine Glieder schienen sich über Nacht in Marmor verwandelt zu haben. Auf seiner weißen irischen Haut, seinen Armen und Beinen sah ich überall blaue Flecken. Ohne es kontrollieren zu können rannte ich plötzlich auf die Terrasse und übergab mich ins Gras. Nie zuvor hatte ich auf eine solche Weise die Kontrolle über meinen Körper verloren.

Ich griff zu meinem Handy und rief den Arzt an. „Dr. Wollens, kommen Sie schnell. Ich glaube, mein Vater liegt im Sterben."

Ich konnte das Zimmer nicht mehr betreten aus Angst, mich noch einmal übergeben zu müssen, und beobachtete Vater von der Terrasse aus.

Fünf Minuten später traf der Arzt ein. „Ihr Vater wird sehr bald sterben", sagte er in ernstem Ton.

Ich rief alle Familienmitglieder und engen Freunde an. Einige kamen sofort aus den USA, Irland und Spanien angereist, um in seinen letzten Stunden bei ihm zu sein. In gewisser Weise kann man sagen, dass wir in den nächsten Tagen am Sterbebett meines Vaters unser Lager aufschlugen. Einige der jüngeren Generation waren ebenfalls dabei. Wir sangen für ihn und beteten den Rosenkranz. Mehrere Priester, Freunde der Familie, hielten an seinem Bett sogar Heilige Messen.

Eine Weile hatte er zuvor noch im Krankenhaus gelegen. Doch als absehbar war, dass er sich nicht mehr erholen würde, hatten wir ihn zu uns geholt. Die Familie, Freunde und ein wunderbares Team von Pflegern hatten die letzten sechs Monate seines Lebens für ihn gesorgt.

Unser Sohn Alexander war damals etwa ein Jahr alt und Vater liebte es, wenn er neben ihm lag. Die Ärzte hatten mir gesagt: „Es tut Ihrem Vater wirklich gut, wenn Sie ihn mit dem Baby besuchen. Danach sind seine Werte immer besser als vorher." Er konnte sich zwar nicht mehr normal bewegen, doch mit einem Finger streichelte er den winzigkleinen Kopf. Immer wieder fuhr seine Fingerspitze vorsichtig und liebevoll über die Stirn unseres Sohnes.

„Schaut mal, wie lieb er ihn hat", sagte einer von uns und wir konnten unseren Blick nicht abwenden. Wenn Alexander seine Arme und Beine auf und ab bewegte wie ein kleiner Frosch, schaute Vater ihm dabei zu und lächelte. Es war traurig und wunderschön zugleich.

In seinen letzten Tagen war nachts der Boden des Zimmers, in dem er lag, mit Matratzen und Schlafsäcken übersät. Viele von uns wollten ihm nah sein und schliefen deshalb neben ihm. Wir hielten Nachtwache und ließen ihn nie allein.

Einmal während meiner Schicht schaute er mir direkt in die Augen. Er war hellwach und ich spürte sein tiefes Bedürfnis nach Vergebung für die Fehler, die er in der Vergangenheit gemacht hatte. Tränen des Zorns überkamen mich.

Bei den Aufnahmen für meine Solo-CD „Grace & Kelly"

Meine Band und ich

Fotoshooting für dieses Buch

Beim Videodreh „They cut me down"

„Vater, du hast mich damals so furchtbar verletzt, als du mich und meinen Freund auseinanderbringen wolltest. Wie konntest du das nur?" Und dann etwas lauter: „Warum hast du das nur getan?"

Ich sah Tränen in seinen Augen. Sprechen konnte er nicht mehr.

„Ich vergebe dir, Vater, ich vergebe dir. Es ist okay. Ich will mit dir Frieden schließen und du sollst Frieden mit dir selbst haben. Ich liebe dich so sehr. So sehr."

Sein Gesicht veränderte sich. Er schaute mich an, als wollte er sagen: „Danke Patricia. Jetzt kann ich gehen."

„Kommt alle, kommt, Vater stirbt!"

Die meisten meiner Geschwister waren auf der Terrasse, unterhielten sich und tranken Tee. Es war gegen 18 Uhr abends. Draußen zog ein Sturm auf.

Sanft weckte ich meinen kleinen Sohn auf: „Alex, schau, Großvater stirbt, du musst dich verabschieden." Mit großen Augen schaute er meinen Vater an, ganz so, als hätte er meine Worte verstanden.

Einer nach dem anderen verabschiedeten wir uns von ihm und gaben ihm einen letzten Kuss. Dann hörte er auf zu atmen, doch seine Augen schauten uns weiter an mit einem Blick, den ich nie vergessen werde. Frieden und Glück hielten in seinem Gesicht Einzug. In diesem Moment war es, als könnte man den Himmel berühren. Die Zeit schien stehen geblieben zu sein und ich hörte meine eigene Stimme weit, weit weg, wie sie die letzten Worte zu ihm sprach: „Papa, gib Mama einen Kuss, wenn du angekommen bist, und sag ihr, wie sehr ich sie liebe."

Meine beiden Wunder, Vol. 2

Ich bekreuzigte mich und sprach meine Gebete, bevor ich losfuhr.

„Beschütze uns während dieser Fahrt, oh Herr, und bitte sei unser Fürsprecher, St. Christophorus, Patron der Reisenden, für uns und alle um uns."

Ich war auf dem Weg nach Hennef, einer kleinen Stadt bei Bonn. Neben mir saß unsere liebe Anita, die mir in den ersten fünf Jahren mit den Jungs als Babysitter und Haushälterin geholfen hatte und für die beiden immer noch so etwas wie eine Zweitmutter ist. Als wir nach Belgien umgezogen waren, brach es uns fast das Herz, weil sie mit ihrer Familie in Hennef lebte, weit weg von unserem neuen Zuhause. Wir blieben jedoch weiter ganz eng befreundet.

Während wir jetzt so fuhren, erinnerte sie mich daran, dass wir die Jungs noch vom Kindergarten abholen mussten.

„Ich weiß", antwortete ich, „aber ich denke, wir fahren erst ins Einkaufszentrum und besorgen noch etwas, bevor wir sie abholen." Ich hatte unsere Pläne spontan geändert. Es war nur ein kurzer Gedanke, eine Entscheidung binnen Sekunden.

„Also gut, aber lass uns nicht zu spät sein."

Wir erledigten unsere Einkäufe und waren schon wieder auf dem Weg in Richtung Kindergarten, als plötzlich – *Crash!* – aus dem Nirgendwo ein Auto auftauchte und uns hart in die rechte Seite krachte.

„Anita!", rief ich geschockt. „Bist du okay?"

„Ja, alles in Ordnung", antwortete sie erschrocken.

Ich schaffte es so gerade, den Wagen an den Straßenrand zu fahren und anzuhalten. Erst dann war ich in der Lage, mir den Schaden anzusehen. Die rechte Seite war schwer beschädigt, die Tür komplett im Eimer und der Kindersitz, der direkt neben dem Einschlag montiert war, hatte sich um die eigene Achse gedreht.

Einige Jahre zuvor hatten Denis und ich einen Freund und seine Frau besucht, die gerade ein Mädchen bekommen hatten. Eine Zeit lang schienen Babys in unserem näheren Umfeld wie Pilze aus dem Boden zu schießen. Alexander war damals gerade etwas über ein Jahr alt.

„Schau mal, wie süß!", sagte ich zu Denis, als wir das Neugeborene bestaunten.

Professor Baltzer hatte uns geraten, die Kaiserschnittwunde eine Weile heilen zu lassen, bevor wir es mit einem zweiten Kind versuchten. Die Zeit war gekommen.

Kurz nach unserem Babybesuch konnte ich Denis die frohe Nachricht verkünden: „Ich bin wieder schwanger, sieh nur!", und ich zeigte ihm den Schwangerschaftstest, der ein positives Ergebnis aufwies. Wir waren aufgeregt und glücklich. Was für eine Freude!

Auch diesmal musste ich vier Monate Übelkeit durchstehen, doch ab dem fünften oder sechsten Monat fühlte ich mich, als ob ich Bäume ausreißen könnte. Von den 30 Kilo, die ich während der Schwangerschaft mit Alexander zugenommen hatte, war es mir gelungen, 25 wieder loszuwerden. Erneut fand ich mich auf der Waage wieder, diesmal mit Ignatius, doch diesmal war ich vorsichtiger und vermied Junkfood. Als Belohnung legte ich nur 20 Kilo zu.

Seltsamerweise entwickelte ich einen ständigen Heißhunger auf Orangen und aß auch sonst viel Gesundes. Dass Ignatius heute eine Schwäche für Süßes hat und seit seinem 10. Lebensjahr Käsekuchen und Schokoladenkekse nach Rezepten backt, die er auf *YouTube* findet, passt da eigentlich gar nicht ins Bild. Aber so kann es eben manchmal gehen.

Es ging mir fantastisch und ich ging auf Tour, weil mir das guttat. Mein Arzt riet mir, ich solle ganz normal leben. Schwanger zu sein heißt schließlich nicht, dass man krank ist, also war ich der Auffassung, dass es keinen Grund gab, nicht auf die Bühne zu gehen, solange ich keine Beschwerden hatte. Ich trat mit meinen Geschwistern auf, sang meistens in der Gruppe und absolvierte nur hier und da ein Solo. Es war eine ganz entspannte Sache. Alexander kam mit mir. Wir engagierten eine Babysitterin: Denis kam an den Wochenenden, wenn er nicht arbeiten musste und manchmal war sogar noch Natascha mit dabei. Über zu wenig Unterstützung konnte ich mich also nicht beklagen.

Sechs Wochen vor dem errechneten Geburtstermin setzten Schmerzen ein, die in kurzer Zeit erheblich zunahmen. Hatte ich mich mit der Tour überfordert? Vorher hatte ich mich großartig gefühlt und keinen Grund gesehen, zu Hause zu bleiben. Ich rief meinen Arzt an.

„Kommen Sie vorbei, Frau Kelly, ich würde mir das gern einmal genauer ansehen", sagte er. Nachdem er mich gründlich untersucht hatte, konnte er eine klare Aussage machen: „Die Wehen haben eingesetzt und wir müssen Sie mit höchster Dringlichkeitsstufe sofort operieren. Der Muttermund ist bereits erweitert. Ein Blasensprung steht bevor. Wenn das Baby in den Geburtskanal gerät, ist das alles andere als gut."

Ich konnte kaum glauben, was ich da hörte und rief sofort Denis an. Er nahm sich bei der Arbeit frei und fuhr zum Krankenhaus. Als er ankam, war das Baby bereits problemlos herausgeholt worden.

„Schatz, die OP ist gut verlaufen", hörte ich ihn sagen, als ich aus der Narkose aufwachte.

„Wo ist das Baby?", war meine erste Reaktion. Eine Schwester legte es mir in die Arme.

„Mein Engel, mein wundervolles Baby", sagte ich glückselig und küsste unseren kleinen Jungen Ignatius. Er war auffällig klein, eine Frühgeburt, sechs Wochen vor der Zeit. Allem Anschein nach hatte er nicht länger warten wollen, und das passt zu seiner lebhaften Persönlichkeit von heute.

„Ihr Neugeborenes muss in der Kinderklinik bleiben, weil seine Lunge noch nicht voll entwickelt ist", erklärte mir die Schwester.

Drei Tage lang blieb er auf der Intensivstation der Kinderklinik. Er war ein echter Kämpfer. Jeden Tag war ich stundenlang bei ihm, und weil ich mich wegen des Kaiserschnitts kaum bewegen konnte, wurde ich im Rollstuhl zu ihm gefahren. Denis verbrachte die Zeit nach Feierabend mit ihm. Alle vier Stunden pumpte ich Milch ab, die Ignatius zu trinken bekam.

Nach drei Tagen kam er auf die Station für Frühgeburten, wo man ihn in einen Inkubator legte, bis er so weit war, in einem normalen Bett zu schlafen. Ich blieb die gesamten drei Wochen in einem der Mütterzimmer, sodass ich die ganze Zeit bei ihm sein konnte. Tag und Nacht fütterte ich ihn, wog ihn und verfolgte jedes Gramm, das er zu- oder abnahm. Zuerst wurde er durch eine Magensonde ernährt, weil er nicht die Kraft hatte, selbst zu saugen, doch nach einer Weile konnten wir ihn bereits mit einer nadelfreien Spritze füttern. Irgendwann hatte er genug Kraft entwickelt, um direkt an meiner Brust zu trinken. Bei seiner Geburt hatte Ignatius nur zarte 2.230 Gramm gewogen, doch jetzt legte er rasch an Gewicht zu. Nachts musste mich die Schwester wecken, wenn er Hunger hatte, damit ich ihn füttern konnte.

Eine der Krankenschwestern sagte einmal zu mir: „Er wird es schaffen. Darüber kann es gar keinen Zweifel geben."

Mir fiel auf, dass es in diesem Raum einige Frühgeburten gab, die wochenlang kein einziges Mal von ihren Müttern besucht wurden. Ich konnte es kaum glauben.

„Ja, traurig, aber wahr. So ist das tatsächlich", sagte die Nachtschwester zu mir, als ich es ihr gegenüber einmal erwähnte. Wir hatten lange Gespräche miteinander und sie erzählte mir, wie gern sie die Babys in den Armen hielt, um ihnen ein bisschen Wärme zu geben. Diese armen Kleinen bekamen nicht die Liebe, die sie so dringend brauchten. Es konnte einem das Herz brechen. Und unter ihnen waren auch die ganz kritischen Frühgeburten, die gerade einmal 500 Gramm wogen. Unvorstellbar, dass sich ihre Mütter nicht um sie kümmerten.

Nach drei Wochen durfte ich mit Ignatius nach Hause. Einmal mehr kam Professor Baltzer kurz vorher noch mit einem großen Lächeln auf mich zu und sagte: „Tja, Frau Kelly, das ist dann wohl Wunder Nummer Zwei."

Anita hatte das Haus für die Willkommensfeier schön vorbereitet. Überall hingen Ballons und wir hatten Puppenkleider gekauft, weil Ignatius noch zu klein war für reguläre Kleidergrößen bei Babys.

„Machen Sie sich darüber keinen Kopf", beruhigte mich meine Hebamme. „Alle Eltern mit Frühgeburten haben dieses Problem. Sie werden sehen, dass diese Kinder im späteren Leben einmal Kämpfer werden und deshalb manchmal besser zurechtkommen als andere."

In den ersten drei Monaten tat ich nicht viel anderes als Ignatius zu stillen, seine Windeln zu wechseln, zu schlafen und zu essen. Er hatte Hunger wie ein Wolf.

„Da ist er ja schon wieder an deiner Brust", bemerkte mein Schwiegervater Alexander. Stunde um Stunde konnte Ignatius essen. Alexander kochte den ganzen Tag lang und versorgte mich genauso mit Essen, wie ich unseren Sohn versorgte.

„Vier Kilo! Endlich!", jubelte ich, als die Hebamme das Tuch entfaltete, das Ignatius auf der Waage ausbalancierte. Es sah aus, als sei er gerade vom Storch gebracht worden. Ich konnte mich jetzt zurücklehnen und ein bisschen entspannen. Denn nach drei Monaten intensiven Einsatzes war er endlich über den Berg. Er wurde ein sehr fröhliches Baby, das immer lächelte und jeden um den kleinen Finger wickelte. Er brachte echte Freude.

Als ich an jenem Abend des Unfalls nach Hause kam und mich von dem erholen musste, was passiert war, betrachtete ich meine beiden Engel, wie sie neben mir schliefen, und dankte Gott dafür, dass er auf mich aufgepasst hatte. Ich schlug mein Gebetbuch „Das Magnificat" auf der entsprechenden Seite für den Tag auf. Ich hielt die Luft an und musste schlucken, als ich las, dass ausgerechnet heute der Tag des Heiligen Christophorus war. Morgens noch hatte ich um seinen Beistand gebeten.

Hätte ich meine Pläne nicht kurzfristig geändert, wer weiß, was passiert wäre. Hätte einer meiner Jungs auf dem Kindersitz gesessen, wäre er wahrscheinlich ums Leben gekommen. Bis heute bete ich zum Heiligen Christophorus, bevor ich den Zündschlüssel umdrehe. Ignatius hat einmal gesagt: „Beten kostet nichts", und damit hat er recht.

6. Auf dem Pulverfass
2009−2011

Seid also wachsam! Denn ihr wisst weder den Tag
noch die Stunde.

Matthäus 25,13

Ich erinnere mich an diese Augenblicke, als sei es erst gestern gewesen. Jetzt, da ich diese Zeilen schreibe, sitze ich im Gästezimmer eines Klosters, das meine Zuflucht und Kraftquelle war, als ich die Diagnose Brustkrebs bekam.

Fünf lange Jahre hatte ich hier mit meiner Familie in einem kleinen belgischen Dorf gelebt. Die wunderbaren Brüder und Schwestern des Klosters waren ein Segen und eine große Hilfe für uns. Es war hier, nur 200 Meter von unserem damaligen Zuhause entfernt, wo ich meine Last mit ihnen teilen und beim Feiern der Heiligen Messe Kraft tanken konnte. Über einige Wochen hinweg ging ich sogar täglich zur Messe. Das war eine der glücklichsten Zeiten meines Lebens. Ich verspürte keinen Drang, einkaufen zu gehen, um eine Leere in mir zu füllen, und keine Notwendigkeit, ein Projekt zu entwickeln, das Erfolg versprach. Ich hatte nur eine Sache im Kopf: im Frieden Gottes zu leben. Unsere beiden Jungs empfingen hier ihre erste Heilige Kommunion. Unsere lieben Freunde, die Schwestern, bereiteten sie darauf vor, und zweimal im Monat nahmen sie im Kloster an einer Gebetsgruppe für Kinder teil.

Doch dann: der Brief.

Es war an einem Abend im September 2009, heute, da ich diese Zeilen schreibe, fast auf den Tag genau vor vier Jahren – unglaublich, wie die Zeit verfliegt. Ich war bereits zu Bett gegangen und las ein Buch. Die Jungs schliefen tief und fest. Denis war gerade von einem Geschäftstermin heimgekommen. Als er das Zimmer betrat, war er still und sehr ernst. Er sprach kein Wort und setzte sich neben mich.

„Was ist los, Schatz?", fragte ich ihn.

Er gab mir einen geöffneten Brief meines Arztes. Als ich die maschinengeschriebenen Worte las, nahm etwas von mir Besitz: Angst. Eine dunkle Wolke schien den Raum zu erfüllen und sie verschlang auch uns. Ich wusste auf der Stelle, dass es ernst war. Wie hatte ich einfach ignorieren können, dass meine Mutter an Brustkrebs erkrankt und daran gestorben war?

„Ich empfehle eine Biopsie Ihrer rechten Brust zum nächstmöglichen Zeitpunkt", hieß es in dem Brief.

Nur wenige Wochen zuvor hatte ich meine erste Mammografie bekommen. Mit 39. Etwa ein Jahr zuvor, ganz ohne besonderen Grund oder äußeren Anlass, hatte etwas begonnen, mich anzutreiben. Ein Gefühl, ein Drängen, eine Stimme, was auch immer es war, lenkte meine Aufmerksamkeit in die Richtung einer Mammografie. Aus heutiger Sicht ist es absoluter Wahnsinn, dass ich nicht schon früher darüber nachgedacht hatte. Ich wusste, dass meine Mutter mit 36 Jahren an Krebs gestorben war, aber es war mir nie in den Sinn gekommen, dass ich dasselbe Problem wie sie kriegen könnte. Ich? Nein. Niemals. Andere ja, aber nicht ich – eine seltsame Form des Selbstschutzes, die eine solche absurde und falsche Denkweise fördert.

„Lass dich untersuchen, lass dich untersuchen", flüsterte mir diese innere Stimme immer wieder zu. Sie tauchte aus dem Nichts auf, wenn ich ein neues Lied schrieb, wenn ich Wäsche wusch, wenn ich die Wohnung aufräumte oder die Kinder zum Sportunterricht fuhr. Oftmals in Momenten der Stille: *„Lass dich untersuchen."*

Bei meinem nächsten Frauenarzttermin fragte ich einfach: „Meinen Sie nicht, dass ich irgendwann eine Mammografie machen lassen sollte? Immerhin werde ich bald vierzig und meine Mutter ist mit sechsunddreißig an Brustkrebs gestorben."

Mein damaliger Arzt stimmte zu und notierte mir den Namen und die Nummer eines bekannten Radiologen. Anstatt es direkt zu nutzen, verschwand dieses kleine unscheinbare Stück Papier dann allerdings erst einmal in einem meiner vielen To-do-Ordner. Für Monate, bis es von Staub bedeckt war. Erst ein Jahr später machte ich einen Termin.

„Lass dich untersuchen." Hätte ich diese Worte nicht immer und immer wieder gehört, dann wäre ich vielleicht heute schon nicht mehr am Leben.

„Frau Kelly, alles ist in Ordnung. Die Untersuchungsergebnisse Ihrer Brust sind gut. Sie können heimgehen", sagte der Radiologe, nachdem er sich die Aufnahmen meiner Mammografie angesehen hatte.

Zwei Wochen später gab Denis mir den Brief.

„Aber er hatte mir doch versichert, dass alles in Ordnung ist", hörte ich mich selbst sagen. „Wie kann das sein?"

An jenem Abend kam ich erst nach stundenlangem Hin- und Herwälzen in Denis' Armen zur Ruhe. Am nächsten Tag fand ich mich im *Musical Dome Köln* wieder. Ich kam zu spät und hatte eine ganze Tube Concealer gebraucht, um die dunklen Ringe unter meinen Augen abzudecken. Es war die erste Probe für das Musical „Vom Geist der Weihnacht", für das ich unter Vertrag stand.

„Entschuldigt meine Verspätung", sagte ich.

Mein Partner Christian, der den alten Scrooge spielte, übte bereits mit unserem Stimm- und Textcoach. Nun ist meine Stimme kein Schalter, den man einfach umlegt. Sie spiegelt meinen inneren Zustand wider und ich glaube, unser Coach war an jenem Morgen sehr verwundert darüber, wie sehr jeder Ton kraftlos und erzwungen klang.

Natürlich hatte ich noch mit niemandem über den Brief gesprochen. Ich hatte beschlossen, den Arzt erst nach den Proben anzurufen, weil ich befürchtete, danach nicht mehr vernünftig arbeiten zu können.

Der Radiologe ging selbst ans Telefon und beantwortete alle meine Fragen. Wie sich herausstellte, hatte er am selben Tag, an dem ich beruhigt nach Hause gegangen war, abends, nachdem die Wartzimmer leer waren, noch spät am Schreibtisch gesessen und Papiere erledigt, als er plötzlich das Gefühl bekam, sich meine Aufnahmen lieber doch noch einmal anzusehen. Dort in der Dunkelheit, nur vom Licht hinter den Bildern erhellt, entdeckte er einen winzig kleinen schwarzen Fleck, den er zuvor nicht gesehen hatte.

„Professor, bitte sagen Sie mir: Wie groß ist die Wahrscheinlichkeit, dass es sich um Krebs handelt? Was ist der beste, was der schlimmste Fall?"

Als das Telefonat beendet war, schien die Zeit anzuhalten. Ich erinnere mich genau an jenen Moment, in dem ich allein im Auto saß, weinend auf dem Parkplatz hinter dem *Musical Dome*, die Fenster geschlossen. Selbst der Himmel schien auf einmal grauer geworden zu sein.

Mein Handy klingelte. Denis. „Hast du mit dem Arzt gesprochen?"

Nie zuvor hatte ich Denis so besorgt gesehen wie nach jenem Tag. Ein Mann, der fast immer gut gelaunt ist und alles positiv betrachtet, wurde plötzlich zum Schatten seiner selbst. Es gab Tage, an denen er einem Zombie glich. Selbst Leute aus unserem Umfeld bemerkten es und machten sich Sorgen. Die Kraft jedoch, die er mir selbst in dieser schweren Zeit gab, war genauso stark wie immer.

Denis war und ist immer noch das größte Geschenk meines Lebens. Er hat Schmerz in Freude, Krankheit in Gesundheit verwandelt und ist mir in den dunkelsten Stunden der vergangenen

14 Jahre meines Lebens wie ein Fels zur Seite gestanden. Und so war es auch diesmal, egal, wie schlecht es ihm selbst ging.

„Was ist eine Stanzbiopsie, Schatz?", fragte ich ihn.

Denis saß am Computer und begann sofort zu googeln. Als ich über seine Schulter blickte, verlor ich fast das Bewusstsein. Ich sah Bilder von eingeklemmten Brüsten, in die mit einer Art Bohrmaschine lange Schrauben eingeführt wurden. Es sah aus wie ein Foltergerät aus dem Mittelalter. „Das kann nicht real sein", schoss es mir durch den Kopf. „Ich bin in einem Albtraum! Lass mich bitte aufwachen!" Ich verstand meine Mutter plötzlich besser und tiefgreifender als je zuvor. Genau so musste sie sich damals gefühlt haben.

In diesen Tagen vor dem Biopsietermin, etwa eine Woche, nachdem wir den Brief bekommen hatten, schien die Zeit quälend langsam zu vergehen, ganz so, als seien heimlich noch ein paar Stunden hinzugefügt worden. Ich weigerte mich, mir weitere Bilder von Biopsien anzuschauen oder auch nur darüber zu lesen. Kindheitserinnerungen an die Zeit, als meine Mutter ihre Diagnose erhalten hatte, verfolgten mich Tag und Nacht.

Ich erinnerte mich daran, wie ich damals in unserem VW-Transporter auf dem Parkplatz des Hospital de Navarra in Pamplona auf unser jüngstes Geschwisterchen aufpasste. Nach Stunden kamen meine Eltern endlich zurück und meine Mutter nahm das Baby auf den Arm. Während unserer Rückfahrt nach Hause hörte ich still zu. Vom Rücksitz aus versuchte ich, jedes einzelne Wort aufzufangen. Meine Eltern sprachen leise, damit ich nichts verstehen konnte, aber ich bekam doch das eine oder andere mit. Irgendetwas war nicht in Ordnung. Dann hörte ich das Wort, das alles zusammenfasste: „Krebs." Selbst mit meinen 11 Jahren wusste ich bereits um die tödliche Bedeutung dieser fünf Buchstaben. Mein Großvater und Onkel mütterlicherseits hatten beide ihr Leben an die Krankheit verloren.

Meine Mutter war zu diesem Zeitpunkt im fünften Monat schwanger. Die Ärzte rieten ihr, das Kind abzutreiben, damit sie so schnell wie möglich mit der Chemotherapie beginnen konnte. Doch das lehnte sie ab. „Das Kind wird leben", lautete ihre Entscheidung.

Vor mir lagen ihre Diagnose und ihr OP-Bericht, die für mich und meine Ärzte sehr wichtig waren. Sie hatten nach den Unterlagen gefragt, um eine mögliche erbliche Ursache der Krankheit feststellen oder ausschließen zu können. Als ich die auf Spanisch verfassten Papiere studierte, gefror mir plötzlich das Blut in den Adern: „Mrs Barbara Kelly wurde an ihrer rechten Brust operiert."

Gott, hilf mir! Es war dieselbe Brust wie nun bei mir und sogar derselbe Quadrant. Darüber hatte ich nie nachgedacht. Natürlich erinnerte ich mich daran, wie meine Mutter mit nur einer Brust dalag. Aber mir war nie bewusst geworden, dass es sich ausgerechnet um die rechte Brust gehandelt hatte. Aber warum auch? So ein Detail hatte in meinem Leben bislang keine Rolle gespielt. Jetzt war die Situation eine andere.

Denis und ich im Wartezimmer des Krankenhauses: Mein Kreislauf ist nicht der stabilste. Mein Name wird aufgerufen, Denis gibt mir einen letzten Kuss und die Krankenschwester bringt mich in den Umkleideraum.

Kurz darauf: Sie binden mich fest und schieben meine Brust durch ein Loch. Ich fühle mich wie auf dem elektrischen Stuhl. Ein Betäubungsmittel wird in meine Brust injiziert und ich werde gebeten, mich nicht zu bewegen und nach Möglichkeit wenig zu atmen. Sie bohren zwei Kanülen in meine Brust, finden aber die richtige Stelle nicht.

Nach 40 bewegungslosen Minuten fühle ich eine Panikattacke in mir aufsteigen. Ich kann nicht mehr. Ich muss wieder durchatmen können. Um mich zu beruhigen, bete ich stumm den

Rosenkranz. Aber meine Angst wird nur noch schlimmer. Ich sage dem Arzt: „Ich brauche eine Pause."

Doch er wehrt meine Bitte ab. „Wir müssen jetzt weitermachen. Ich habe die Kanülen gerade in die richtige Position gebracht. Wir können nicht unterbrechen."

Ich bin erschöpft und fühle mich machtlos. Doch ich will das hier hinter mich bringen. Also kämpfe ich mit mir selbst, versuche mich in den Griff zu bekommen, doch die Angst wächst unaufhörlich. Als ich das *Ave Maria* bete, fühle ich plötzlich die Gegenwart meiner Mutter links neben mir. Ich merke, wie ich schließlich doch ruhiger werde. „Ich liebe dich, Mutter, und ich brauche dich jetzt. Bitte hilf mir", sagt mein Herz und ich stelle mir vor, wie sie mir auf ihre sanfte Art Mut macht und antwortet: „Alles kommt wieder in Ordnung, Patricia."

„So, wir sind fertig", sagt der Arzt schließlich. „Jetzt müssen wir direkt eine Mammografie anschließen, damit ich vergleichen kann."

Ich bin durch und durch erleichtert, dass ich endlich wieder frei atmen kann, und folge der Schwester in den Mammografieraum. Auch hier wartet kein Zuckerschlecken auf mich. Es tut weh. Kein Wunder – gerade noch haben sie meiner Brust frische Wunden zugefügt, da wird sie jetzt schon wieder zusammengepresst. Irgendwann ist auch das vorbei.

Offenbar sehe ich sehr blass aus und die Schwester setzt mich auf einen Stuhl. Sie fragt noch: „Sind Sie in Ordnung, Frau Kelly?", doch da höre ich ihre Stimme bereits in weiter Ferne verschwinden, während langsam die Lichter ausgehen. Als ich aufwache, bin ich von Schwestern und Ärzten umgeben, die bemüht sind, mich wieder zurückzuholen. Von weit weg höre ich, wie Denis meinen Namen ruft. Er kämpft sich an meine Seite vor und in diesem Augenblick bin ich wieder bei vollem Bewusstsein.

Auf Anraten der Ärzte blieb ich über Nacht im Krankenhaus. Am nächsten Tag schien das Warten auf die Ergebnisse der Biopsie endlos. Schließlich öffnete sich die Tür des Krankenzimmers. Jetzt würde es passieren. Mein Gynäkologe trat ein, begleitet von zwei weiteren Personen in weißen Kitteln. Er brauchte gar nichts zu sagen, denn sein Gesicht sprach Bände.

„Die Biopsie zeigt eine Krebsvorstufe hohen Grades", hörte ich ihn formulieren.

Ich wandte mich ab und starrte auf die Wand. Er redete und redete, aber ich hörte ihn nur noch aus großer Distanz. Längst war ich sehr weit weg. Ich fühlte mich allein, voller Angst und bereit zur Hinrichtung. Alles bewegte sich wie in Zeitlupe. Eine seltsame Leichtigkeit erfüllte meinen Körper, ganz so, als sei ich bereits tot. Irgendwann war der Arzt gegangen, doch ich konnte mich nicht erinnern, es mitbekommen zu haben. Mein Bewusstsein hatte alles ausgeblendet, was nach der Diagnose passiert war. Ich griff nach meinem Handy und rief Denis an. Es war früher Nachmittag.

„Ich nehme mir einen halben Tag frei und komme sofort zu dir", sagte er am anderen Ende der Leitung.

„Ich glaube, es ist besser, wenn du heute ganz normal arbeitest", hielt ich dagegen, „und mich dann erst abholen kommst. Ich fürchte, wir werden für das, was vor uns liegt, bald jeden freien Tag brauchen, den wir kriegen können."

Wir einigten uns auf meinen Vorschlag. Als wir dann abends nach Hause Richtung Belgien fuhren, lag eine zweistündige Fahrt vor uns. Auf die Kinder wurde aufgepasst, sodass wir uns nicht zu sehr beeilen mussten. Wir sprachen über die neuen Realitäten in unserem Leben und versuchten, eine gewisse Form von Ordnung und Sinn in die vielen offenen Fragen zu bringen, mit denen wir jetzt konfrontiert waren. Was bedeutete die Diagnose? Konnte ich geheilt werden? Musste meine Brust operiert werden? Würde ich mich einer Chemotherapie unterziehen müssen? Wie bald würde das alles auf uns zukommen?

So viele Fragen gingen uns durch den Kopf. Wir standen unter Schock. Und was war mit den Kindern? „Oh Gott, hilf mir!", hörte ich mich innerlich rufen. „Sie sind noch so klein. Bitte lass sie ihre Mutter nicht auch in so jungen Jahren verlieren." Ignatius war mit seinen sechs Jahren gerade einmal halb so alt wie ich damals und Alexander war auch erst acht.

Längst hatte sich die Nacht über diese betrübte Stimmung gelegt und wir fuhren in die Dunkelheit. Dann geschah etwas Seltsames.

„Denis!", rief ich aus. „Da ist Rauch! Aus der Motorhaube qualmt es!"

Wir fuhren sofort rechts ran und Denis stellte den Motor ab. Als wir die Motorhaube öffneten, begrüßte uns eine große Rauchwolke und wir entdeckten sogar ein paar kleine Flammen. Weiterfahren war ausgeschlossen. Wir traten ein paar Schritte zurück, schauten uns gegenseitig an und begannen gleichzeitig laut loszulachen. Wir konnten gar nicht mehr aufhören und lachten immer weiter. Was für eine absurde Situation! Ausgerechnet an diesem Tag!

Irgendwann schob Denis mich zur Seite und löschte das Feuer mit Sprudelwasser und Apfelschorle. Etwas anderes hatten wir nicht dabei. Weit und breit waren keine Autos zu sehen, und der ADAC, den wir direkt angerufen hatten, brauchte eine ganze Stunde.

Als wir schließlich in den Abschleppwagen einstiegen, kehrte unser Lachanfall zurück. Der Fahrer war ein lustiger Kerl. Er sprach im lokalen Dialekt und sorgte dafür, dass uns das Zwerchfell schon bald vor lauter Lachen wehtat. Irgendwann beruhigten wir uns und als wir endlich zu Hause ankamen, wurden wir bereits sehnlichst erwartet.

„Öffnen wir eine Flasche Champagner", sagte ich mit feuchten Augen. „Lasst uns das wunderbare Leben feiern, das ich bis jetzt führen durfte und für das ich Gott dankbar bin. Ich will keine Tränen mehr. Und was die Zukunft bringen wird, wissen wir jetzt sowieso noch nicht."

Champagner hatten wir keinen. Aber das machte auch nichts. Wir öffneten stattdessen eine Flasche Wein und tranken auf das Leben.

Klick! Klick! Klick!

„Patricia! Schau mal hierher! Hier!" – „Nein, in diese Richtung, Patricia!" – „Smile for me please!" – „Du siehst bezaubernd aus, Patricia! Hierhin sehen!"

Sommer 2009, Pressekonferenz für das Musical „Vom Geist der Weihnacht" nach dem Klassiker von Charles Dickens. Jede Menge Fotografen gaben alles, um das bestmögliche Bild zu bekommen. Ich posierte im Kostüm meiner Rolle, eines Engels. Es war die erste offizielle Präsentation dieses Projektes, auf das ich mich sehr freute. Doch es schwebten dunkle Wolken über meinem Kopf.

„Ich bin's", hörte ich Professor Verreet am anderen Ende der Leitung. „Schreib dir diese Nummer auf. Professor Nitz ist eine erstklassige Ärztin und außerdem ein großartiger Mensch."

Wenn es darum ging, eine Empfehlung auszusprechen, hatte er immer die besten Ansprechpartner zur Hand, die es gab.

„Ich habe gerade noch mit ihr telefoniert. Sie leitet eine der besten zertifizierten Brustzentren in Deutschland. Und sorg dich nicht um Denis, ich spreche mit ihm."

Einige Tage später: Eine dynamische Frau mittleren Alters begrüßte uns mit einem warmen Lächeln im Brustzentrum Niederrhein. Professor Nitz hatte bereits auf den ersten Blick rein gar nichts mit dem typischen Klischeebild eines nerdigen Facharztes mit dicker Hornbrille gemein. Ich mochte sie auf Anhieb.

„Okay, lassen Sie uns direkt zum Kern der Sache kommen. Sie sehen diese Bilder hier", sagte sie und zeigte auf einen der beiden riesigen Computerbildschirme hinter ihr. „Die unterschiedlichen MRTs und Stanzbiopsien haben gezeigt, dass die Vorstufe zwar im Wesentlichen auf dem inneren oberen Quadranten der Brust liegt, offenbar aber nicht ausschließlich dort. Auf Basis der Bilder und der Bewegung des Brustgewebes vermuten wir, dass die gesamte rechte Brust betroffen ist. Die linke Brust hingegen ist vollkommen unbetroffen und gesund."

Denis und ich hörten ihr stumm zu.

„Dazu gibt es gute und schlechte Nachrichten", fuhr sie fort. „Die gute Nachricht ist, dass es sich um eine Vorstufe handelt und Ihre Heilungschancen deshalb bei 98 bis 100 Prozent liegen. Die schlechte Nachricht ist, dass Ihre Brust amputiert werden muss."

Ich hörte ihre Worte und konnte nicht glauben, was sie da sagte. Meine Brust amputieren? Auf keinen Fall.

„Aber Professor Nitz", hakte ich nach und versuchte, nicht aufbrausend zu werden, „wie kann das sein? Ich habe schon von so vielen Frauen mit Brustkrebs in fortgeschrittenem Stadium gehört, die nur einen kleinen Teil ihrer Brust verloren haben. Und Sie sagen, ich habe nur eine Vorstufe, aber meine ganze Brust muss entfernt werden? Das verstehe ich nicht."

Sie erklärte uns mit großer Geduld, dass es Hunderte Typen von Krebs gibt, die alle unterschiedlich sind, und dass die Therapie für alle anders verläuft: „Sie haben zwar eine Vorstufe, aber die ist möglicherweise über die Milchgänge in viele unterschiedliche Herde über die gesamte Brust verteilt. Zudem handelt es sich um eine hochgradige Vorstufe. Das bedeutet schnelles und aggressives Wachstum. Wären Sie erst in einem Jahr vorbeigekommen, hätte es möglicherweise bereits zu spät sein können."

Dann platzierte sie ein Silikonimplantat auf dem Tisch. „Das ist absurd", ging es mir durch den Kopf. „Ich, das natürliche Kelly-Mädchen, soll eine Prothese tragen? Niemals." Und laut sagte ich: „Nein. Auf keinen Fall. Meine Brust wird nicht amputiert."

„Wir haben recherchiert und uns mit Rohkost auseinanderge-setzt", fügte Denis hinzu. „Und es heißt, damit lässt sich Krebs heilen."

Professor Nitz schaute uns ruhig an und sagte: „Ich weiß, dass dies eine schwierige Entscheidung ist. Denken Sie in Ruhe darüber nach. Hier ist meine direkte Durchwahl. Rufen Sie mich jederzeit an."

Ich folgte ihrem Rat und nahm mir Bedenkzeit. Dann wählte ich ihre Nummer.

„Professor Nitz, Patricia Kelly hier. Ich habe mir die Sache durch den Kopf gehen lassen. Wissen Sie, worüber ich mir Sor-gen mache, ist weniger die Tatsache, dass ich eine Brust verlie-ren würde, sondern es sind vielmehr die psychischen Folgen. Ich habe recherchiert und gegoogelt und sehr oft gelesen, dass Frauen nach einer solchen Operation immer wieder über De-pressionen klagen und Probleme mit ihrem Selbstbewusstsein haben. Wie Sie mir gesagt haben, besteht ja ein 25-prozentiges Risiko, dass der Körper das Implantat nach der OP wieder ab-stößt, und dass ich im schlimmsten Fall eine flache Brust haben werde. Ich müsste also psychisch auf den schlimmsten Fall vor-bereitet sein, wenn ich mich für eine Amputation entscheide."

„Das ist richtig", sagte sie in mildem Ton, „und ich verstehe Sie sehr gut. Aber ich befürchte eben auch, dass Sie auf einem Pulverfass sitzen. Bitte bedenken Sie das. Und sprechen Sie auch einmal mit Ihrem Freund Professor Verreet."

Unsere Stimmung hatte sich wieder etwas aufgehellt. Es gab zwar keine Garantie für eine Heilung, aber doch große Hoff-nung, denn wir hatten es mit einer Vorstufe zu tun, die auch noch rechtzeitig entdeckt worden war. Ich dachte an die ande-ren Frauen, die ich im Krankenhaus gesehen hatte. Manche von ihnen hatten keine Haare mehr und trugen ein Tuch oder eine Perücke, um ihren kahlen Kopf zu bedecken. Anderen war es egal und sie liefen einfach so umher. „Welche Chance mögen sie wohl haben?", ging es mir durch den Kopf und ich fühlte mich ein wenig schuldig. Frauen jeden Alters, alle mit dem gleichen Schicksal. Jetzt war ich eine von ihnen.

In dieser Zeit hatte jeder, der mir nahestand, einen guten Ratschlag und wusste etwas über die neuesten Therapieansätze oder spezielle Vitamine etc. Sie alle wollten helfen. Jemand aus unserem näheren Umfeld hatte sich lange Zeit mit Rohkost auseinandergesetzt und uns mit den Vorteilen grüner Smoothies und großer Salate bekannt gemacht. Eine Weile lang war Denis davon überzeugt, dass ich auf diesem Weg geheilt werden könnte und meine Brust nicht entfernen lassen müsste. Doch in Zeiten, da die Angst regiert, trifft man leicht die falschen Entscheidungen. Ich betete, ging jeden Tag zur Messe und bat Gott darum, mir den richtigen Weg zu zeigen.

„Schließen wir einen Kompromiss", sagte Professor Nitz. „Unter der Bedingung, dass Sie im kommenden Jahr zweimal zum MRT gehen und wir die Entwicklung beobachten, entfernen wir auf Ihren Wunsch nur das Viertel Ihrer Brust, in dem sich die gefährlichsten Herde befinden. Deal?"

„Deal!" Ich war erleichtert. Endlich hatten wir nach wochenlangem Ringen, Kämpfen und Diskutieren einen klaren Fahrplan.

„Sie werden allerdings mit der Konsequenz leben müssen, dass eine Narbe zurückbleibt", fügte sie hinzu.

Das konnte ich akzeptieren. „Diesen Preis bin ich bereit zu zahlen."

Am anderen Ende der Leitung war Dirk Michael Steffan, der Produzent des Weihnachtsmusicals. „Hi, Patricia, wie geht es dir? Hast du eine Entscheidung getroffen?"

„Ja. Ich kann das schaffen. Ich will die Shows im Dezember machen", antwortete ich und war fest entschlossen, meine Verpflichtung zu erfüllen.

„Du weißt aber, dass die Proben mit der Regisseurin und rund 60-köpfiger Mannschaft schon im November beginnen?"

„Ist mir klar. Ich werde Mitte Oktober operiert, sechs Wochen vor der Premiere in Düsseldorf. Meine Ärztin hat mir empfohlen, meine Arbeit nach Möglichkeit nicht zu unterbrechen. Nachweislich leiden wohl mehr Frauen unter Depressionen, wenn sie nach der Diagnose mit der Arbeit aufhören. Abgesehen davon will ich keine Auseinandersetzung mit der Presse. Wenn ich jetzt einknicke, werden sie ganz schnell herausfinden, warum. Ich brauche im Moment Ruhe vor ihnen und außerdem liebe ich, was ich tue. Es wird mir guttun, nach der OP wieder auf die Bühne zu gehen und ein Ziel zu haben."

„Fantastisch, Patricia, ich bin so erleichtert, dass du es hinbekommst."

Veranstalter des Projektes war mein lieber Freund Manfred Hertlein. Jemanden wie ihn zu haben ist in diesem Geschäft eine absolute Seltenheit, und ich werde nie vergessen, was er damals für mich getan hat.

„Ich möchte, dass du dich ganz frei fühlst. Kein Druck."

Er schenkte mir uneingeschränktes Verständnis und große Unterstützung. Doch ich wollte auch, dass er für den Notfall abgesichert war. „Könnt ihr sicherstellen, dass eine Zweitbesetzung für die weibliche Hauptrolle da ist, damit ihr vorbereitet seid, falls ich es doch nicht schaffen sollte?"

„Mach dir keine Sorgen. Denk jetzt nur an deine Gesundheit. Das ist das Allerwichtigste."

Der OP-Termin war gesetzt, jetzt blieb nur noch eine Entscheidung offen: Ein geplantes Solokonzert zwei Tage vor der Operation. Die Tickets waren schon vor Monaten in den Verkauf gegangen.

„Sollen wir absagen?", fragte Denis.

„Nein, wir machen das. Die Leute haben die Karten ja bereits gekauft. Ich kriege das schon irgendwie hin."

Der Abend kam und die Halle war randvoll. Es wurde ein tolles Konzert und es wäre eine Lüge zu behaupten, dass ich nicht emotional war. Einige meiner Familienmitglieder waren gekommen; zwei meiner besten Freundinnen, Uschi und Conny, und ihre Kinder überraschten mich mit ihrem Besuch und natürlich war Denis mit den Jungs da. Ich war sehr bewegt und brach in der Garderobe nach der Show in Tränen aus. Glücklich ist, wer in solchen Zeiten Menschen um sich hat, die ihre ehrliche Liebe zeigen und mit Taten untermauern.

Ich kniete nieder und betete vom tiefsten Grund meiner Seele.

„Gib mir noch zehn Jahre, oh Herr, nur zehn weitere Jahre. Für die Kinder, nicht für mich. Bitte, oh Herr."

Nie waren meine Gebete so offen, ernst und direkt gewesen. Ich bat auch meine Mutter um Hilfe. Es war ein Moment tiefster Verzweiflung. Ich hatte mir den schlimmsten denkbaren Fall vor Augen geführt: dass man bei der OP einen befallenen Lymphknoten finden würde – etwas, das sich beim MRT nicht zu 100 Prozent ausschließen lässt – und dass ich es aus irgendeinem Grund nicht schaffen sollte. Denn obwohl meine Überlebenschancen angesichts der Diagnose ausgesprochen hoch waren, hatte die Erinnerung an den Tod meiner Mutter doch eine Form der Angst in mir ausgelöst, die ich nicht ignorieren konnte.

In Augenblicken wie diesen gehen einem die seltsamsten Dinge durch den Kopf. Zum ersten Mal fiel mir auf, wie viele Bestattungshäuser es gab. An jeder Ecke schien eines zu lauern! Ich bereitete alles Mögliche vor, um im Fall der Fälle nichts unerledigt zu hinterlassen. Meine größte Sorge galt den Kindern. Es war nicht so sehr mein Leben, um das ich mir Sorgen machte, sondern das meiner Jungs. Ununterbrochen dachte ich über ihre Zukunft nach. Ich wollte nicht, dass sie wie ich ohne Mutter aufwuchsen und in jungen Jahren schon so sehr trauern und leiden mussten.

„Sollte ich eines Tages sterben, musst du eine liebe Frau heiraten, damit die Jungs eine Mutter haben", trug ich Denis auf.

„Bist du verrückt?", stieß er entsetzt aus. „Du stirbst nicht und ich heirate niemanden! Du bist es, die ich brauche."

In dieser Phase war er mein Fels in der Brandung, auch wenn er selbst durch eine schwere Zeit ging. Groß, stark und wie eine Eiche fest in der Erde verwurzelt. Er war der beste aller Ehemänner. Immer wieder nahm er mich in den Arm und ermutigte mich, um mein Leben zu kämpfen. Wir waren untrennbar miteinander verbunden, vielleicht mehr noch als je zuvor. „Ihr beiden wart euch schon immer sehr nah", formulierte es ein guter Freund einmal, „aber diese Zeit hat euch noch viel, viel näher gebracht." Er hatte recht.

Professor Nitz brachte es bei einem Untersuchungstermin vor der OP noch auf ganz andere Weise auf den Punkt: „Sie haben mit Ihrem Mann sehr großes Glück. Ich finde es sehr bewegend zu sehen, wie er sich um Sie sorgt und kümmert. Leider ist es oft so, dass Frauen mit Brustkrebs von ihren Männern verlassen werden. Traurig, aber wahr. Andererseits habe ich immer wieder erlebt, wie Patienten viel schneller wieder gesund werden, wenn ihr Partner sie auf dieser schweren Reise begleitet. Für den Heilungsprozess macht dies einen ganz entscheidenden Unterschied."

Dann kam der Abend vor der OP.

„Komm, Patricia, lass uns einen lustigen Film ansehen", sagte Denis. „Nur du und ich."

Wir saßen auf meinem Bett im Krankenhaus und hielten uns fest, während auf dem Bildschirm eine alberne Komödie lief. Ich war nervös und voller Angst. Ununterbrochen spukten mir Gedanken durch den Kopf wie: „Werden sie eine schlimmere Diagnose stellen müssen als zuvor? Wie wird die Brust aussehen, wenn ein Viertel des Gewebes fehlt, und wie die Narbe auf meinem Dekolleté? Werde ich danach immer noch schöne

Bühnenkleider tragen können? Und was ist mit den Lymphknoten? Sind sie vielleicht doch befallen?"

Die Kinder waren bei der Familie geblieben, wo sie mit ihren Cousins spielen konnten und abgelenkt waren. Wir hatten ihnen immer noch nicht gesagt, was mit mir los war. Ich wollte damit warten, bis Denis und ich wieder stabiler und stärker waren als momentan. Sie wussten nur, dass Mama krank war und eine Weile nicht zu Hause sein würde. Und außerdem waren sie doch noch so klein. Ich hatte keine Idee, wie ich damit umgehen sollte.

Alle meine Geschwister hatte ich nach der Diagnose angerufen und informiert. Jeder Einzelne von ihnen zeigte mir in dieser schweren Zeit seine Liebe und half mir auf ganz eigene Weise. Sie kamen von nah und fern, um mich zu besuchen und bei mir zu sein. Es bedeutete mir so viel und ich werde meiner lieben Familie für alle Zeit unendlich dankbar dafür sein.

An jenem Abend kuschelte ich mich noch näher an Denis und meine Gedanken gingen auf Wanderschaft. Ich dachte an den Nachmittag desselben Tages zurück, als ich die Unterlagen für die OP und die Anästhesie unterzeichnet hatte. Von all den Risiken hätte ich lieber nichts gewusst.

„Das verstehe ich gut", sagte der Arzt, „aber ich bin verpflichtet, Sie zu informieren."

„Sie wissen, dass ich Sängerin bin", merkte ich ängstlich an. „Meine Stimme ist mein wichtigstes Instrument. Bitte seien Sie vorsichtig, wenn Sie den Schlauch einführen."

„Natürlich, Frau Kelly. Ich werde eine dünnere Version nehmen, um das Risiko zu minimieren. Aber auch dann besteht immer noch die Gefahr, dass sich das Timbre ändert oder Ihre Stimme tiefer wird oder einfach nicht mehr so schön ist. Das darf ich nicht verschweigen."

Ich unterschrieb. Was blieb mir anderes übrig?

Nächster Morgen. Die Schwester gibt mir eine Beruhigungstablette und zieht mir die Thrombosestrümpfe an. Ich bitte sie, einen Moment zu warten. Dann gehe ich ins Badezimmer, verschließe die Tür, blicke in den Spiegel und verabschiede mich von meiner Brust. Es ist alles gesagt, alles getan.

„Okay, ich bin so weit.“

Die Schwester schiebt mein Bett den Korridor entlang. Denis an meiner Seite. Die Tablette beginnt zu wirken. Alles wird schwarz. Tiefes, lautloses Schwarz. Dann nichts mehr.

Eine Stimme holt mich zurück ins Dasein.

Meine Augenlider sind schwer und das Licht, das plötzlich wieder da ist, blendet mich. Ich versuche, etwas zu erkennen, aber mein Blick ist getrübt. Ich glaube, Professor Nitz fragt mich etwas. Offenbar lebe ich noch.

Später habe ich aufgeschrieben, was damals passiert ist. In meinem Tagebuch fand ich folgende Passage:

Professor Nitz fragte mich: „Erinnern Sie sich, was Sie nach der OP getan haben?“

„Was meinen Sie?“, antwortete ich. „Nein, ich kann mich an nichts erinnern. Warum?“

„Das ist ja unglaublich!“, brach es aus ihr hervor. „Kaum hatten wir Ihnen den Schlauch herausgenommen, wollten Sie aufstehen, ertasteten Ihre Brust, um festzustellen, ob sie noch da ist, und sangen schließlich das Ave Maria!“ Dann fügte sie hinzu: „Über Ihnen weilt Gottes Hand.“

Tja, was soll ich sagen? Das muss wohl das gute alte katholische Irenblut in mir sein. Hat mich noch nie im Stich gelassen.

Doch das heißt nicht, dass es danach einfacher wurde. Die erste Nacht war ein Albtraum. Denis, der neben mir in einem Krankenhausbett schlief, bekam kein Auge zu. Ich jammerte wie ein kleiner Hund, konnte mich nicht unter Kontrolle bringen und trieb die Nachtschwester in den Wahnsinn. Doch was sollte ich tun?

„Ich kenne Sie", hörte ich eine weibliche Stimme. Es war eine Krankenschwester mit großer Begeisterung im Gesicht. Sie hatte bereits eine Weile an meinem Bett gestanden und auf mich aufgepasst, während ich schlief. Jetzt öffnete ich verschlafen die Augen und schon konnte sie nicht mehr an sich halten.

„Ich weiß, wer Sie sind!", sagte sie laut und zeigte auf das Schild am Fußende meines Bettes. „Sie können mich nicht täuschen. Sie heißen nicht O'Neil. Sie sind Patricia Kelly!"

Ich musste lachen und das ist mir heute beim Schreiben auch wieder passiert. Nirgendwo war ich mit meinem richtigen Namen eingetragen. Alle OP-Berichte und ärztlichen Papiere liefen auf den Namen O'Neil. Professor Nitz hatte nur die wichtigsten Personen über meine wahre Identität informiert.

Doch die Schwester, die mich jetzt betreute, hatte mich durchschaut. Sie outete sich als großer Kelly-Fan und konnte ihre Freude kaum verbergen. Ich mochte ihre ehrliche und direkte Art auf Anhieb. Wir kamen gut miteinander aus. Sie half mir bei allen möglichen unangenehmen Dingen, etwa wenn die Drainage gezogen, der Verband gewechselt oder eine Thrombosespritze gesetzt werden musste. Wir hatten viel Spaß miteinander. Sie war verschwiegen und erzählte niemandem, wer ich war.

Die Kelly-Fans wussten nichts, was umso bemerkenswerter war, als dass sie in ihren Foren bis heute für gewöhnlich doch immer auf dem neuesten Stand sind. Selbst die BILD-Zeitung, die sonst so stolz darauf ist, ihre Nase überall drinzuhaben, fand nichts heraus. Ich war Professor Nitz, ihrem Team und meiner Krankenschwester sehr dankbar, dass sie mir durch ihre Verschwiegenheit die Zeit gegeben hatten, die OP zu verarbeiten, ohne zu früh öffentlich darüber reden zu müssen.

Sechs Wochen später war ich bereits wieder im *Capitol*-Theater in Düsseldorf und gab einer netten Reporterin ein Interview. Sie ahnte nichts und während ich ihre Fragen beantwortete, dachte ich nur: „Oh Mann, wenn du wüsstest!"

Mit der OP hatte ich die Krankheit besiegt. So dachte ich jedenfalls. Doch leider sollte sich schon bald zeigen, wie sehr ich mich geirrt hatte.

„Das ist toll geworden. Du kannst die Augen öffnen, Patricia, es sieht gut aus", frohlockte die Schwester. „Es ist wirklich schön, keine Angst. Schau es dir an!"

Zusammen mit einer weiteren Krankenschwester hatte sie den großen Verband abgenommen, der um meine Brust gewickelt war. Sie gab mir einen Handspiegel und ermunterte mich noch einmal: „Sieh nur, es hat sich wirklich gut entwickelt."

Ich brauchte ein paar Minuten, um tatsächlich herunterzuschauen und meine rechte Brust zu betrachten. Meine Angst vor dem Anblick, der sich mir da möglicherweise bieten würde, war einfach zu groß. Es waren seit der Operation etwa fünf Wochen vergangen und ich wusste nicht, was mich erwartete.

Als ich dann aber in den Spiegel auf Höhe meines Dekolletés schaute, war die Erleichterung groß. Ich hatte nicht einmal im Ansatz erwartet, dass es so gut aussehen würde. Die Narbe war viel dezenter als befürchtet. Als ich das nächste Mal auf Professor Nitz traf, nahm ich sie ohne ein weiteres Wort einfach in den Arm und drückte ihr aus Dankbarkeit einen Kuss auf die Wange. Eine riesige Last war mir vom Herzen gefallen.

„Autsch!" Ich zählte bis neun. Und noch einmal „Autsch!", als ich meinen Arm senkte. Ich trainierte die Muskeln in Arm und Brust, indem ich die Wandfliesen im Bad mit Zeige- und Mittelfinger rauf und runter wanderte. Seit der OP war es unmöglich geworden, den Arm zu heben, also musste ich üben, und das mehrmals am Tag. Denn schließlich wollte ich zur Premiere des Weihnachtsmusicals in der Lage sein, meinen Arm wieder vollständig zu heben. Immerhin spielte ich einen Engel, und der musste das ja wohl können.

Dann war es so weit. Das *Capitol*-Theater war bis auf den letzten Platz ausverkauft. Die Premiere war tadellos verlaufen. Ich stand in der Mitte der Bühne und hielt einen riesigen Strauß roter Rosen von Manfred Hertlein in den Händen. Die Leute jubelten und gaben uns stehende Ovationen. „Bravo! Bravo!", schallte es uns von überall entgegen.

In den ersten Reihen erblickte ich Denis und die Jungs, meine Geschwister mit ihren Partnern und Kindern, meine besten Freunde. Mein Herz war erleichtert und erfüllt mit Freude. Es bedeutete mir so viel, dass sie alle da waren, um mich zu sehen. Ich war stolz auf mich und meine kleine Familie. Wir hatten viel erreicht.

Die Proben waren nicht leicht gewesen, denn ich litt immer noch unter so starken Schmerzen, dass ich Medikamente nehmen musste. „War es ein Fehler, so kurz nach der OP wieder mit der Arbeit zu beginnen? Und was ist mit den Jungs?", hatte ich mich oft gefragt. Ursprünglich war meine Hoffnung gewesen, dass ich öfter nach Hause fahren könnte, doch aufgrund meines immer noch angeschlagenen Zustandes blieb ich zeitweise von Montag bis Freitag in Düsseldorf. Zum Wochenende kamen Denis und die Jungs dann immer aus Belgien angefahren, um mich abzuholen. Ich vermisste sie und sie vermissten mich, aber ich hatte mich hierzu verpflichtet und wollte gute Arbeit abliefern.

Eine Weile lang war ich hin- und hergerissen, bis die Jungs Mitte Dezember endlich Ferien hatten. Dann kamen sie alle nach Düsseldorf und wir wohnten zusammen direkt gegenüber vom Theater. Die Show wurde ein großer Erfolg und die Kritiker waren begeistert. Riesige Plakate mit meinem Konterfei hingen an jeder Ecke und niemand ahnte etwas von meinem Zustand.

Im Frühling reiste ich dann für eine Entgiftungs-Kur nach Florida. Ich hatte begonnen, eine Menge Rohkost zu essen, grüne Smoothies und Weizengrassaft zu trinken und alle erdenklichen gesunden Dinge zu mir zu nehmen. Ich trieb wieder leichten Sport und legte sechs Monate lang jeden Tag einen Mittagsschlaf ein. Irgendwann war die Nachricht über meine OP schließlich doch durchgesickert. Jemand musste an der falschen Stelle ein unvorsichtiges Wort fallen gelassen haben. Jetzt stand die BILD-Zeitung auf der Matte und wollte ein Interview. Ich brauchte Bedenkzeit.

Ein halbes Jahr war seit der Diagnose vergangen. Bisher hatte ich es geschafft, diesen Teil meines Lebens aus der Öffentlichkeit rauszuhalten. 50 bis 60 Konzerte hatte ich in der Zwischenzeit wieder gegeben und niemandem war etwas aufgefallen.

Nachdem ich über das Thema geschlafen hatte, rief ich einen guten Freund an, einen der größten und wichtigsten Manager im deutschen Showbusiness. Ich erklärte ihm die Situation und sagte, dass ich noch mehr Zeit brauchte, um alles für mich zu verarbeiten, und dass ich mich noch nicht wieder stark genug fühlte, um über all das öffentlich zu sprechen.

„Darum kümmere ich mich, Patricia", beruhigte er mich. „Ich kenne einen wichtigen Menschen bei der BILD. Mit ihm werde ich reden."

Ich hatte nicht mehr von ihm erhofft als einen guten Rat, aber er wollte mir diesen Gefallen tun und dafür bin ich ihm bis heute sehr dankbar. Wie er es geschafft hat, weiß ich nicht, aber am Ende überzeugte er die Redaktion, nur einen winzigen Artikel mit einem ebenso winzigen Foto irgendwo in der Ecke zu veröffentlichen. Für die BILD-Zeitung war es immer noch gut, denn schließlich schrieb sie als Erste über das Thema, was ihr immer besonders wichtig ist. Allerdings zog der Beitrag nicht viel Aufmerksamkeit auf sich, und das erleichterte mich sehr.

Damit war die Luft weitestgehend raus aus dem Thema und ich entschied mich zu einem offiziellen Posting auf meiner Homepage. Viele Fans waren geschockt und ich erhielt große Mengen von E-Mails und Briefen, in denen sie ihre Gefühle zum Ausdruck brachten. Ich war von den Dingen, die sie schrieben, und von der Tatsache, dass sie ihre Emotionen mit mir teilten, sehr berührt. Im Anschluss gab es zwar viele Interviewanfragen, doch mein damaliges Management wies sie alle zurück. Nach einer Weile kehrte Ruhe ein. Ich konnte wieder durchatmen.

Alles schien in Ordnung.

Bis die Schocknachricht kam.

„Wir müssen eine Mastektomie vornehmen", sagte Professor Kuhl, meine Radiologin. „Es gibt zu viele kritische Aktivitäten und Veränderungen in den verbliebenen drei Vierteln der Brust."

Professor Nitz stimmte zu. Beide hatten lange miteinander über die Resultate meiner letzten MRT diskutiert und waren zu einem eindeutigen Ergebnis gekommen. „Sie sitzen auf einem Pulverfass, Frau Kelly", sagte sie in aller Eindringlichkeit. Es waren dieselben Worte wie einige Monate zuvor.

Die Ergebnisse der Pathologie meiner ersten OP hatten deutlich gezeigt, dass weitere Vorstufenherde existierten. Meine Brust blieb eine tickende Zeitbombe. Sollte ich die Brust nicht entfernen lassen, betonte Professor Nitz, so würde ich mich zumindest einer Bestrahlungstherapie unterziehen müssen. Ich wusste, das würde in vielerlei Hinsicht nicht gut sein und betraf vor allem mein altes Rückenproblem und einen zukünftigen Kinderwunsch.

Wie dumm war ich doch gewesen! Warum hatte ich nicht gleich beim ersten Mal die gesamte Brust entfernen lassen? Die Antwort war ebenso menschlich wie nachvollziehbar: weil ich

Angst hatte. Doch nach fast einem Jahr der Genesung und Auseinandersetzung mit meiner neuen Situation ließ sich nun nicht mehr verleugnen, dass die Brust entfernt werden musste. Mir war klar geworden, dass ich nie ganz frei von dem beunruhigenden Gefühl geworden war, die Krankheit könnte sich auf das restliche Brustgewebe ausweiten. Diese Angst war nicht gut für mich und ich wollte nicht mehr mit ihr leben. Wenigstens hatte sich herausgestellt, dass ich kein Brustkrebsgen besaß. Das war ein Stück Erleichterung, denn andernfalls wäre die Empfehlung gewesen, gleich beide Brüste amputieren zu lassen.

Ich hatte meine Entscheidung getroffen: „Sie haben recht, Professor Nitz. Es ist genug. Lassen Sie uns einen OP-Termin vereinbaren."

Endlich hatte ich genügend Mut aufgebracht, um den nächsten Schritt zu gehen. Aber auch diesmal hatte ich wieder einen Vertrag für eine Konzertreihe im Dezember unterzeichnet. Sie hieß „Christmas Moments" und wurde von Thomas Schwab produziert. Ich erklärte ihm meine Situation und er gab mir sein volles Vertrauen.

„Ich kriege das hin, Thomas, da bin ich ganz sicher", versprach ich ihm. „Ich habe es letztes Jahr geschafft und dieses Jahr schaffe ich es auch."

„Mach dir keine Sorgen, Patricia. Ich glaube an dich."

Irgendwann hatten Denis und ich beschlossen, dass es an der Zeit war, mit den Kindern ganz offen über das Thema Krebs zu reden und alle ihre Fragen zu beantworten. Ich hatte bereits bemerkt, dass Ignatius, mein jüngerer Sohn, damals gerade erst sechs Jahre alt, in letzter Zeit trauriger wirkte als sonst. Eigentlich war er immer ein fröhliches Kind voller guter Laune, und umso mehr fiel mir die Veränderung auf.

Als wir schließlich mit den Kindern sprachen, stellte sich heraus, dass sie die eine oder andere Unterhaltung zu Hause mitbekommen und bereits über Krebs nachgedacht hatten. Umso erleichterter waren sie, als wir ihnen versicherten, dass ich wieder ganz gesund werden würde.

Als der OP-Termin näher rückte, dachte ich mir, es sei eine gute Idee, mich im Internet ein bisschen genauer über meine bevorstehende Brustoperation zu informieren. Doch auf das, was ich da sah, war ich nicht vorbereitet gewesen. Heilige Makrele! Der Anblick, der sich zum Teil bot, war alles andere als angenehm, und viele Erfahrungsberichte sprachen von Depression oder Verkapselung oder davon, sich nicht mehr wie eine richtige Frau zu fühlen. Der Gedanke machte mir Angst. Ich wollte auch nach der OP uneingeschränkt für meine Kinder da sein. Sie sollten keine Mutter haben, die mit Depressionen kämpft. Das war der Hauptgrund, warum ich mich für ein Implantat entschied. Die Möglichkeit einer Variante aus Eigengewebe schlossen wir aufgrund meiner früheren Rückenprobleme aus. Zudem wären in diesem Fall mehrere Operationen nötig gewesen, die mindestens ein halbes Jahr in Anspruch genommen hätten. Meine Wahl fiel schließlich auf ein hochqualitatives, modernes Implantat aus Silikon, und ich habe meine Entscheidung bis heute nicht bereut.

„Hast du keine Angst?", fragte Denis.

„Nein, seltsamerweise überhaupt nicht. Ich bin auf ganz ungewöhnliche Weise ruhig und zuversichtlich. Da ist diesmal kein Funken Angst."

Es war der Vorabend der großen OP und ich stand am Fenster desselben Krankenzimmers wie im vorigen Jahr. Es gab kein Zurück. Meine rechte Brust würde ein für alle Mal entfernt werden. Doch in mir hatte sich eine Form des Friedens eingestellt, wie ich sie selten zuvor empfunden hatte. Und als ich diesen Zustand mit Zufriedenheit wahrnahm, blickte ich aus dem Fenster und ließ meine Gedanken in die Vergangenheit schweifen ...

Ich bin 10 Jahre alt und betrete das Zimmer meiner Mutter. Ich sehe sie an ihrer Balkontür stehen. Die Sonnenstrahlen umspielen sanft ihre Konturen und tauchen den Raum in warmes Licht. Mein Vater liegt auf dem Bett. Er schreibt etwas.

„Dan", sagt sie mit großer Ruhe. „Kannst du einmal herüberkommen?"

Ich schaue still zu, wie er aufsteht und zu ihr geht. Ihre Bluse ist halb geöffnet. Sie nimmt seine Hand und legt sie auf ihre rechte Brust. „Kannst du diese kleine Unebenheit fühlen?"

Etwas stimmte nicht, das wusste ich sofort. Warum in aller Welt war ich ausgerechnet in diesem Moment in ihr Zimmer gekommen? Und warum ist diese Szene so fest in meiner Erinnerung verankert? Nur fünf Wochen später war Mutters Brust amputiert worden und sie blieb mit einer großen offenen Wunde zurück, die einfach nicht heilen wollte. Monat um Monat. Ich erinnere mich, wie sie in ihrem Bett lag und eine Freundin von ihr, die selbst Brustkrebs gehabt hatte, ihre offene Wunde mit einer speziellen Erdpackung verschloss. Doch nichts half.

Irgendwann nach der ersten Operation hatte ich ihren Krankenbericht noch einmal gelesen. Per Zufall fiel mir das Datum ihrer Brustamputation ins Auge: 14. Oktober 1981. Moment mal, 14. Oktober? War ich nicht auch im Oktober operiert worden? Rasch blätterte ich durch meinen OP-Bericht und entdeckte das Datum: 13. Oktober. Unfassbar.

Es war so weit. Ich wartete im Vorzimmer des Operationssaals. Diesmal nahm ich keine Beruhigungsmittel; ich brauchte keine. Ich war immer noch genauso ruhig wie am Abend zuvor und auf fast unheimliche Weise verspürte ich weiterhin keinerlei Angst.

„Guten Morgen, Frau Kelly", begrüßte mich der Anästhesist.

Ich lächelte. „Hallo, Herr Doktor, wie geht es Ihnen?"

„Wow, Sie sind aber gut drauf", gab er mir überrascht zurück.

„Ja, ich bete, dass alles gut geht."

Als er die Injektion vorbereitete, hörte ich mich sagen: „Wissen Sie eigentlich, dass Jesus Sie liebt?"

Er hielt inne, schaute mich verblüfft an und erwiderte in gedankenvollem Ton: „Ja, das weiß ich."

Dann injizierte er die Flüssigkeit und alles um mich herum wurde erneut schwarz.

„Shishik, Schatz, wach auf!"

Es war Denis. Ich hörte seine Stimme ganz weit weg. „Shishik, ich bin's."

Ich war zurück in meinem Zimmer und versuchte, die Augen zu öffnen, doch dafür waren sie viel zu schwer. Nach dem „Ave Maria"-Zwischenfall vom letzten Mal hatte mir der Anästhesist vermutlich eine extragroße Dosis verpasst. Ich konnte es ihm nicht verübeln.

„Patricia", sprach mich eine andere Stimme an. Sie gehörte Uschi, einer meiner besten Freundinnen. Was für eine Überraschung! Wie ich später erfuhr, war sie bereits am Morgen gekommen und hatte die ganzen vier Stunden der Operation an Denis' Seite gewartet. Jetzt konnte ich die beiden erkennen. Es war so schön, auf diese Weise aufzuwachen.

„Du hast es geschafft, Schatz", sagte Denis und gab mir einen Kuss. „Ich bin so stolz auf dich."

Ich hörte mich sagen: „Mein Herz steht für Gott in Flammen!", und: „Ich weiß nicht, kann es sein, dass ich von der Anästhesie high bin?" Und nach einer kurzen Bedenkzeit: „Ich habe Hunger! Großen Hunger!"

„Na, das klingt doch schon ein bisschen nüchterner", sagte Uschi mit einem Augenzwinkern, bevor sie anfing, mich mit Kartoffelpüree zu füttern. Löffel für Löffel, wie ein kleines Baby.

In der Zwischenzeit hatte Denis nach dem Telefon gegriffen: „Sie ist gerade aufgewacht!" Später erzählte er mir, dass unsere

Familien und Freunde in Europa, den USA und Moskau für mich gebetet hatten und sofort wissen wollten, wie es mir ging.

Als alle meine Sinne nach und nach wieder zurückgekommen waren, erlebte ich eine weniger angenehme Überraschung. „Whooa, was ist das denn?" Ein immenser stechender Schmerz machte sich in meiner Brust breit. „Gott! Was ist das?"

Tausend Rasierklingen schienen mein Fleisch von innen zu zerschneiden und zudem brannte alles lichterloh. Ich schaute mit immer noch unstetem Blick an mir herab. Ein großer Verband war eng um meine Brust gewickelt, so eng, dass ich kaum atmen konnte. Und meine Rippen! Plötzlich war alles andere ausgeblendet und ich nahm nur noch diese entsetzlichen Schmerzen wahr. Es war noch einmal eine ganze Stufe schlimmer als nach der früheren OP.

Die erste Nacht ließ sich kaum ertragen. Ich spare mir die Details, aber „Horror" ist das einzige Wort, das es einigermaßen angemessen beschreibt. Als ich später las, dass manche Frauen nach einer Mastektomie kaum etwas spüren, konnte ich das fast nicht glauben. „Vielleicht sind sie ja besonders stark", dachte ich mir, „oder auch einfach weniger schmerzempfindlich." Aber ohne Übertreibung kann ich sagen, dass ich nie zuvor derartige Schmerzen erlebt hatte.

Am nächsten Tag war das Zimmer derart randvoll mit Blumensträußen, dass die Ärzte und Schwestern mir spaßeshalber vorschlugen, einen Blumenladen zu eröffnen. Es war schön und bewegend zu erleben, wie sich alle um mich sorgten und an mich dachten. Die Umstände trugen dazu bei, dass ich nah am Wasser gebaut war, und so vergoss ich in dieser Zeit mehr als nur ein paar Tränen der Rührung.

Meine Familie und Freunde kamen oft zu Besuch. So viele, die an mich dachten, mich besuchten, mir Karten und Briefe schickten und mich anriefen. Nie werde ich ihnen das vergessen. Alle wollten täglich wissen, welche Fortschritte ich machte. Denis musste einen Telefonanruf nach dem anderen beantworten und kam zeitweise gar nicht mehr nach. Also beschlossen wir, einen E-Mail-Verteiler einzurichten, der die Sache vereinfachen sollte. Von jetzt an diktierte ich Denis ab und zu einen Brief, der gleichzeitig an die Familie und enge Freunde rausging – Patricias Newsletter aus dem Krankenhaus sozusagen.

Trotz der heftigen Schmerzen gelang es mir bereits am dritten Tag nach der OP den Korridor auf und ab zu wandern. Die Krankenschwestern waren beeindruckt. Den Kompressions-BH allerdings, der die Prothese in Position halten sollte, bekamen sie mir nicht schmackhaft gemacht.

„Nein, weg damit! Ich will das Ding nicht!"

Die armen Schwestern redeten mit Engelszungen auf mich ein, doch sie waren chancenlos. Er war so eng und ich hatte zu allem Überfluss auch noch einen postoperativen Gurt umgeschnallt, der alles nur noch enger machte und den Schmerz bis an den Rand der Ohnmacht verstärkte.

„Unter keinen Umständen ziehe ich das Ding an!", rief ich und war nicht zu überzeugen.

Sie holten sich Professor Nitz zur Verstärkung. Erneut bot sie mir einen Deal an. Und tatsächlich: Mit ihrer liebevollen Art gelang es ihr am Ende, mich gegen alle Widerstände davon zu überzeugen, dass ich dieses Folterinstrument sechs bis acht Wochen lang Tag und Nacht tragen musste.

„Sie müssen es versuchen", sagte sie. „Andernfalls könnte die Prothese verrutschen. Sie können den BH aber ohne den Gurt tragen. Einverstanden?"

Mit einer auf Brustkrebsnachsorge spezialisierten Krankenschwester hatten wir vor der OP die richtige Größe ausgesucht. In ihrem Büro gab es zahlreiche Perücken, Badeanzüge und andere Utensilien für Frauen in meiner Situation.

Irgendwann fragte sie mich: „Wissen Sie eigentlich, dass Sie nach der Mastektomie einen Anspruch auf einen Behindertenausweis haben?“

Ich dachte zunächst, das sei ein schlechter Witz und wusste nicht so richtig, wie ich reagieren sollte. „Tja, gut zu wissen“, stammelte ich.

Sie zwinkerte mir zu. „Dann müssen Sie im Museum keinen Eintritt bezahlen.“

Es klang wie ein bizarrer Tauschhandel: Wenn ich schon eine Brust abgeben musste, sollte ich wenigstens lebenslang umsonst ins Museum gehen können? Wie absurd! Natürlich habe ich diesen Ausweis bis heute nicht beantragt, und solange ich ihn nicht brauche, werde ich das auch nicht tun.

„So, Frau Kelly, eine Woche haben Sie hinter sich“, stellte Professor Nitz mit hörbarer Zuversicht fest. „Wenn Sie die nächste Woche genauso gut durchstehen, und wenn Ihr Körper die Prothese weiterhin problemlos annimmt, dann können wir mit großer Wahrscheinlichkeit davon ausgehen, dass er sie akzeptiert hat.“

Das klang ermutigend und ich bekam noch von anderer Seite Unterstützung. Per E-Mail war eine Gebetskette ins Leben gerufen worden, an der Familie, Freunde, Gemeindemitglieder, Mönche, Nonnen und sogar einige Geschäftspartner teilnahmen. Sie alle beteten, dass mein Körper die Prothese akzeptierte. Und das tat er dann auch. Das Schlimmste war endlich überstanden.

Im Frühjahr 2011 zog ich mit meiner kleinen Familie von Belgien weg. Es fiel uns nicht leicht, denn es waren schöne Zeiten gewesen dort. Doch wir hatten gründlich über unsere Entscheidung nachgedacht und es war wichtig, dass wir uns im Leben vorwärtsbewegten. Mein Gesundheitszustand verbesserte sich zunehmend und die Schmerzen waren auf ein Minimum zurückgegangen. Abgesehen vom halbjährlichen Check-up war auch meine Therapie bald beendet.

„Jetzt können Sie anfangen, wieder ganz normal zu leben", hatte Professor Nitz zu mir gesagt. „Leben Sie. Gehen Sie und leben."

Die vergangenen anderthalb Jahre war ich stärker und stärker geworden. Von Depression keine Spur, auch wenn ich von den Ärzten gehört hatte, depressive Phasen seien für Brustkrebspatientinnen normal. Ich konnte die Krankheit jetzt gehen lassen. Aber nun brauchte ich ein Ziel, auf das ich hinarbeiten konnte. Ich wollte eine neue Stufe von Gesundheit erreichen.

Aufgeregt öffnete ich einen Umzugskarton nach dem anderen.

„Wo sind sie nur? Wo sind meine Fotos?", murmelte ich vor mich hin, während ich mich durch einen riesigen Wust an Dingen kämpfte. Einen ganzen Wolkenkratzer aus Kartons hatte ich durchwühlt, als ich endlich auf die Bilder stieß, die ich gesucht hatte.

„Da seid ihr ja!", rief ich triumphierend und begann direkt, sie durchzusehen.

28. Juni 1998: Patricia in Sportausrüstung, wie sie die Ziellinie des Rothsee-Triathlons erreicht. Sofort spürte ich die alte Begeisterung wieder. „Das ist es!", dachte ich mir, griff nach dem Telefon und wählte Joeys Nummer.

„Kein Problem, Patricia, da helfe ich dir", sagte er ohne zu zögern. „Ich melde dich für den Köln-Marathon im Oktober an."

„Was denn, schon im Oktober?", antwortete ich mit deutlicher Unsicherheit. „Aber Joey…"

Doch er ließ mich gar nicht erst zu Wort kommen. „Das schaffst du."

„Aber das sind doch nur noch vier Monate!", wandte ich besorgt ein. „Und ich habe die letzten sechs Monate wegen meinem Brustimplantat überhaupt nicht trainiert. Wie soll ich da einen Halbmarathon schaffen?"

„Was hat denn deine Ärztin gesagt? Darfst du laufen?"

„Na ja, sie hat gesagt, mit einem guten Sport-BH ginge das.“

„Also dann, worauf wartest du noch?“

Joey registrierte mich ohne weitere Diskussion und rief mich eine Woche später an: „Weißt du was? Stern TV fragt immer wieder wegen deiner Geschichte und einem Bericht dazu an. Sie wollen dich am liebsten beim Marathon begleiten. Hast du mal darüber nachgedacht?“

„Ja, habe ich und ich werde das machen“, antwortete ich entschlossen. „Ich will jetzt endlich einmal ganz offen darüber reden. Ich habe so lange geschwiegen, wegen der Belastung nicht mal nach den Konzerten Fotos gemacht und Autogramme gegeben. Das war alles so bedrückend und davon will ich mich jetzt befreien. Und vielleicht kann ich anderen Frauen ja auf diesem Weg auch etwas Hoffnung machen. Das ist die Gelegenheit dazu.“

Und weil die Redakteurin eine gute Freundin ist und ich ihr vertraue, sicherte sie mir zu, dass ich den Filmbeitrag vor Ausstrahlung erst freigeben musste. Jetzt war ich umso motivierter, mit dem Training zu beginnen. Jeden Morgen hüpfte ich praktisch direkt aus dem Bett in meine Sportschuhe und los ging es zum Lauf durch die Straßen.

Zu Beginn ließ ich es langsam angehen, erst schnelles Walken, dann Joggen. Ich fing mit 10 bis 20 Minuten an und steigerte mich schließlich bis zu einer Dreiviertelstunde. Anfangs schmerzte das Implantat ein bisschen, passte sich aber bald an die neue Situation an und wurde zum verlässlichen Trainingspartner.

Ich lief und lief. Frischer Sauerstoff strömte durch meine Lungen und gab meinem Körper Energie. Ich war ganz auf mein Ziel fixiert, einen Halbmarathon zum Jahrestag meiner Brustamputation zu laufen. Es fühlte sich großartig an, wieder in Form zu kommen. Was für ein Geschenk es war, gesund zu sein!

Denis war von meinem Einsatz so begeistert, dass er sich ebenfalls anmeldete. Von nun an trainierten wir zusammen.

Alles lief gut, aber es waren auch nur drei Wochen Zeit. Der Lauf rückte näher und näher.

Eines Morgens stolperte ich dann während des Trainings über einen Stein, verstauchte mir den Knöchel und stürzte zu Boden. „Verdammt", dachte ich und humpelte zurück nach Hause. „Nur noch drei Wochen und dann passiert mir so was! Jetzt werde ich es doch nicht schaffen", ging es mir durch den Kopf.

Ich rief Joey an und bat ihn um Rat.

„Schon dich, tu eine Woche lang gar nichts und fang dann wieder von vorne an."

Die Tage vergingen und ich humpelte immer noch. „Ach Mann, ich Idiot!", ärgerte ich mich über mich selbst. Nach einer Woche begann ich wieder mit leichtem Training. Es tat immer noch weh, aber ich gab nicht auf. Die letzten Tage vor dem Halbmarathon ging es dann zum Glück wieder ganz gut. Ich war zwar immer noch nicht wieder zu alter Form aufgelaufen, aber zumindest hatte ich keine Schmerzen mehr.

3. Oktober, Köln, früh am Morgen. Das Kamerateam von Stern TV wartete bereits. Ich gab ein kurzes Interview und konzentrierte mich voll und ganz auf mein Ziel, die 22 Kilometer zu Ende zu laufen. Joey und Denis waren ebenfalls da. Wir würden die gesamte Strecke zusammen laufen.

Die Sprecher motivierten die große Menge von Läufern an der Startlinie. *Boom! Boom! Boom!*, pulsierte Musik aus riesigen Lautsprechern. Es war eine herrliche Atmosphäre.

Als der Startschuss fiel, setzten sich Hunderte von Teilnehmern in Bewegung. Ich ließ mich von niemandem beirren, sondern konzentrierte mich auf mein eigenes Tempo. Es war gemächlich, aber konstant. Denis lief zu meiner Linken, Joey zu meiner Rechten. Er gab mir Tipps und motivierte mich immer zum richtigen Zeitpunkt: „Iss eine Banane! Trink dies und das! Nicht gehen, sondern laufen! Gehen ist der Anfang vom Ende" etc. Als wir am Verpflegungsstand vorbeiliefen, drückte er mir eine Cola in die Hand. Er war eine große Unterstützung. Und wenn er mich nicht gerade motivierte, wickelte er am Handy seine geschäftlichen Angelegenheiten ab: „Ja, in Ordnung, schicken Sie mir den Vertrag." Sein Telefon klingelte ununterbrochen. Er nahm es locker, ganz so, als machten wir hier nur einen kleinen Spaziergang durch den Park.

Ich schaffte die gesamte Strecke ohne Pause. Viele andere verfielen zwischendurch immer wieder ins Gehen, doch ich lief und lief und lief. Nachdem ich mit relativ langsamer Geschwindigkeit begonnen hatte, steigerte ich mein Tempo nach und nach auf ganz natürliche Weise. Auf halber Strecke begann ich, andere Läufer zu überholen.

„Einer, zwei, drei!", zählte Joey mit Vergnügen. „Siehst du, jetzt überholst du schon."

Nach drei Vierteln der Strecke begann meine linke Hüfte zu schmerzen. Joey bemerkte es sofort und ermahnte mich: „Einfach ignorieren. Das ist nur die Hysterie des Körpers."

„Tja", gab ich ihm skeptisch zurück, „da bin ich nicht so sicher."

Aber ich vertraute ihm natürlich, also folgte ich seinem Rat und ignorierte die Schmerzen. Ich behielt mein Ziel vor Augen, auch wenn ich jetzt leicht humpelte. Mittlerweile liefen wir durch die Kölner Altstadt. Joey spornte mich an: „Wir sind fast da. Nur noch ein kleiner Kilometer. Einfach durchhalten!"

Ich atmete heftiger, jeder Schritt tat mir jetzt weh und mein Gesicht war puterrot. Aber ich trieb mich unaufhörlich weiter voran. Heute weiß ich, dass Joey mir nicht so ganz die Wahrheit gesagt hat, denn es war deutlich mehr als ein Kilometer übrig gewesen. Er hatte mich ausgetrickst, um mich bei Laune zu halten. Ganz schön clever.

„Nur noch über die Brücke, dann sind wir fast da!"

Jeder Schritt fiel mir jetzt schwer, meine Knie und meine

Hüfte machten sich ununterbrochen bemerkbar. Doch ich ließ keine negativen Gedanken zu.

„Du bist fast da!", wiederholte Joey immer wieder.

Aber diesmal hatte er die Wahrheit gesagt. Am Horizont konnte ich es lesen: Ziel. Eine große Ladung Adrenalin schoss mir durch den Körper und als die Ziellinie nur noch wenige hundert Meter entfernt war, rief Joey voller Begeisterung: „Du hast es geschafft, Patricia, du hast es tatsächlich geschafft!"

Das Hochgefühl war nahezu unbeschreiblich und ich verspürte das starke Bedürfnis, noch einen Spurt einzulegen und die Ziellinie in hohem Tempo zu überqueren. Also ließ ich Denis und Joey hinter mir und brachte den Lauf mit voller Geschwindigkeit zu Ende. Als ich angekommen war, klappte ich beinahe zusammen.

„Ich bin so stolz auf dich!", strahlte Denis mich an, während er mich in den Armen hielt. „So stolz!"

Ich konnte meine Tränen nicht zurückhalten. Es waren Tränen der Freude und Dankbarkeit. „Ich liebe dich, Schatz, und ich werde immer für unsere kleine Familie kämpfen", flüsterte ich ihm ins Ohr, als wir plötzlich von Fotografen und Kameras umzingelt waren. Doch die nahm ich in diesem Moment nicht einmal wahr. Ich war viel zu glücklich.

Dann nahm ich auch meinem Bruder in den Arm. „Danke dir für deine Hilfe und Unterstützung, Joey, du hast ganz schön auf mich eingequasselt."

Er lachte und sagte: „Du läufst wirklich gut. Als Nächstes melde ich dich für die volle Distanz an."

Moment mal, meinte er das ernst? „Joey, warte mal einen Moment!", rief ich ihm hinterher, während mir jemand eine Medaille um den Hals hängte.

Aber da war er schon längst wieder in Bewegung und verschwand irgendwo in der Menge. Was soll ich sagen? So ist er eben, der alte Haudegen.

Der Gast ist König

Einmal – ich war damals schon erwachsen – saß ich mit meinem Vater zusammen und er erzählte mir Geschichten von früher, aus denen man deutlich heraushören konnte, wie sehr meine Mutter und er sich geliebt hatten.

„Wusstest du, dass deine Mutter und ich denselben Traum hatten, als wir uns kennenlernten?", fragte er.

„Nein, welcher war das?", wollte ich wissen.

„Wir beide träumten davon, ein Heim für vierzig Waisenkinder aufzubauen", sagte er.

„Wow! Das ist aber ein schöner Traum gewesen!", rief ich.

„Nun ja, wir haben es nie geschafft, ihn Wirklichkeit werden zu lassen", seufzte er und musste dann lachen. „Zwölf Kinder erwiesen sich schon als zu viel! Aber weißt du was, Patricia? Wenn der Krebs nicht gewesen wäre, hätte deine Mutter diesen Traum sicher weiterverfolgt, sobald ihr alle groß gewesen wärt und auf eigenen Beinen gestanden hättet. Ich kannte sie – sie hätte es getan!"

Obwohl ich erst zwölf gewesen war, als meine Mutter starb, zweifelte ich nicht daran, dass er recht hatte. Mir fiel eine Geschichte wieder ein, die sich im Winter 1979 zugetragen hatte.

Wir hatten damals die Erlaubnis bekommen, unseren Doppeldeckerbus auf dem Gelände des Don-Bosco-Kinderheims in Berlin abzustellen. Es war ein Waisenhaus, bestehend aus acht

Gebäuden, in denen jeweils neun oder zehn Kinder wohnten, alles Jungen. Mit Hilfe eines Verlängerungskabels durften wir Strom in den Bus legen und die Duschen und die Waschküche eines der Gebäude mitbenutzen. Wir sind einige Monate dort geblieben.

„Klopf, klopf", hörte man es in dieser Zeit oft an der Bustür. Fast jeden Tag war die ganze untere Etage voll mit Waisenjungen, die mit Mama Kelly Tee tranken und Kekse aßen. Nach und nach lud meiner Mutter alle Jungs des Waisenheims ein.

Überwältigt von dem großen Andrang legte mein Vater schließlich Besuchszeiten fest: „Zwischen siebzehn und neunzehn Uhr dürft ihr alle kommen."

Hielt sich meine Mutter daran? Natürlich nicht.

Wir Kinder bekamen so jede Menge neue Freunde und erlebten eine wunderbare Zeit. Und ich glaube, für meine Mutter war es sogar die schönste Zeit ihres Lebens. Wenn ich an den Bus zurückdenke, sind meine Erinnerungen voller Wärme, und ich meine, den Herzschlag meiner Mutter zu spüren, dem alle Lebenskraft entsprang.

Als wir schließlich doch wieder weiterziehen mussten, erklärte der Direktor des Don-Bosco-Heims unseren Bus zum neunten seiner acht Häuser. Und er sagte zu meinem Vater, dass viele der Jungen durch meine Mutter zum ersten Mal erlebt hätten, wie sich echte Mutterliebe anfühlt.

Alle reden immer über meinen Vater, mich eingeschlossen, denn ein Mann mit einer so starken Persönlichkeit hinterlässt natürlich einen bleibenden Eindruck. Doch meine Mutter, die Stille, Fürsorgliche, war eigentlich die treibende Kraft in unserer Familie. Sie machte kein großes Aufhebens und redete nicht viel, sondern tat die Dinge einfach. Und hier war mütterliche Zuneigung gefragt – also gab sie sie. Sie war immer da, nicht nur für uns, sondern anscheinend für alle Kinder der Welt. In ihrem

Herzen war unbegrenzt Platz und Zeit. Je mehr sie gab, desto mehr hatte auch sie. Ganz egal, wie eng es im Bus war, sie fand immer noch ein Plätzchen für einen weiteren Gast.

Dieses Prinzip lebten meine Eltern mit Haut und Haar. Solange ich mich zurückerinnern kann, habe ich zu Hause einen ständigen Strom von Hilfsbereitschaft, Gastfreundschaft und praktischer Nächstenliebe erlebt. Ich kann mich an unzählige Gelegenheiten erinnern, bei denen meine Eltern anderen Menschen geholfen haben.

Erst vor wenigen Jahren haben Denis und ich mit den Kindern unsere frühere Haushaltshilfe, Tia Narcisa, in Spanien besucht. Mittlerweile war Tia Narcisa über achtzig Jahre alt und ich hatte sie viel zu lange nicht gesehen.

Da ich mir manchmal nicht sicher war, ob ich meine Eltern im Nachhinein vielleicht etwas zu verklärt gesehen habe, stellte ich ihr einige Fragen, denn sie musste es schließlich wissen. „Wie waren meine Eltern damals so? Woran erinnerst du dich als Erstes, wenn du an sie denkst?", fragte ich. Dann fügte ich noch hinzu: „Oh, und bitte sag mir die Wahrheit. Ich brauche keine geschönten Märchen, sondern die Erwachsenenversion."

Sie sagte: „Deine Eltern waren ganz wunderbare Leute. So voller Leben und immer hilfsbereit zu jedermann. Ich verdanke ihnen alles. Dieses Häuschen hier konnte ich nur nach und nach bauen lassen, weil deine Eltern mich damals beschäftigt haben. Bevor ihr hergezogen seid, hatte ich zwei kleine Mädchen, und mein Mann Frederico war schwer herzkrank und konnte das Haus nicht verlassen. Ich musste jeden Job machen, den ich kriegen konnte, auch schwere Männerarbeit, um etwas zu essen für die Kinder kaufen zu können, und trotzdem mussten sie oft hungrig ins Bett gehen. Als deine Eltern hierherzogen und eine Haushaltshilfe suchten, war das meine Rettung."

Ich war sehr gerührt von dem, was sie da sagte, und mit wieviel Respekt und Liebe sie von meinen Eltern sprach. Tia Narcisa war für mich in den acht Jahren, die sie mit uns verbrachte, wie eine zweite Mutter gewesen – und sie war auch meine Hebamme. Denn als ich zur Welt kommen sollte, hatte ich es so eilig, dass meine Mutter es nicht mehr ins Krankenhaus schaffte, und so hat sie mich mit Tia Narcisas Hilfe zu Hause entbunden. Tia Narcisas Tochter ist meine Patentante, und noch immer ist der Kontakt mit ihr sehr eng. In diesem Sommer werden wir als Familie zur Hochzeit von deren Tochter, also Tia Narcisas Enkelin, nach Spanien fahren und ich werde dort ein Lied singen. Ich freue mich schon sehr darauf!

Tia Narcisa hatte noch viele Geschichten über meine Eltern zu erzählen, die mich in dem bestätigten, wie ich sie in Erinnerung hatte.

„Deine Eltern waren ein sehr liebevolles, dynamisches Paar. Bei euch war immer etwas los, sie bewegten viel, unterstützten den Fußballverein und halfen, wo sie konnten. Deine Mutter war ein so herzensguter Mensch, und deinen Vater nannten im Dorf alle *Don Daniel*, das war ein Ehrentitel, den man wichtigen Leuten gab. Im ganzen Dorf gab es damals nur ein einziges Auto, und das gehörte deinem Vater. Er war auch der Einzige, der es fahren konnte. Und mit diesem Auto war er genauso hilfsbereit und großzügig wie mit seiner Zeit. Er hat unzählige Stunden damit verbracht, alle möglichen Leute damit zum Arzt oder zum Krankenhaus zu kutschieren und wieder abzuholen."

„So, wir sind fertig", sagte mein Vater fröhlich und zufrieden, als er von dem Stuhl herabstieg, auf dem er gestanden hatte. „Der Gast ist König" hatte er mit Farbe und Pinsel in großen Buchstaben über die Tür unseres Gästezimmers geschrieben. Das war ein Motto, das er uns beigebracht hatte. Er hatte mehrere dieser Art, aber das hier gehörte für ihn zu den Allerwichtigsten. Er lebte uns vor, wie man einen Gast willkommen heißt, und erinnerte uns daran, dass der Kelly-Clan in Irland für seine Gastfreundschaft bekannt war. Diese gute Tradition sollte von Generation zu Generation weitergetragen werden.

Soweit ich mich zurückerinnern kann, lebte immer irgendjemand bei uns, der kein Familienmitglied war. Meine Eltern hatten für Gäste jederzeit ein Bett und ein paar Kartoffeln übrig. Es waren mehr als eine Handvoll Leute, die über die Jahre hinweg bei uns wohnten und schon bald zur Familie gehörten. Manche waren für ein paar Wochen da, manche ein Jahr, andere gar vier, fünf oder sechs Jahre.

Vater und Mutter hatten immer einen Platz für die Armen, Bedürftigen und Kranken. Und sie brachten uns bei, genau diese Menschen zu lieben und für sie zu sorgen. Echte Gastfreundschaft, so lehrten sie uns, schaut nicht auf dein Äußeres, sondern blickt dir direkt ins Herz. Und ein glückliches Zuhause gehört nicht nur denen, die auf der Sonnenseite stehen. Man sollte es teilen.

Eine spezielle Geschichte ist mir besonders in Erinnerung geblieben. Ich war damals erst acht oder neun. Zu der Zeit lebten wir in Spanien in unserem alten Haus auf dem Land. Jedes Jahr im Herbst zog dort ein Mann umher, den alle nur „Vagabundo" nannten. Seine ganze Habe hatte er immer dabei, eingewickelt in ein Tuch, das er an einem Stock befestigt über seiner Schulter trug. Er bot seine Dienste als Rosenbeschneider an, um ein bisschen Geld zu verdienen. Diese Arbeit machte er sehr gut, doch von seinem Lohn kaufte er sich nichts anderes als Rotwein. Für gewöhnlich schlief er im Waschhaus der Stadt, das zwar überdacht war, aber keine geschlossenen Wände hatte. Nur von einem dünnen Laken bedeckt, trank er sich dort dann in den Schlaf.

„Was?", sagte mein Vater, als er davon erfuhr. „Das geht auf keinen Fall! Macht dem armen Mann unten in der Scheune ein Bett fertig. Gebt ihm eine Matratze und ein vernünftiges Laken.

Oh, und du", wies er einen meiner älteren Brüder an, „du verschaffst ihm eine ordentliche Dusche und sorgst dafür, dass seine Kleidung gewaschen wird."

Nach einem harten Arbeitstag hatte der Vagabund die wunderschönen riesigen Rosensträucher unter dem Balkon meiner Mutter beschnitten. Frisch gewaschen bekam er dann den Ehrenplatz am Tisch neben meinem Vater. Gewärmt vom offenen Kamin in der Küche schaute er meiner Mutter dabei zu, wie sie ihm *Chistorra* zubereitete, eine baskische Spezialität. Er speiste wie ein König und schließlich sprach mein Vater die Worte, die jeder unserer Gäste zu hören bekam: „Holt das Akkordeon."

Der arme Bettler traute seinen Augen und Ohren nicht: Die ganze Großfamilie gab tatsächlich ein Konzert für ihn allein!

Nach einigen Tagen, an denen er bei uns zu Hause wie ein König behandelt worden war, verabschiedete er sich mit Tränen in den Augen von uns.

Heute, viele Jahre später, fällt mir dazu die biblische Geschichte vom verlorenen Sohn ein und ich denke an die berühmten Worte von Jesus: „Was ihr dem geringsten meiner Brüder getan habt, das habt ihr mir getan.[1]"

Erst beim Schreiben dieses Kapitels wurde mit klar, dass ich diese Kelly-Tradition unbewusst weitergelebt habe. Auch meine Kinder sind damit aufgewachsen, dass bei uns ständig jemand kommt und geht. Jemand, der einen Platz zum Bleiben braucht, ein Zuhause voller Liebe und Frieden, einen Ort, an dem man ihn oder sie durch und durch ernst nimmt. Meine Kinder haben die verschiedensten Menschen erlebt – blinde Gäste, Menschen im Rollstuhl und solche mit psychischen Problemen – und sich mit uns um sie gekümmert.

„Mama, Mama!", rief mein Sohn Ignatius vor Kurzem einmal.

---

[1]   Matthäus 25,40

„Können wir die Gebetsecke und den kleinen Schrank aus unserem Schlafzimmer herausräumen? Nur für eine Nacht. Bitte."

Seine Cousins hatten sich für das Wochenende zum Übernachten angekündigt. Iggi fügte hinzu: „Weißt du, Mama, dann haben wir genug Platz für alle Matratzen in unserem Schlafzimmer. Wir wollen es kuschelig haben."

Eigentlich haben wir zwei leere Zimmer auf derselben Etage, aber nein, Iggi hatte begriffen, dass es viel gemütlicher war und ein warmes Gefühl des Zusammenseins schuf, wenn alle im selben Raum schliefen.

Als er mir das fertig eingerichtete Zimmer zeigte, sah ich dort Matratze an Matratze und keinen Zentimeter Zwischenraum. Auf jedes liebevoll vorbereitete Bett hatte Iggi ein Buch gelegt, eine Flasche Wasser und Trinkgläser. Er hatte die Kelly-Tradition längst für sich fortgeführt: Ein glückliches Zuhause wird noch glücklicher, wenn man es teilt.

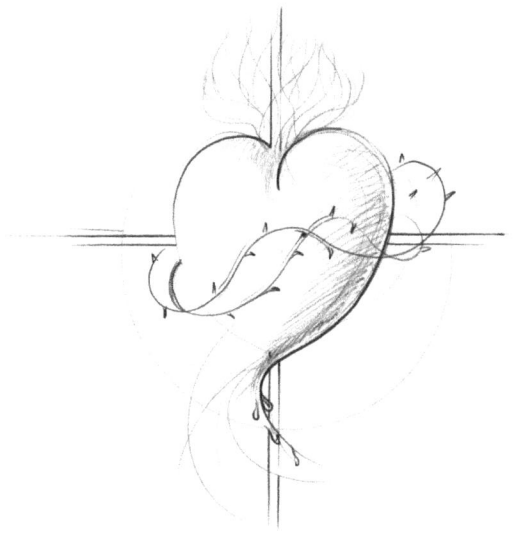

7. Nachklang
2011–2017

The Master's brush
Is painting planets
All around us
A new room

Patricia Kelly, „A new room"

Blühende Rosensträucher

eine Augen blickten auf die große, zweieinhalb Meter hohe Marienstatue vor mir. Halb erfroren von der eisigen Kälte dieses Wintermorgens sah ich zu, wie mein geliebter Mann zu ihren Füßen schweigend ein Grab für unser verlorenes Baby aushob. Es war nicht das erste Mal, dass er dies tat. Zu unserer Seite ein Priester, ein guter Freund von uns, und eine Ordensschwester.

„Warte, Denis", sagte sie, „ich hole etwas heißes Wasser."

Sie ging und kam kurz darauf mit einem Kessel kochenden Wassers zurück. Denis hatte versucht, mit der Schaufel durch den gefrorenen Boden zu dringen, aber Schnee und Frost bewiesen die Kraft der Natur und es gelang ihm nicht, ein Loch zu graben, das groß genug war für den kleinen Sarg mit den Engeln drauf.

Unser Freund, der Priester, schaute mich ernst an. Ich hielt den Sarg fest in den Händen und strich ein letztes Mal sanft drüber, auch wenn ich wusste, dass die kleine Seele unseres Babys nicht darin war. Dann übergab ich sie ihm. *„In nomine Patris et Filii et Spiritus Sancti"*, begann er zu beten.

Eine Weile zuvor: Denis und ich riefen unsere beiden Jungs und baten sie, sich zu uns zu setzen. „Eure Mutter ist schwanger", ließen wir sie wissen.

Sie brachen unmittelbar in Jubel aus: „Oh, wow! Yuppieeee! Heißt das, wie bekommen ein Baby? Einen Bruder oder eine Schwester?" Sie freuten sich wie die Schneekönige, küssten und umarmten mich und meinen Bauch. Wir lachten viel zusammen an diesem Abend der Freude.

Zwei Jahre zuvor hatte ich meine erste Fehlgeburt gehabt. Es war am Ende des dritten Monats geschehen und unsere ganze Familie hatte eine tiefe Traurigkeit über diesen Verlust erlebt. Unsere Jungs hatten es mit uns getragen. Lange hatten sie jeden Abend vor dem Zubettgehen, um ein Geschwisterchen gebetet. Der Verlust war für uns alle besonders schwer gewesen, weil damals vier Frauen aus meiner Familie im gleichen Zeitrahmen schwanger waren. Und alle bekamen sie nach neun Monaten gesunde Kinder. Bei Familientreffen saß ich ohne Baby dort, während alle anderen ihre Neugeborenen im Arm hielten. Einmal kam Alexander zu mir und sagte: „Weißt du, Mama, wenn unser Baby geboren worden wäre, würde es jetzt genauso groß sein wie die anderen Kinder."

Endlich konnten wir unseren beiden Jungs also die schönen Neuigkeiten mitteilen: Ich war wieder schwanger. Und nein, ich konnte mir nicht vorstellen, dass ich das Baby auch diesmal wieder verlieren würde. Und dabei sollte es danach sogar noch zwei weitere Male geschehen. Die Ärzte hatten mir damals gesagt, dass diese Dinge manchmal einfach passieren können, und dass beim nächsten Baby alles gut gehen würde. Es dauerte Monate, bis ich nach meiner zweiten Fehlgeburt wieder befreit lachen konnte. Diesmal war etwas Hoffnungsloses dabei, etwas Sterbliches. Ich erinnere mich daran, wie ich die Kinder zum Sport fuhr und dabei in Gedanken zu mir selbst sagte: „Konzentrier dich, Patricia, nur nicht weinen. Ihr Leben liegt jetzt in deiner Hand. Sie brauchen dich."

Ich versuchte, so schnell wie möglich wieder zu meinem Alltag zurückzukehren. Ich brachte die Jungs zur Bibelstunde, zu ihren Freunden und Cousins, aber nichts war wie zuvor, meine Konzentration erzwungen, mein Lächeln unnatürlich. Mein Körper schien mir schwer wie Blei zu sein. Und das Leben war einfach nur traurig, so furchtbar traurig.

Die Zeit heilt alle Wunden, heißt es. Das stimmt – sie hilft. Aber selbst heute, Jahre später noch, und egal, wo ich gerade bin, kennt mein Herz an einem bestimmten Tag nur einen Gedanken: „Mein Kind, heute ist der Tag, an dem du uns verlassen hast."

„Oh Patricia, schau nur, sie sind so schön!"

Ich hatte der Nonne fünf Rosensträucher gegeben, um sie auf dem kleinen Grab einzupflanzen. Das letzte Mal, als wir die Schwestern besuchten, bemerkte ich etwas, das sich nicht übersehen ließ: Der Strauch mit den schönsten Rosen blühte direkt unterhalb von Marias Füßen.

> *Let the wind blow,*
> *Let it take you home*
> *'Cause I know that you'll be waiting for me there*
> *Trumpets harps and bows*
> *Welcome your pure soul*
> *'Cause I know that you'll be waiting for me there*

(aus meinem Lied: „Let the wind blow", geschrieben nach der ersten Fehlgeburt 2006.)

Ein Hoch aufs Camping

E s ist der 15. Juli 2013 und ich wische den Boden unseres Mietbungalows mit einem altmodischen Mopp, einem von der Sorte, die man noch mit der Hand auswringen muss. Hier auf dem Campingplatz an der spanischen Costa Blanca gibt es die noch, und ich fühle mich in meine Kindheit zurückversetzt.

Ja, wir hätten uns auch in einem schicken Hotel an der Küste einmieten können, mit drei Mahlzeiten inklusive und Zimmerservice à la carte. Aber ich hasse Hotels, besonders Luxushotels, wo man bedient wird wie der Maharadscha von Indien. Verstehen Sie mich nicht falsch, ich bin auch nicht besonders wild darauf, von morgens bis abends die Böden zu schrubben. Das habe ich wirklich oft genug in meinem Leben getan. Aber ich halte es für meine Pflicht mir selbst und meinen Kindern gegenüber, dass ich die Bodenhaftung behalte.

Zu Hause haben wir eine wunderbare Teilzeit-Haushaltshilfe, ohne die bei uns nichts laufen würde. Ohne Zweifel würde ich ohne sie meinen Beruf, meine Musik und meine Konzerttouren nicht schaffen. Und zwei, dreimal im Jahr kommen Denis' Eltern zu Besuch, die auch für mich inzwischen Mama und Papa sind, und helfen uns. Aber an den Wochenenden putze und wasche ich selbst und spiele das Taxi für die Kinder.

Ich habe es schon immer gehasst, wenn man mich als „Star" bezeichnet. Das ist vielleicht gut gemeint, aber ich dagegen sehe mich selbst als Mutter, Ehefrau, Künstlerin, Gotteskind, Schwester, Freundin und Tochter, die mit beiden Beinen fest auf dem Boden der Tatsachen steht. Und ja, meine Kinder müssen natürlich auch den Tisch abräumen, den Müll rausbringen und ihre Tiere selbst versorgen.

Wir wollen keine Maharadschas von Indien. Und der Boden, den ich gerade auf diesem Campingplatz in Spanien wische, erinnert mich daran.

Spanien und Campingplatz, allein die beiden Wörter lösen schon eine Flut von Erinnerungen in mir aus. Es ist wirklich erstaunlich, dass unsere Sinne eine direkte Standleitung zu unserem Gehirn zu haben scheinen.

„Hallo?"

„Ja?"

„Ist da das Gehirn? Hier ist das Gefühl. Ich spüre den Stiel eines Mopps, wie den aus deiner Kindheit. Ruft das irgendwelche Erinnerungen hervor?"

„Oh ja, danke, liebes Gefühl. Wir werden Patricias Bewusstsein ein paar Erinnerungsfetzen zukommen lassen. Adios!"

Irgendwie so muss es laufen. Ich bin erstaunt, wie schnell die Gedanken sich in meinem Kopf formen, als ich den Wischmopp weglege und mich auf die Veranda des Mietbungalows setze.

Es ist fast Mitternacht, und meine drei Männer spielen auf der Straße vor dem Haus Fußball. In den identischen Bungalows um uns herum wohnen lauter spanische Familien. Ich sitze draußen auf der Veranda, esse Pipas (Sonnenblumenkerne) und schaue meinen Jungs dabei zu, wie sie mit den spanischen Kindern spielen und lachen und eine wunderbare Zeit erleben. Alle Menschen wirken fröhlich und unkompliziert hier auf diesem Campingplatz.

Ich beobachte die Menschen um mich herum, die ihr typisch spanisches, spätes Abendessen beendet haben, das meist erst um 22:30 Uhr beginnt, und die jetzt draußen ihre einzige Zigarette des Tages genießen, zusammen mit einem kleinen schwarzen Kaffee als Abschluss. Spanier sind irgendwie lauter als wir „Nordlichter" und scheinen auch immer viel mehr Anlässe zum Reden zu haben als wir.

Selbst ihre Hunde scheinen lauter zu bellen. Den Nachbarshund, der uns heute viel zu früh geweckt hat, hätte ich schütteln können. Das Zirpen der Grillen im Hintergrund ist dagegen beinahe meditativ.

Die ganze Szene erinnert mich an meine Kindheit, als wir in Belascoain in Spanien lebten. Wie glücklich ich war, bevor meine Mutter krank wurde! Im Sommer haben wir auch immer bis 1 oder 2 Uhr morgens draußen gespielt. Vermutlich hätten wir auch die ganze Nacht durchgemacht, wenn unsere Eltern nicht irgendwann eines unserer älteren Geschwister herausgeschickt hätten, um uns zu holen.

Damals, vor gut 35 Jahren, war es noch nicht gefährlich für Kinder, nachts allein draußen herumzutoben. Wir bewegten uns frei wie Könige in unserer kleinen Welt. Meine Mutter wollte nur wissen, wo wir waren, und alle paar Stunden mussten wir uns bei ihr melden, damit sie wusste, dass alles in Ordnung war. Ich sagte ihr dann, dass ich zu einer Freundin ging, um mit Puppen zu spielen, oder dass wir auf der Straße Fahrrad fuhren. Es gab ein „natürliches Überwachungssystem": Jeder achtete auf jeden. Sämtliche Erwachsene hatten immer ein Auge auf die Kinder.

Ab dem Nachmittag saßen die älteren Frauen zu zweit oder zu dritt draußen an der Straße vor ihren Häusern auf diesen typischen spanischen Flechtstühlen. Sie nähten etwas für ihre Enkelkinder oder unterhielten sich einfach nur miteinander. Klatsch und Tratsch wurde ausgetauscht, während sie alles auf der Straße im Blick behielten. Vermutlich waren sie die besten Detektive der Stadt.

Meine Mutter sprach oft mit unserer Nachbarin Carmen, denn sie und ihre Freundinnen informierten Mutter immer genauestens über das, was wir Kinder so anstellten. Ein bisschen waren sie wie eine gewisse bekannte Zeitung in Deutschland; sie konnten jemanden großmachen oder in den Boden stampfen.

Da war zum Beispiel die Geschichte von diesem Mädchen, das hübscheste weit und breit. Jeder wusste, dass sie sich heimlich mit einem jungen Mann traf. Der junge Mann gehörte zu einer sehr reichen, vornehmen Familie, die in Pamplona lebte und nur an den Wochenenden und in den Ferien nach Belascoain kam. Seine Eltern waren mit der Beziehung nicht einverstanden, denn das hübsche Mädchen kam aus einer einfachen Bauernfamilie. Und eines Tages wurde sie schwanger. Das war natürlich das Stadtgespräch. Das Mädchen ließ sich nicht mehr blicken und blieb auf dem Hof der Familie, der etwas außerhalb lag. Die Gerüchteküche besagte, dass die Mutter des jungen Mannes ihm verbot, weiter nach Belascoain zu kommen, und dass sie öffentlich abstritt, dass das Kind von ihm war.

Die junge Frau zog ihren Sohn dann allein groß und er wurde ein sehr hübscher und wohlgeratener Junge. Es hieß, dass der junge Mann niemals geheiratet hat, weil dieses Mädchen seine einzige große Liebe war.

„Mama, ich blute!", ruft Alexander. Oh ja, da läuft Blut von seinem linken Knie herunter. Es ist nicht schlimm, aber ich desinfiziere die Wunder lieber und klebe ein Pflaster darauf. Noch ein kleiner Kuss von Mama, und schon rennt er wieder los, um weiterzuspielen.

Ich schaue auf mein eigenes linkes Knie, und richtig, da ist sie noch, die alte Narbe. Als Kind war ich auch ziemlich wild und bin beim Spielen ständig hingefallen, mit Vorliebe auf mein linkes Knie, warum auch immer. Ich kann mich noch gut daran erinnern, wie weh das tat. Eigentlich hatte ich fast ständig eine offene Wunde. Wenn sich einmal zufällig Schorf oder gar neue Haut gebildet hatte, dauerte es nicht lange und ich stürzte wieder und riss erneut alles auf. Meine arme Mutter sagte mir oft: „Patricia, mach doch bitte langsamer und lass es einmal richtig abheilen!"

Doch ich hatte so viel Spaß dabei, in diesem kleinen Dorf frei umherzustreifen, ich konnte mich einfach nicht bremsen.

„Mama", sagt Ignatius am nächsten Tag zu mir, „Camping ist tausendmal besser als ein Hotel."

Yes, denke ich bei mir. *Yuppiee, yes, yes, yes!* Der Fisch hat angebissen! Wie einfach es doch ist, eine Mutter glücklich zu machen. Wir sitzen draußen auf der Veranda unseres Bungalows irgendwo an der spanischen Costa Blanca und essen zu Mittag.

„Was heißt ‚Essen' auf Spanisch?", frage ich ihn.

„*Comer*", sagt er.

Campingplätze sind die Orte, an denen ich sechs Sprachen gelernt habe. Keine Abendschule, keine Abschlüsse, keine Privatlehrer. Nur ein Aufenthalt von mindestens sechs Monaten auf einem Campingplatz irgendwo in Europa.

Auf den meisten besseren Campingplätzen gibt es sogenannte „Dauercamper". Das sind Menschen, die einen Platz das ganze Jahr über gemietet haben und auch die meiste Zeit dort wohnen, abgesehen vielleicht von ein paar unfreundlichen Wintermonaten. Das bedeutet, sie haben Erweiterungen an ihren Wohnwagen, Kühlschränke draußen, Lampions und Lichterketten, Blumen und Pflanzen in Töpfen und kreativ gestaltete Veranden mit Gartenzwergen und so weiter. Solche Dauercamper waren meist auch wir.

Kinder schließen schnell Freundschaften. Sie scheren sich nicht darum, woher jemand kommt oder welche Sprache er spricht. Sie sehen in einem Neuen einfach nur einen potenziellen Spielkameraden, mit dem man Abenteuer erleben kann.

Wir Kellys waren geradezu versessen darauf, neue Freunde zu finden. Wenn man in einer Großfamilie aufwächst, entwickelt man gewisse Überlebensstrategien. Und eine davon ist es, ein extremes „Sozialmonster" zu werden. Um es milde auszudrücken: Wenn die Kellys angekommen waren, wusste das sehr bald der ganze Campingplatz. Blitzschnell sammelten wir eine Herde neuer Freunde um uns und spielten mit ihnen Cowboy und Indianer. Oder eine ganze Fahrradbande sauste um den Campingplatz und stieß die Gartenzwerge um. Wir waren ziemlich wild, aber auf eine Sache war mein Vater sehr stolz: Die Leute sagten immer, dass die Kelly-Kinder niemals lügen oder stehlen würden. Das waren drei der höchsten Gebote bei uns, die meinem Vater wirklich heilig waren: kein Lügen, kein Stehlen, kein Schlagen. Ach ja, und Gebot Nummer Vier lautete: Kein Kaugummi.

Ja, wirklich. Ich habe nie herausgefunden, was am Kaugummikauen so verwerflich war. Das wird wohl für immer ein Geheimnis bleiben.

Mein Vater wurde oft gefragt: „Wie haben Sie Ihren Kindern nur all die Sprachen beigebracht?"

Er sagte dann immer: „Das habe ich gar nicht. Ich habe nur dafür gesorgt, dass wir immer lange genug in einem Land leben, damit sie die Sprache aufschnappen. Sechs Monate haben sich dabei als die minimale Zeit herauskristallisiert, die Kinder brauchen, um die Grundlagen einer Sprache zu lernen."

Wissen Sie, was die ersten Wörter waren, die wir jeweils lernten? Ich bin nicht ganz sicher, warum, aber ich fürchte, es waren immer Flüche und Schimpfwörter. Die wiederholten wir dann immer und immer wieder und lachten uns dabei kaputt. Versuchen Sie es doch selbst einmal: Sagen Sie „Arsch" in sechs verschiedenen Sprachen und versuchen Sie, nicht zu lachen.

„Wo kommt ihr her?" Das ist die Frage, die uns wohl am häufigsten gestellt wird.

„Ich dachte, ihr wärt Spanier!", sagten mir mehrere Leute in diesem Urlaub. Ich spreche fließend Spanisch, fast ohne Akzent.

Die Franzosen im Bungalow neben uns, die am Tag zuvor angereist sind, verhalten sich ganz still und versuchen herauszufinden, welcher Nationalität wir denn nun angehören. Man kann ihnen die Ratlosigkeit am Gesicht ansehen.

„Hm, aber sie spricht Englisch!", sagt er.

„Aber er klang eben Russisch. Und die Kinder haben gerade eindeutig deutsch gesprochen", meint sie.

„Nein, hör doch mal, das ist Französisch!"

Die Armen.

Auf unseren Reisen, bei denen wir meist auf Campingplätzen wohnten, habe ich außer Englisch und Spanisch auch Deutsch und Französisch gelernt. Niederländisch bekomme ich auch ganz gut hin und Italienisch, wenn man mir nicht gerade eine komplizierte Bedienungsanleitung oder ein Werk von Goethe vorsetzt. Es gibt da nur ein klitzekleines Problem, und das ist das Schreiben.

Vor ein paar Jahren war meine Schwiegermutter Natascha einmal wieder zu Besuch bei uns. Sie kam zu mir und sagte: „Shishik (der Spitzname, den meine russische Familie mir gegeben hat), wie buchstabiert man dieses Wort hier auf Französisch? Kannst du mal schauen, ob ich es richtig geschrieben habe?" Und damit hielt sie mir einen Zettel unter die Nase.

Ich war ertappt. Peinlich berührt murmelte ich: „Äh, ich weiß nicht, wie man das schreibt. Da kann ich dir leider nicht helfen, Natascha."

Sie schaute mich an, als ob ich einen schlechten Witz gemacht hätte. „Aber ich habe dich doch schon rasend schnell und absolut fließend mit deinen französischen Freunden sprechen hören!"

„Das stimmt, Natascha. Aber korrekt schreiben kann ich es nicht."

Sie war total überrascht und ging zu Denis, um mit ihm zu reden. Diese Sache wollte einfach nicht in ihren Kopf gehen. Und es war ja auch verwirrend. Ich habe zum Beispiel ohne Probleme einige der großen Klassiker auf Französisch gelesen. Und Natascha ist Sprachwissenschaftlerin mit einem Doktortitel auf dem Gebiet der Sprachvermittlung an der Universität in Moskau. Sie kennt sich also bestens damit aus, wie Menschen Sprachen lernen. Sie ist außerdem sehr gebildet und klug. Jahrelang hat sie sich darum bemüht, perfekt Englisch, Deutsch und Französisch zu lernen. Sie hat Kurse über Kurse besucht und schreibt weitaus besser als ich. Doch sie hat immer noch damit zu kämpfen, ein flüssiges Gespräch auf Französisch zu führen.

In den folgenden Tagen fragte sie mich immer wieder, ob ich sie hinters Licht führen wollte, und schließlich sagte sie sehr ernst zu mir: „Patricia, ich bin zu dem Schluss gekommen: Wenn du wirklich sechs Sprachen fließend sprichst, ohne sie zuvor in schriftlicher Form gelernt zu haben, bedeutet das, dass du ein Genie sein musst."

Ich musste laut lachen. Die arme Natascha fand das überhaupt nicht lustig.

„Aber ich meine das wirklich ernst!", sagte sie.

Ich schüttelte mich immer noch vor Lachen. „Also, wenn ich ein Genie bin, Natascha, dann erklär mir bitte mal, warum ich mir nicht mal die Handynummer meines Mannes merken kann – oder schlimmer noch, unsere eigene Festnetznummer! Und warum habe ich in den vierzehn Jahren mit Denis immer noch kaum ein Wort Russisch gelernt?" Das würde ich übrigens wirklich sehr gern können!

„Nein, ich fürchte, dass es einfach daran lag, dass meine Eltern viel Wert auf unsere geistige Entwicklung gelegt haben. Eine vielseitige Bildung ihrer Kinder war ihnen sehr wichtig.

Und als sie merkten, dass wir in sechs Monaten die Grundlagen einer Sprache aufschnappten, sorgten sie eben dafür, dass wir immer mindestens so lange in einem Land blieben, bis wir die Sprache beherrschten."

Wenn Sie also Kinder haben und möchten, dass sie Fremdsprachen lernen, dann ziehen Sie am besten mit ihnen ins Ausland, bevor ihre Gehirne steif und erwachsen werden. Und die beste Methode ist es, auf einem belebten Campingplatz zu wohnen.

Hinter Gittern

Ich betrat die Garderobe, um meine Kleidung zu wechseln. Niemand war da. Ich schaute in den Spiegel, betrachtete mich und bemerkte, dass ich ganz anders wirkte als sonst. Ich konnte mich nicht bewegen, meine Füße schienen untrennbar mit dem Boden verbunden zu sein. Ich schaute mir direkt in die Augen und dachte über mein Leben nach. Ich war im Gefängnis.

Ist es das, was mit Menschen geschieht, die im Gefängnis sind? Beginnt man, über sein Leben Bilanz zu ziehen? Es war ein bisschen wie eine Nahtoderfahrung, von der es heißt, dass die eigene Vergangenheit wie ein Film vor einem abläuft. Ein solcher Film wurde jetzt in meinem Spiegel abgespielt. Ich sah eine junge Frau aus gutem Haus. Mich selbst. Die Haut auf meinem Gesicht war makellos und mein Haar weich wie Seide. Ich hatte es gut gehabt, war beschützt worden, geliebt und gelehrt. Ich war nicht allein gelassen, geschlagen oder missbraucht worden. Scham über mein privilegiertes Leben durchzuckte mich wie ein Blitz.

Doch ich hatte auch anderes erlebt. Ich mag keine Tätowierungen haben, aber ich trage zahllose Narben auf meinem Körper. Mit ihnen könnte ich problemlos das Klischee einer Gefängnisinsassin erfüllen. Mein Schicksal war so verlaufen, dass ich auf mancherlei Weise großes Glück gehabt hatte, aber Leid und Schmerz hatten trotzdem mein gesamtes erwachsenes Leben hindurch immer wieder an meine Tür geklopft. Ich weiß, wie sich Leiden anfühlt und ich habe gelitten bis zu einem Punkt, wo es zu einem Freund wurde, mit dem ich sprechen und verhandeln konnte. Es gab keinen Grund, vor ihm davonzulaufen. Im Gegenteil: sich mit dem Leiden zu arrangieren macht vieles einfacher.

Immer noch betrachtete ich mich im Spiegel und dachte: „Dein Gesicht zeigt nichts von alledem. Aber in deinen Augen kann man dein Herz erkennen. Du hast versucht, dein Glück mit anderen zu teilen. Du hast dich nie einfach zurückgelehnt und dein privilegiertes Leben genossen. Du hast versucht, ein ehrbares Leben zu leben."

Eine Erinnerung leuchtete auf. Ich sah mir dabei zu, wie ich eine geschlossene Psychiatrie betrat, um eine Frau zu besuchen, die mich um Hilfe gebeten hatte. Hinter mir wurden die Türen verschlossen.

„Ich wollte dir nur sagen, dass ich mein Versprechen nicht halten kann", sagte sie.

„Doch, das kannst du", widersprach ich ihr, „du kannst um dein Leben kämpfen. Und du musst es tun."

Sie begann zu weinen und zog ein Messer aus der Schublade. „Nimm es an dich, bevor ich meine Meinung ändere", und drückte es mir in die Hand.

„Patricia", hörte ich meinen Namen vom Gang draußen. „Machst du dich fertig?"

Es war Denis und ich dachte nur: „Noch so ein Punkt, bei dem ich Glück gehabt habe." Ich sah meine Jungs im Spiegel, wie sie morgens lachend zur Schule liefen. Ich wünschte mir, sie hätten heute bei uns sein können, doch Kinder unter 13 Jahren waren in diesem Frauengefängnis nicht erlaubt. Gedanken gingen mir durch den Kopf darüber, dass sie zwar auf eine Privatschule gingen und sich dort wohlfühlten, aber doch wussten, dass sie das nicht zu etwas Besserem machte. Ich hatte sie immer wieder darauf hingewiesen, dass die Welt viel größer ist als ihr kleiner privilegierter Schulhof, und das hatten sie verstanden. Von sich aus nahmen sie an sozialen Schulprojekten teil, bei denen Geld für arme Kinder in Afrika gesammelt wird. Und sie sind bis heute sehr engagiert und erfolgreich damit. Ich bin so stolz auf sie. Eine Großzahl Kinder ihres Alters sind ganz anders und beginnen bereits früh, sich wie viele Erwachsene mit Statussymbolen abzugrenzen. Warum sind Menschen nur so wild darauf, sich ständig von anderen abzugrenzen?

Hier an diesem Ort waren die Frauen aus ganz anderen Gründen von der Außenwelt abgegrenzt und wünschten sich vermutlich genau das Gegenteil. Das Beste, was ich heute leisten konnte: für kurze Zeit eine Brücke nach draußen zu bauen und alle Abgrenzung eine Weile lang vergessen zu machen.

„Oh Herr", betete ich und schaute dabei meinem Spiegelbild in die Augen, „bitte hilf mir, die Herzen dieser Frauen zu berühren. Auch sie sind deine geliebten Kinder. Berühre sie durch mich, durch meine Musik, damit sie deine Liebe spüren und sich geliebt fühlen können."

Mit dem letzten Pinselstrich Rouge auf meinen Wangen kam ich zu einem Ende. Als ich meine Stimme aufwärmte, betrat eine junge Frau die Garderobe: „Kann ich noch etwas anbieten? Hier, ich habe noch ein paar Kekse gebracht", erklärte sie und stellte ein Tablett mit Gebäck auf den Tisch. Früher am selben Tag hatte sie mir und meinem Team Essen in der menschenleeren Kantine serviert.

„Danke Ihnen, alles ist perfekt", sagte ich und schenkte ihr ein Lächeln.

Als ich ungefähr ein Jahr zuvor die Einladung bekommen hatte, in diesem Gefängnis zu singen, hatte ich Schwierigkeiten gehabt, einen Termin zu finden, an dem sowohl meine Musiker als auch ich selbst frei waren. Mit 60 Konzerten und Privatveranstaltungen im Jahr über ganz Europa verteilt versuche ich, meinen Kalender nicht übervoll werden zu lassen, damit ich oft genug zu Hause bei meiner Familie sein kann. Doch am Ende hatte sich doch eine Möglichkeit ergeben, und so war ich nun hier.

Immer noch werde ich vor jedem Konzert nervös, ganz egal wie viele Menschen mir zuhören. Heute war es noch einmal eine ganze Stufe anders. Die Form der Nervosität war anders. Tatsächlich spürte ich Angst. Angst zu versagen. Angst, dass die Frauen einfach aufstanden und gingen. Oder mich ausbuhten. Mit meiner Familie hatte ich früher oft Konzerte in Gefängnissen gegeben, doch allein? Das war eine neue Erfahrung für mich.

„Bist du nervös?", fragte mich Christian, mein Gitarrist.

„Ja, und du?"

Ihm ging es nicht anders, wir umarmten uns gegenseitig und sagten: „Lass uns ihre Herzen berühren. Toi toi toi."

„Viel Glück, Schatz", flüsterte mir Denis zu.

Jemand öffnete die Tür zum Saal, in dem all die Frauen warteten. Als wir hineingingen, applaudierten sie uns. Eine Bühne gab es nicht. Ich ergriff meine Gitarre und schaute ins Publikum. Die Blicke, die auf mich gerichtet waren, zeigten Rohheit und Skepsis. Einige demonstrierten extreme Coolness und musterten mich von oben bis unten. Die meisten von ihnen trugen Trainingsanzüge. Ich bemerkte viele Tätowierungen und Piercings, sah geschädigtes Haar und raue Haut. „Ob ich sie erreichen kann?", ging es mir durch den Kopf. „Ob ich diese Brücke bauen kann?"

Dann Musik. Ich begann den ersten Song. Meine Stimme durfte keine Schwäche zeigen und so gab ich alles. Unmittelbar begannen viele der Frauen, rhythmisch mit dem Kopf zu nicken und zaghaft mit den Füßen zu wippen. Am Ende des Liedes ertönten Bravorufe und Beifall.

„Puh", dachte ich, „sie mögen es, Gott sei Dank."

Als ich nach ungefähr der Hälfte meines Auftritts unseren alten Kelly-Song „Alle Kinder brauchen Freunde" anstimmte, begannen viele der Frauen zu weinen. Manche schluchzten so laut und unkontrolliert, dass es nicht zu überhören war. Mitten im Lied hielt ich spontan inne und sagte: „Ich fühle mit euch. Ich bin selbst Mutter und weiß, was es bedeutet, nicht bei seinen Kindern zu sein. Ich leide mit euch."

Nie zuvor hatte ich in einem Konzert eine solche Reaktion erlebt. Für uns ist es eine Selbstverständlichkeit, jederzeit mit unseren Kindern zusammen sein zu können. Für diese Frauen nicht. Sie weinten und weinten und ich musste selbst mit den Tränen kämpfen. Ich sah Denis und die anderen am hinteren Ende des Saals stehen. Auch sie waren bewegt. Christian und ich blickten uns gegenseitig mit feuchten Augen an und wussten, dass wir ihre Herzen berührt hatten.

So sieht Berufung aus. Die Menschen mit unserer Musik zu bewegen, sie dem Wichtigsten in ihrem Leben nahezubringen, ihnen vielleicht ein Gefühl jener göttlichen Würde und Einzigartigkeit zu geben, die wir alle besitzen. Was für ein Glück ich habe, eine Künstlerin sein zu können, meine Kunst zu lieben und von ihr zutiefst erfüllt zu werden. Ich baue Brücken.

Beim nächsten schnelleren Song entstöpselte ich meine Gitarre und mischte mich spontan mitten unter die Frauen. Ich sang ohne Mikrofon und lud sie ein, mit mir zu tanzen und durch den Saal zu ziehen. Ein fragender Blick zur Aufseherin, die mit ihrer freundlichen Art kaum weiter vom Klischee der grimmigen Gefängniswärterin entfernt sein konnte, und ein zustimmendes Nicken mit großem Lächeln als Antwort gab mir die Erlaubnis. Nicht alle, aber die meisten der Frauen sangen den Refrain mit, lachten und kicherten wie kleine Mädchen. Es war uns mit unserer Musik gelungen, etwas Freude in ihr Leben zu bringen, ein Leben, das sonst oft grau und vermutlich nie einfach war. Kein Geld der Welt hätte diese Momente erkaufen können.

Gegen Ende der Show sang ich „First Time" und viele von ihnen stimmten mit ein. Und dann selbstverständlich „An Angel". Es war faszinierend: Nach all den Jahren kannten sie jedes einzelne Wort immer noch in- und auswendig und sangen laut mit. Am Schluss wiederholte ich noch einmal „Alle Kinder brauchen Freunde" – einen Song, den ich nie zuvor einmal als Zugabe gesungen hatte, doch sie wollten ihn noch mal hören.

Nach dem Konzert blieb ich noch und gab Autogramme. Eine lange Schlange bildete sich und ich nahm mir für jede Einzelne der Frauen Zeit. Eine von ihnen erzählte mir, dass sie Mitte der 90er ein riesiger Kelly-Fan gewesen war und oft stundenlang vor unserem Boot im Kölner Hafen gewartet hatte in der Hoffnung, einen von uns zu entdecken. „Ich hätte mir nie erträumt, dass ich das einmal erleben darf. Du hast mich heute so glücklich gemacht!", sagte sie und umarmte mich. Überhaupt umarmte mich jede Einzelne von ihnen und viele baten mich, die Autogramme ihren Kindern, Ehemännern oder Müttern zu widmen. Ich musste schlucken.

Nach und nach verließen die Frauen den Saal und kehrten in ihre Zellen zurück. Nur noch wenige Mitarbeiterinnen blieben bei uns. Eine von ihnen – sie hatte mir vor dem Auftritt die Kekse gebracht – kam zu mir herüber und sprach mich an. „Ich habe Sie in der Zeitschrift *Lydia* gesehen und Ihren Artikel gelesen. Er hat mir sehr gefallen."

„Oh, wirklich?" Ich war erstaunt, denn *Lydia* ist ein christliches Magazin. „Sind Sie Christin?"

„Jetzt ja", antwortete sie. „Ich bin konvertiert. Ihr Beitrag hat mir Kraft gegeben."

„Und Sie arbeiten hier?"

„Nein, ich bin Insassin."

Das überraschte mich, denn nach außen hatte sie keine Ähnlichkeit mit den anderen Gefangenen. Sie wirkte auf mich sehr aufgeräumt und hatte einen anderen Ausdruck in ihren Augen, als ich ihn bei vielen der Frauen gesehen hatte. Ruhig, sicher und nicht verängstigt.

„Aber Sie haben uns doch heute das Mittagessen serviert. Ich dachte, Sie seien hier eine ganz normale Mitarbeiterin."

„Ich habe eine Erlaubnis", erklärte sie mir. „Wegen guter Führung. Ich bin hier lebenslänglich, weil ich mehrere Menschen umgebracht habe."

Ein kalter Schauer lief mir den Rücken herab und ich spürte einen natürlichen Reflex, mich von ihr zurückzuziehen. Wie furchtbar. Zum Glück hatte ich mich im Griff. Ob sie ein Aufblitzen der Angst in meinen Augen gesehen hat? Falls ja, war sie es wahrscheinlich gewohnt und ignorierte es.

„Mein Leben war eine einzige Lüge", fuhr sie fort. „Doch durch die Zeit im Gefängnis habe ich zu Christus gefunden. Er verändert mein Leben jeden Tag aufs Neue."

Ich blickte in ihr Gesicht, das von Frieden und Ernsthaftigkeit bestimmt war. Wir sprachen eine Weile, teilten persönliche Erfahrungen. Dann war es Zeit für den Aufbruch und ich ging noch einmal in die Garderobe und schaute in den Spiegel.

„Danke, Herr, für diese unfassbare Erfahrung", ging es mir durch den Kopf. „Nicht nur ich habe die Herzen dieser Frauen berührt, sondern sie auch das meine."

Dann ging ich noch einmal in mich.

Es war ein langer Weg bis hierhin gewesen. Erinnerungen strömten durch mich hindurch und der Spiegel vor mir wurde zum Spiegel meiner Seele. Der Klang meines Lebens hallte in mir wider, mal in Dur und mal in Moll. Ich sah mich lachend als Kind, mit Mama. Dann weinend an ihrem Grab. Ich sah uns in der Metro und unsere guten Freunde in Paris. Die Zeiten auf der Straße. Den großen Erfolg. Meine dunkle Kajüte. Die Berge Irlands. Meine Hochzeit. Die Geburt meiner Jungs. Vater auf dem Sterbebett. Mich selbst im Krankenhaus mit nur noch einer Brust.

Die Ziellinie des Halbmarathons. Mich auf der Bühne, mal solo, mal mit meinen Geschwistern. Das Publikum, das uns zujubelt und über all die vielen Jahre die Treue gehalten hat. Dann kehrte mein Spiegelbild zurück, die Summe all dessen, was ich erlebt hatte.

„Danke dir, wundervolles Leben", hörte ich mich selber sagen.

„Patricia?" Denis betrat die Garderobe. „Mit wem sprichst du?"

„Ach, nur mit dem Spiegel", sagte ich mit einem Schulterzucken und blickte in sein verblüfftes Gesicht.

„Ah, okay", antwortete er nur, denn er weiß, dass es keinen Sinn macht, eine solch absurd klingende Aussage von mir noch weiter zu hinterfragen. „Wir müssen langsam mal los, die Kinder warten auf uns."

„Ich bin schon unterwegs", sagte ich und dachte: „Wie schön. Unsere Kinder warten auf uns und ich kann es kaum erwarten, sie zu sehen. So, wie es ist, kann es gerne bleiben. Doch wer weiß, was die Zukunft noch so alles bringt. Ich bin bereit dazu, du wundervolles Leben, ich bin bereit."

Alle Dinge sind rastlos tätig, kein Mensch kann alles ausdrücken, nie wird ein Auge satt, wenn es beobachtet, nie wird ein Ohr vom Hören voll.

(Prediger 1,8)

Epilog

Meine geliebten Söhne,

ich liebe euch mehr als alles andere auf der Welt. Allezeit bin ich bei euch, ganz egal, was auch immer geschieht. Zeit und Raum können uns niemals voneinander trennen, denn Liebe ist die stärkste Kraft, die wir Menschen haben.

Ich hoffe, dass euch dieses Buch davon überzeugt. Eure Mama mag nicht immer das Beste für eine große Karriere oder ein wohlhabendes Leben getan haben, aber sie hat immer versucht, alles zu tun, um Gott und Gottes Plan allezeit treu zu bleiben. Das ist das Einzige, was ich euch weitergeben kann. Ich bin nicht perfekt und auch ihr seid es nicht. Aber so hat Gott uns gemacht. Er wollte keine perfekten Menschen. Er wollte Kinder, die ihn brauchen und lieben. Unsere Liebe zu ihm macht uns frei, denn wir bleiben in ihm und er bleibt in uns. Deshalb sind wir Teil seiner ewigen Liebe.

Als ich jung war, dachte ich manchmal: „Was ist das nur für ein Unsinn mit der Liebe, von der die Menschen dauernd reden?" Über Jahre hinweg machte ich viele Umwege, bis ich schließlich verstand, was die Menschen meinten, wenn sie von Liebe sprachen und sagten, dass sie das Größte überhaupt sei. Doch dann entfachte mich das Feuer der Liebe und veränderte mein gesamtes Dasein.

Mein ganzes Leben bin ich der Liebe gefolgt. Ich habe immer an sie geglaubt. Ich habe sie gefunden, verloren, habe getrauert, bin fast gestorben, wieder aufgestanden, und erst dann kam sie zu mir. Ich musste nichts tun außer empfangen. Die Liebe lässt sich nicht finden, sie ist ein Geschenk. Aber die Suche nach ihr lohnt sich.

Wenn ich mein Leben in ein paar Zeilen zusammenfassen sollte, würde es ungefähr so klingen: Mein größtes Glück, mein größter Schatz ist die Liebe in mir und um mich herum. Sie beginnt mit mir selbst und mit den Menschen, die mir am nächsten sind. Liebe will gelebt werden. Wir versagen dabei, wir wissen manchmal nicht richtig zu lieben. Aber wir können Liebe lernen. Das Wichtigste für mich ist, dass man auf dem Weg bleibt. Auf dem Weg der großen Liebe. Der Rest kommt von allein.

Ich erlebte Reichtum und Ruhm. Doch beides konnte mich nicht erfüllen, sondern machte mich traurig. Es war eine ganz persönliche Erfahrung, die so bestimmt nicht jeder teilen kann. Viele Menschen, die ich kenne, sind gerne reich und berühmt und sehr glücklich damit. Ich kann nur von mir sprechen. Doch eines habe ich oft beobachtet: Die meisten Menschen macht ein einfaches Leben glücklicher und ich zähle mich dazu.

Für mein Leben habe ich gelernt, dass es nichts Wichtigeres gibt als Gott. Vom Tag eurer Geburt an habe ich euch immer wieder gesagt: „Das Wichtigste im Leben ist, dass ihr Gott in eurem Herzen tragt." Wie er den Weg dorthin findet, kann ich nicht wissen. Ich kann nur beten, dass er in euch beiden einen warmen Ort findet, an dem er bleiben kann. Die Beziehung zwischen ihm und einem jeden Menschen ist ein Geheimnis, ein wahrhaftiges Mysterium. Wenn ich auch eure Mutter bin, so kann ich doch auf eure Beziehung zu Gott niemals einwirken. Und so ist es gut.

Ich hoffe und bete, dass Gott euch das ewige Geschenk der Liebe gibt. Dass er eure Herzen in Flammen setzt und mit Liebe erfüllt. Einer alles verzehrenden göttlichen Liebe, die für mich der einzige Weg zu wahrem Glück ist.

Meine geliebten Söhne Alexander und Ignatius, ihr seid ein echtes Geschenk und ein Segen in meinem Leben, ein Geschenk der Liebe von ganz oben. Die Zeit mit euch ist wunderbar. Ich bin so stolz auf euch. Ein Leben ohne euch kann ich mir nicht mehr vorstellen. Ihr bereichert es mit eurer Liebe.

Wahrscheinlich denkt ihr gerade: „Genug, Mama, jetzt keine Worte mehr über die Liebe", aber wie ihr seht, kann ich nicht aufhören, denn ich lebe in Liebe zu euch. Und das ist es, was ich euch für alle Zeiten wünsche. Dass ihr euer Leben in Liebe lebt.

Gott segne euch, meine lieben Söhne, und vergesst niemals: Das Leben ist ein großes Geschenk.

Ich liebe euch so sehr.   *Eure Mama*

Nachwort

In ihrem Buch nimmt Patricia uns auf unterhaltsame, inspirierende Art mit auf die Reise durch viele spannende Stationen ihres Lebens. Von der ersten Seite an war ich begeistert und hatte das Gefühl, als würde ich mit vor Staunen weit aufgerissenen Augen von dieser unglaublichen und doch wahren Geschichte mitgerissen. Patricias Leben ist ein einziger Hinweis darauf, dass Gott uns wirklich ganz individuell und unbeirrbar liebt.

Patricia ist eine faszinierende Frau voller Liebe, Lebensfreude und Integrität. Sie ist nicht nur meine Freundin, sondern auch mein Vorbild. Ich bewundere ihre Leidenschaft und ihre Hingabe an Gott und die Dinge, die ihm wichtig sind.

Wie ich wurde Patricia in eine große wunderbare Familie hineingeboren, doch auch ihr sind die Stolpersteine nicht unbekannt, die einem das Leben in den Weg legen kann. Im Laufe ihres Lebens hat sie einige große Herausforderungen durchgestanden, die ihren Glauben und ihre Lebensfreude auf einen Prüfstein gestellt haben. Von lebensbedrohlichen Krankheiten bis hin zum Verlust geliebter Menschen erzählt sie eine Geschichte, die viele von uns kennen.

Ich hoffe, dass Sie beim Lesen Folgendes entdeckt haben: Es spielt keine Rolle, wie stark oder schwach Ihr Lebenswille und Ihr Glaube ist oder wie sehr Sie sich wünschen, das Richtige zu tun – Herausforderungen werden kommen. Wie bei Patricia ist das keineswegs ein Zeichen von Schwäche, sondern einfach ein

Teil unseres menschlichen Daseins. Aus Patricias Geschichte können wir lernen, was es bedeutet, Schwierigkeiten zu überwinden und auf der anderen Seite stärker herauszukommen, als man vorher war.

Patricia hat mich inspiriert, und ich hoffe, Sie auch. Durch die Lektionen, die sie gelernt hat, können auch Sie lernen, Ihre Freude wiederzufinden, neue Kraft zu schöpfen und jeder Herausforderung mutig zu begegnen.

Elisabeth Mittelstädt, Gründerin der Zeitschrift LYDIA

Liebe Leser,

während ich nun die letzten Zeilen dieses Buches niederschreibe, komme ich nicht umhin, ein bisschen sentimental zu werden. Es war eine besondere und gänzlich einzigartige Reise. Nun aber muss ich dieses Stück kreativer Schöpfung loslassen, damit es auf eigenen Füßen stehen kann. Doch das ist der Kreislauf des Lebens – ein immerwährendes Loslassen und Empfangen.

Dieses Buch ist das gemeinsame Werk eines großartigen Teams. Ohne die Menschen, die mich hierbei unterstützt haben, wäre es niemals das geworden, was es ist. Ich möchte mich bei allen bedanken, die es möglich gemacht haben. Hier sind sie:

Denis, mein Mann, meine große Liebe. Du bist nicht nur für alle Zeit das Licht meines Lebens, sondern auch verantwortlich dafür, dass es überhaupt zu diesem Buch kommen konnte. Immer wieder hast du mich gedrängt und mit Engelszungen auf mich eingeredet, egal wie sehr ich mich gewehrt habe. Einzig dir und deiner Beharrlichkeit wegen wurde am Ende aus: „Niemals schreibe ich ein Buch" schließlich doch: „Du hast recht, ich werde es für unsere Jungs schreiben." Ohne dich hätte es dieses Buch niemals gegeben.

Thomas Lenz, mein Berater, Lektor und Übersetzer. Ich habe keine Worte für deinen Einsatz bei diesem Projekt: all die Monate intensiver Arbeit und schlafloser Nächte, dein wertvoller und kluger Rat, aber vor allem dein exquisiter literarischer Stil, dein poetisches Gespür, dein Idealismus und deine große Geduld. Es war eine große Freude, mit dir zu arbeiten.

Ralf Markmeier. Von Anfang an hast du an mich geglaubt und mich ermutigt, auf keinen Fall einen fremden Autor zu engagieren, sondern das Buch selber zu schreiben. Dafür und für alles andere werde ich dir immer dankbar sein. Es war mir eine Ehre, mit dir und deinem Team zu arbeiten.

Stefan Wiesner. Der immer ein offenes Ohr hatte und so viel kreative Kraft in dieses Buch gesteckt hat. Du warst unverzichtbar.

Karoline Kuhn. Deine Kompetenz und liebevolle Art waren ein echter Segen für unser Team.

Elisabeth Mittelstädt. Du hast die Idee zum richtigen Zeitpunkt in mein Herz gepflanzt. Mit deinem eigenen Leben und deiner Biografie hast du mich inspiriert. Du bist mein Vorbild.

Und schließlich einige Menschen, die auf ihre ganz eigene Weise eine Rolle beim Verfassen dieses Buches gespielt haben:

Meine Söhne, für die ich es geschrieben habe. Meine Eltern, die ich auf diese Weise ehren möchte. Meine Brüder und Schwestern. Meine Schwiegereltern Natascha und Alexander. Angelika and Hans (ihr wisst wofür). Claudia und Clement. Manfred Hertlein. Alle meine Freunde. Das gesamte Team von Missio. Die Gemeinschaft des Heiligen Johannes. Thomas Stachelhaus, Marion Schröder, Werner Bauer und Peter Becher für die schönen Fotos.

Und nicht zuletzt alle, die mich und die Kelly Family über so lange Zeit hinweg als Fans und Unterstützer begleitet haben. Danke an euch für eure Treue und eure Liebe durch gute und manchmal auch nicht so gute Zeiten. Ihr seid ein wahres Geschenk für mich und meine Familie.

Gottes Segen für euch alle,

Patricia

Träume, die wahr werden

„Brothers and sisters" ... ich habe die Melodie noch immer im Ohr, als ich um 1:30 Uhr morgens im Bett liege und an die dunkle Decke starre. An Schlaf ist nicht zu denken, ich bin viel zu aufgeregt beim Gedanken an das Comeback der Kelly Family. Ich genieße einen freien Tag während meiner weihnachtlichen Solo Tour Mitte Dezember 2016. Am Nachmittag habe ich mit den meisten meiner Brüder und Schwestern eine Telefonkonferenz zu dem Comeback der Kelly Family gehabt.

Ich liege in meinem Bett und kann es kaum fassen, dass der lang ersehnte Augenblick gekommen ist. Ich hatte jahrelang dafür gebetet, nun wird es Realität. Wie viele Träume tragen wir in unseren Herzen, die nie wahr werden! Wie oft leiden wir an unerfüllten und zerbrochenen Träumen! Aber dieses Mal ist es wahr. Ich muss mich kneifen, damit ich sicher weiß, dass ich nicht träume. Ich schwebe auf einer Wolke glücklicher Euphorie und lasse meine Gedanken zurückschweifen.

„Brothers and sisters", flüstert die Melodie ...

Erstaunlich ist, dass wir trotz unserer Unterschiedlichkeit und mancher Streitgespräche nach all den Jahren immer noch gut miteinander reden und zusammen musizieren können. Wir schmieden sogar große Zukunftspläne. Neues Vertrauen bestimmt auf einmal unser Miteinander.

Ich denke an die Auflösung der Band, wie alle ihrer Wege gegangen sind, wie ich in manchen Nächten am Klavier geweint

habe, während ich im abgedunkelten Wohnzimmer komponierte. Mein Mann und die Kinder schliefen und ich fragte:
Warum? Warum? Wie konnte diese fantastische Band, die Kelly
Family, auseinanderbrechen? Was war nur passiert? Es konnte
eigentlich nicht wahr sein! Wir hatten jahrelang einträchtig so
viele schwierige Zeiten gemeistert ... und nun war plötzlich alles
vorbei? Meine Gedanken und Gefühle flossen in Lieder wie „Is
this it?" ein; das Komponieren wurde mir zu einer Art Therapie.

Dann hatte ich damit begonnen, alleine zu singen. Ohne
meine Geschwister fühlte ich mich auf den riesigen Bühnen
zuerst irgendwie nackt. Im Laufe der Jahre wuchs ich an der
Herausforderung, fand zu neuer Präsenz und einem eigenstän-
digen Auftritt. Ich griff zu, wenn sich die Gelegenheit ergab, mit
großartigen Musikern auf Tour zu gehen. Wie sehr es schmerzte,
als ich eines meiner ersten Solokonzerte vor nur 30 Zuschauern
gab, habe ich nie vergessen. Ich weinte, weil ich wusste, dass
kein leichter Weg vor mir lag. Niemand wollte die Musik hören,
die ich spielte, eine Mischung aus Folk, Pop und Jazz. Vor allem
viele Fans wollten den Kelly Sound und lehnten das Neue ab. Andere glaubten an mich und unterstützen mich. Erst nach Jahren
harter Arbeit kamen ausverkaufte Solo-Konzerte ...

Wieder höre ich „Brothers and sisters" ...

Ein Manager mit gutem Ruf nahm mich unter Vertrag und
eine der großen Plattenfirmen bot mir an, eine neue CD zu veröffentlichen. Bei der Besprechung erwähnte ich, dass ich ein
drittes Kind bekommen wollte ... und fortan hörte ich nichts
mehr von der Plattenfirma.

Ich habe mich entschieden, meine Familie an die erste Stelle
zu setzen, den üblichen Kommerz abzulehnen. Ich vertraute darauf, dass Gott Denis und mir helfen würde, unsere kleine Familie zu ernähren. Gott half uns wieder und wieder, aber ich hoffte
und träumte, dass meine Geschwister und ich eines Tages den
„Super-Job" auf der Bühne wieder tun könnten, dass wir wieder

die großen Säle füllen würden. Manche mögen mich eine Träumerin nennen.

Und nun stehen wir in Berlin auf einer Bühne und drehen den Videoclip für unsere erste neue, gemeinsame Single. Kaum zu glauben, aber wahr! Wir lachen und haben Spaß miteinander. Wir stimmen spontan Lieder aus unserer Kindheit an. Das Gefühl der Leichtigkeit, des Schwebens ist wieder da, wie früher, als wäre es aus seinem Gefängnis befreit. Wir singen zusammen „Al coro la patata", ein spanisches Kinderlied, und dann weitere spanische Lieder. Es sind glückliche und wunderschöne Momente. Ich singe mit meinen Brüdern und Schwestern – meine Liebe ihnen gegenüber hat sich verändert, aber sie ist stark, lebendig und fassbar. Ich sehne den Augenblick herbei, wenn ich im Mai 2017 mit ihnen zusammen beim ersten Konzert auf der Bühne der Westfalenhalle stehen werde. Ich kann es kaum erwarten, euch, unser geliebtes Publikum, dort zu sehen. Zwanzig Jahre älter, aber immer noch bei uns. Nach all den Höhen und Tiefen in unseren und euren Lebensläufen – wir werden wieder beieinander sein.

Die Zeit kann der Liebe nichts antun. „Brothers and sisters", ich höre die Melodie immer deutlicher. Ich greife im dunklen Schlafzimmer nach meinem Smartphone und suche die App zum Aufnehmen heraus. Ich drücke auf den Startknopf und fange an zu singen, was mein Herz erfüllt.

„*Brothers and sisters, together we are strong. Brothers and sisters, hold on. When we were small, we shared bread we shared our toys and we were one ...*"

Brüder und Schwestern, zusammen sind wir stark. Brüder und Schwestern, haltet das fest. Als wir klein waren, teilten wir Brot und Spielzeug und wir waren eins.

Nachdem ich mein spontan komponiertes Lied aufgenommen habe, bin ich zufrieden und glücklich. Ich danke Gott für diesen wunderbaren Impuls und dafür, dass ich all das mit meiner Familie zusammen erleben darf. Schließlich kann ich einschlafen. Meine Gefühle sind in dem kleinen Lied gut aufgehoben.

Einige Wochen später singe ich den neuen Song mit allen anderen bei den Aufnahmen für unsere neue CD „We got Love" im Studio. Einer meiner Brüder weint, als er das Lied zum ersten Mal hört. Ein anderer lässt mich wissen, wie sehr ihn der Text berührt hat. Wieder zusammen zu sein ist ein Zauber, aus dem großartige Lieder und Augenblicke entstehen. Ich bete zum Herrn, dass wir das nie wieder verlieren. Brüder und Schwestern, Träume können wahr werden! Danke, Herr!

Patricia

Biografische Daten und wichtigste Publikationen von Patricia Kelly

Seit über 30 Jahren lebt Patricia Kelly buchstäblich mit Leib und Seele für die Musik. Als Sängerin, Songschreiberin und Managerin erlebte sie mit der legendären Kelly-Family nahezu alle Erfolge, die man sich in ihrer Branche wünschen darf: 48 Gold- und Platinplatten, Konzerte vor über sechs Millionen begeisterten Fans, weltweite TV-Auftritte sowie fast alle Preise und Auszeichnungen, die ein Musiker erhalten kann.

1969   Geburt in Gamonal, Spanien
1974   erste Auftritte mit der Familie in Ejea de los Caballeros
1975   Auftritte in der familieneigenen Bar „El Viana"
1976   Reise durch Europa und Straßenmusik
1978   Kauf des legendären Doppeldeckerbusses
1979   erster Plattenvertrag
1980   erster Nummer-Eins-Hit „Who'll come with me (David's Song)"
1982   Tod der Mutter
1983   Umzug nach Paris, Albumproduktion unter Eddie Barclay
1986   USA-Aufenthalt, Straßenmusik in 22 Bundesstaaten
1988   Gründung der KelLife GmbH
1989   Kauf des berühmten Hausbootes „Sean O'Kelley"

1990	Straßenkonzerte auf dem Alexanderplatz in Berlin
1993	Umzug nach Köln, Deutsche Werft
1993	Beginn Rückenprobleme
1994	Veröffentlichung des Nr.1-Albums „Over The Hump" (110 Wochen in den Charts)
1995	Vertriebsvertrag mit EMI
1995	Donauinselfest, Konzert vor 280 000 Fans
1995	Veröffentlichung „First Time"
1996	Gehirnerschütterung
1996	Umzug nach Irland
1997	Patricias Auszug von zu Hause
1998	Patricia läuft ihren ersten Mitteldistanz-Triathlon
1998	Ankauf Schloss Gymnich (ehemaliges Gästehaus der Bundesregierung)
2001	Hochzeit mit Denis
2001	Geburt Alexander
2002	Tod Dan Kelly
2003	Geburt Ignatius
2008	Solo-EP „A New Room"
2008	Solo-Tour „Brought Me Home"
2009	Diagnose Brustkrebs
2009	Hauptrolle im Musical „Vom Geist der Weihnacht"
2010	Solo-Tour „Essential"
2010	Stargast bei „Christmas Moments"
2011	Erster Halbmarathon
2011	Solo-Tour „Songs & Stories" (auch 2012), Solo-CD „It Is Essential", Live-CD „Essential"
2011	„Stille Nacht"-Konzerte mit den Geschwistern
2012	Solo-CD „Blessed Christmas"
2012	Zweites Jahr der „Stille Nacht"-Tour mit den Geschwistern
2014	Autobiographie „Der Klang meines Lebens" (erste Auflage)

2016   Solo-Tour, CD & Live-DVD „Grace&Kelly" /
        Solo-Weihnachtstour „Blessed Christmas"
2017   Comeback der Kelly Family
        Kelly Family CD „We got love"
        19.–21. Mai Konzerte in der Westfalen-Halle Dortmund
2018   Tour der Kelly Family

Aktuelle Informationen über Patricia Kelly

www.patricia-kelly.com
www.facebook.com/PatriciaKelly.Official
www.instagram.com/patriciakelly.official
www.youtube.com/user/PatKellyOfficial

Auch unser Sohn Iggi Kelly ist inzwischen als Musiker und Sänger erfolgreich und war im Jahr 2017 bei der TV-Show „The Voice Kids" dabei.

YouTube: Iggi Kelly official
Instagram: Iggi Kelly official
www.facebook.com/iggikellyofficial/

Und auch unser Sohn Alexander ist bei Instagram:
Instagram: alexander_saw_official

Bildnachweis

Inspiration.
Das adeo Magazin.

· Gespräche mit Autoren und Künstlern
· Leseproben aus neuen Büchern
· Erscheint zweimal im Jahr und ist kostenlos erhältlich

adeo – ein Programm, das zum Durchatmen einlädt, zum Innehalten, zum Nachdenken und zum Genießen. Echtes. Authentisches. All das finden Sie im adeo Magazin. Es erscheint zweimal im Jahr, ist kostenfrei und liefert Ihnen eine Fülle von Inspiration in Form von Hintergrundberichten, Autoren- und Künstlergesprächen oder Buchauszügen.

Fragen Sie Ihren Buchhändler danach, oder fordern Sie das Magazin einfach gratis an: www.adeo-verlag.de/magazin

Originalausgabe: Februar 2014
Aktualisierte Neuauflage: April 2017
3. Auflage 2021
Bestell-Nr. 835175
ISBN 978-3-86334-175-6
Umschlaggestaltung: Maike Michel
Innengestaltung: Stefan Wiesner
Satz: Uhl + Massopust GmbH, Aalen
Druck: GGP Media GmbH, Pößneck
Printed in Germany